KB239497

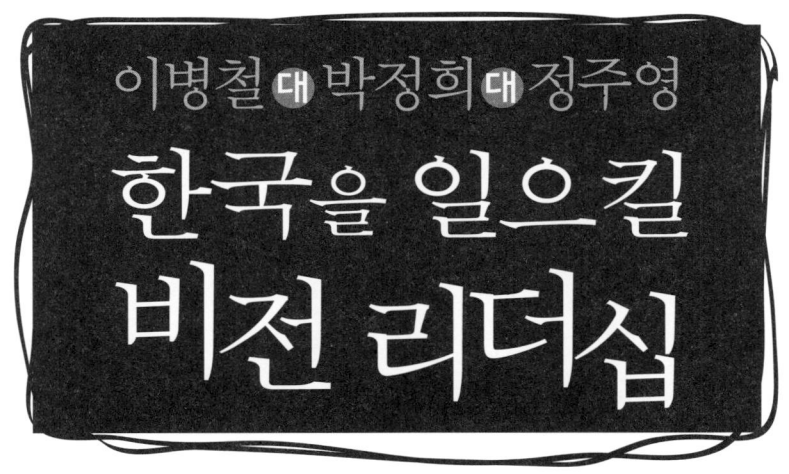

이병철 대 박정희 대 정주영

한국을 일으킬 비전 리더십

| 안의정 지음 |

가림출판사

우리에겐 멈칫거릴 여유가 없다

"미친 사람의 머리 속엔 이성이 파고들 자리가 없다."

– 나폴레옹

사람들은 으레 매사에 합리적이고, 이성적으로 생각하고 처신하는 것이 안전하다고 생각한다. 그렇지 않은 것들은 무지하고 매우 위험하다는 것이다. 특히 많이 배운 사람들이 그렇게들 확신한다.

하지만 지나온 역사를 돌이켜보면, 인류에게 큰 전환점을 안겨준 것들은 합리적으로 이성적으로 예측 가능했던 것이 아니었다. 예를 들어서, 1989년 독일의 통일은 이 세상의 어느 누구도 예상치 못한 것이었다. 동베를린 공산당 서기장 권터 샤보프스키가 외국 기자들과의 회견에서 동독 주민에 대한 여권 발급 기간을 단축하겠다는 중앙정부의 정책 발효시점에 대한 질문을 받고, 잘 알지도 못하면서 대수롭지 않게 "지금부터"라고 말한 것이 사건의 발단이었다. 이탈리아 기자가 그 말을 곡해하여 "독일 장벽이 무너졌다"고 본국에 타전했고, 미국 NBC 방송이 그걸 받아서 확인해 보지도 않은 채 그대로 보도했다. 서독 방송이 다시 그 소식을 독일 전역에 내보내자, 수십만의 동독 주민들이 일시에 동베를린과 서베를린을 가로지르는 장벽으로 몰려듦으로써 동독 정부도 어쩔 수 없이 두 손을 들고 말았던 것이었다.[1]

소련의 급작스런 해체 역시 서구권에선 아무도 예측하지 못한 사건이었다. 프랑스 혁명사 부분에선 세계 최고 석학이었던 프랑소와 퓌레는 공산주의를 분석한 자신의 저서에서 레닌과 스탈린이 세운 공고한 사회 체제에 그렇게 급격한 위기가 닥쳐올지 감히 상상할 수 없었다는 것이었다. 소련공산주의는 외부의 충격이 아닌 공산당 자체적으로 붕괴하고 말았다.[2] 그것도 외부에서 전혀 눈치를 챌 수 없게 말이다.

이처럼 역사라는 큰 물줄기는 예측이 가능한 합리적·이성적 사고와 행동, 혹은 이벤트에 의해 형성되지 않는 법이다.

한국의 기적도 그러하다. 우리는 1960년 이전에는 지상에서 가장 가난한 국민이었다. 미국과 유럽 선진국들 그리고 일본, 남아프리카공화국, 아르헨티나, 우루과이 같은 나라들은 감히 쳐다볼 수도 없었고, 아시아의 필리핀, 말레이시아, 미얀마(버마), 태국, 대만, 인도네시아 등도 우리보다 훨씬 잘 살았다. 아프리카의 나이지리아, 에티오피아, 가봉 등도 우리보다 잘 살았다. 우리는 그렇게 못 사는 것을 운명이라 생각했었다.

그때 뜨거운 열정으로 활활 타오르는, 비합리적이고 비이성적인 사람들이 동시에 등장했다. 자기 분수도 모르고 한국을 잘 사는 나라로 발전시켜보겠다는 지도자, 별로 가진 것도 없고 아는 것도 없이 번듯하게 판을 벌여 세계적인 기업가로 성장해보겠다는 장사꾼들이 나타나기 시작한 것이다. 아주 여러 사람들이 등장하지만, 우리는 그중에서도 박정희, 정주영, 이병철을 20세기 우리 역사의 가장 위대한 지도자, 그리고 장사꾼으로 손꼽는데 주저하지 않는다. 합리성과 이성을 무시하고 무조건 "된다!" 정신으로 극도의 위험을 무릅쓰고, 극한 상황으로 자신을 내몰며 죽을 각오로 노력했던 사람들이다.

우리나라가 무섭게 발전해오다가 1997년 12월 외환위기에 몰리자 세계는 우리의 치열했던 노력이 물거품으로 돌아갔다고 조롱했다. '분수도 모르고 혁신이니 발전이니 하다가 쫄딱 망했다'라는 식으로 고소해했다. 필리핀의 한 석학은 정경유착으로 인한 재벌기업들에 대한 특혜, 비정상적인 공업화 촉진 정책 등으로 한국이 몰락했다면서 한국의 "기적은 끝났다

(The Miracle was over)"라고 선언했었다.[3]

프린스턴 대학에서 사회학 박사를 받고, 버클리 대학 교수를 지낸 세계적인 학자라는 그 분이 한국이 다시 비상하게 된다는 것을 예측할 수 있었더라면 그렇게 경솔하게 "기적은 끝났다!"라고 말하지는 않았을 것이다.

그는 한국이 날개 꺾인 독수리로 전락했다고 확신했으리라.

하지만 한국은 자기네들끼리 치열하게 싸우면서, 사방의 급격한 변화라는 혼돈 속에서, 상당한 위험들이 도사리고 있는 가운데서도, 나 자신도 이해가 되지 않을 정도로 여전히 비상하고 있는 중이다. 자화자찬이 아니라 세계가 그렇게 인정하고 있다.

버락 오바마 미국대통령은 2009년 7월 11일 아프리카 가나의 의사당에서 연설을 하면서 한국을 두 번이나 언급했었다.[4]

"아프리카의 많은 지역들에서 상당한 발전이 있었지만 우리는 성취해야 할 약속들이 아직 많이 남아있다는 것을 알고 있다. 내가 태어났을 때, 케냐와 같은 나라들은 한국보다 높은 국민소득을 자랑했었지만 지금은 심각하게 뒤쳐져 있다. 질병과 갈등 같은 요인들이 아프리카 대륙을 황폐화시켰다."

"예를 들어서 가나에선 석유가 엄청난 기회를 제공해왔고, 여러분은 그것으로 새로운 수입원을 마련해왔다. 하지만 여러분도 알다시피, 석유가 거저 부를 가져다주는 것은 아니다. 한국과 싱가포르 같은 국가들의 역사는 사람과 인프라에 투자하고, 다양한 수출 산업들을 발전시키며, 숙련된 인력을 개발하고, 일자리를 만들기 위해 중소기업을 창출할 때에만 번영이 온다는 것을 가르쳐주고 있다."

오바마 대통령은 《문화가 중요하다 Culture Matters》라는 책을 읽었는지 모른다. 하버드 대학의 국제 지역 연구소 후원으로 발간된 이 책에서 공저자의 한 사람이자 《문명의 충돌 The Clash of Civilizations and the

Remaking of World Order》이라는 불후의 명작을 저술한 새뮤얼 헌팅턴은 이렇게 말했었다.

1990년대 초, 나는 가나와 한국의 1960년대 초반 경제 자료들을 검토하게 되었는데, 60년대 당시 두 나라의 경제 상황이 아주 비슷했다는 사실을 발견하고서 깜짝 놀랐다. 당시 한국은 제대로 만들어 내는 2차 제품이 별로 없었다. 게다가 양국은 상당한 경제 원조를 받고 있었다. 30년 뒤 한국은 세계 14위의 경제 규모를 가진 산업 강국으로 발전했다. 국민소득은 그리스 수준에 육박했다.[5]

그렇다면 가난을 운명으로 알았던 한국이 어떻게 기적 같은 발전을 이룩할 수 있었던 것이었을까? 이론의 여지가 없지 않지만, 대다수 사람들은 한국을 잘 사는 나라로 만들어보겠다는 비전을 제시하는 리더들이 등장했기 때문이라고 말들을 한다. 그중에 첫 번째 인물은 박정희 대통령이다.

중앙일보는 2010년 2월 전문가 100명에게 역대 대통령들의 리더십에 대한 평가를 의뢰한 결과 그들 중 53명이 최고의 리더로 박정희 대통령을 선정했다고 보도했다. 그의 업적, 비전과 의제 설정, 행정운영 능력, 경제관리 능력에서 1위를 차지하는 등, 국가발전에 가장 많이 기여한 인물이었다는 것이다.[6]

그와 더불어 정주영, 이병철 같은 사업가들이 국민에게 "할 수 있다"는 정신과 도전하는 자세를 불어넣어주었다. 즉 큰 꿈을 갖고 노력하면 잘 살 수 있다는 비전을 넣어주었다는 것이다.

하지만 안심할 때가 아니다. 시시각각으로 빠르게 변하는 환경 속에서 우리가 언제까지나 지금처럼 승승장구하리라는 보장이 없다. 한국보다 11배나 큰 경제력을 자랑하던 일본이 20년 만에 그 격차를 5배로 줄어들게 한 것은 한국의 부단한 노력 때문만은 아니다. 일본은 세계를 삼킬 것 같았던 정점에서 정부와 국민이 성장보다는 현상유지 쪽을 택했고, 그로 인해 비전을 상실했기 때문이 아닌가 생각한다. 지금 그들은 분발보다는 오히려 최악의 상태를 두려워하고 있는 실정이다. 일본이 막강한 지식, 최첨단 과학과 기술을 갖고 있음에도 불구하고 다시 쉽게 부상하지 못하는 것은 국민에게 비전을 제시해줄 리더가 등장하지 않기 때문이다. 도요타를 창설하여 미친 듯이 자동차 사업에 매달린 도요타 키이치로, 혼다 자동차를 만든 혼다 소이치로, 마쓰시다 전기를 만든 마쓰시다 고노스케, 매사에 긍정적으로 살던 소니 창설자 모리타 아키오처럼 비전을 품고, 위험을 무릅쓰고, 창의적인 프로젝트에 감히 나서는 리더가 다시 나타나느냐에 따라 일본의 미래가 결정되리라 본다. 즉, 한국이나 일본이나 리더 같은 리더, 지도자 같은 지도자가 앞으로도 계속 나타나느냐에 따라 지속적인 성장의 길 혹은 퇴락의 길로 들어서게 될 것이다.

면도기로 유명한 질레트 사의 회계 담당자였던 밀톤 글라스는 이렇게 말했다.

"보스가 보스로서의 자질을 갖고 있다면 성공할 것이다. 그렇지 못하다면 그가 무엇을 하고 어떤 말을 하든 그는 성공하지 못할 것이다."[7]

이 책은 보스, 즉 리더의 역할을 제대로 해내어, 우리나라를 발전시키는데 지대한 영향력을 행사한 박정희 대통령, 현대그룹의 정주영 회장, 삼성그룹의 이병철 회장 같은 주요 리더들의 성공 요인, 미래의 지속가능한 성장을 위해 필요한 리더들의 자질과 역할, 그리고 우리 전체 국민이 나아갈 방향을 가늠해보기 위한 것이다. 지금의 상황과는 다른 환경에서 활동한 사람들이지만, 그들은 지금 활동하더라도 얼마든지 새 길을 제시할 수 있다고 본다. 왜냐하면 국가 조직이나 기업, 개인의 성공 법칙은 아주 간단하고, 또 영구적이기 때문이다.

2010년 9월 안의정

조직이 성장하기 위해선 리더뿐만 아니라 조직원들도 자아실현 욕구를 추구해야 한다는 것이 정설이다. 창의적 아이디어와 실행이 조직의 안전과 성장에 밀접한 것으로 밝혀지고 있는 요즘에는 더욱 그러하다.

비전 리더십의
정의

01

비전,
기적의 드라마

"안다는 것은 증명하거나 설명하기 위한 것이 아닌, 비전에 순응하기 위한 것이다. 비전을 가지려 한다면 비전의 목적에 투신하는 법을 배우지 않으면 안 된다. 그 수습 과정은 참으로 힘들기만하다."

– 앙투안 드 생텍쥐페리

"움직임을 발전으로 혼돈하지 말라. 흔들목마는 움직이지만 앞으로 나가지는 못한다."

– 알프레드 아먼드 몽따페르(작가)

"기다리지 말라. 완벽한 타이밍은 결코 오지 않기 때문이다. 현재의 위치에서 시작하고, 지금 당장 사용할 수 있는 도구들을 가지고 일을 시작하라. 그러다보면 보다 좋은 도구들이 자연스럽게 생길 것이다."

– 나폴레온 힐(작가)

"하루 일을 얼마나 많이 거두었는가로 판단하지 말고, 얼마나 많은 씨앗을 뿌렸는가로 판단하라."

– 로버트 루이스 스티븐슨(작가)

"나는 어떤 경우에도 우연에 의존하지 않는다. 나의 발명품 중 그 어떤 것도 우연히 태어난 것은 없다. 모든 것이 노력이 있었기에 가능했다."

– 토마스 에디슨(발명왕)

"매일 일을 하되 당신을 보다 나은 내일로 인도할 수 있는 일을 하도록 하라."

– 도그 피레바우(마케팅 개발 강사)

"모든 일은 그 일을 하는 사람의 자화상이다. 그 자화상을 명화로 그리도록 하라."

– 작자 미상

"세상에서 최악의 상황은 실패가 아니라 시도하지 않는 것이다."

– 작자 미상

한국은 20세기 후반에 들어서 기적의 드라마를 연출하기 시작했다. 그 성장세는 지금도 지속되고 있다. 1인당 국민소득이 70여 달러에서 2010년 현재 2만 1천 달러, 2009년 수출액 3,500억 달러를 기록하여 세계 9번째 수출대국으로 일어서면서 무역흑자 400억 달러를 달성하였다. 또 역사상 처음으로 원조를 받는 나라에서 원조를 주는 나라가 된 것이다.

　세계적인 기업들도 많이 생기고 있다. 삼성전자는 2009년 매출액 1,170억 달러(영업이익 100억 달러)를 올려, 1,146억 달러를 기록한 HP, 1,098억 달러를 기록한 독일의 지멘스를 누르고 세계 최대 전자 기업으로 부상했다. LG전자는 신뢰를 주는 내구성으로 세계 시장을 상당 부분 잠식해나가고 있다. 현대자동차는 2009년 460만대 생산에 310만대를 팔아 세계 5번째 오토 메이커로 급성장했으며, 2010년에는 540만대를 생산하여 한 단계 업그레이드를 노리고 있다. 그 외에도 삼성물산, SK그룹, 두산건설, 현대중공업, 포스코 같은 대기업들, 그리고 수많은 중소기업들이 뛰어난 품질과 공격적인 마케팅으로 그 존재감을 세상에 드러내고 있다.

　박정희(1917~1979년) 대통령, 정주영(1915~2001년) 현대그룹 회장, 그리고 이병철(1910~1987년) 삼성그룹 회장, 구인회(1907~1969년) LG그룹 회장 같은 리더들은 자신들이 이끌던 초라한 조직을 거대한 조직으로 탈바꿈시키는데 성공했고, 그들에게 학습을 받은 조직원들은 그 조직을 더 키워 나가고 있다. 이는 국민, 혹은 기업의 직원들이 리더의 비전을 공유할 뿐만 아니라 자신들의 개인적인 비전을 성취하는데 어느 정도 성과를 거두었기 때문에 가능한 일이다.

학습하면서 성장한 한국

포춘지의 리더십 연구 위원 마가렛 엘리어트는 포춘지에 기고한 글에서 "리더가 자신의 비전을 일방적으로 강요하면 조직원들이 혼돈에 빠질 수 있다"고 말했다. 그녀는 "효율적인 조직을 위해선 공통적인 비전뿐만 아니라 조직원들의 사적인 웰빙도 추구해야 한다"면서 "비전을 통해 조직을 자신들이 원하는, 자신들에게 중요한 존재로 창조토록 해야 한다"고 주장했다. 그렇게 하기 위해선 환경을 아는 것만으로는 부족하고 조직을 학습 환경으로 조성해야 한다는 것이다.[8]

한국은 다양한 리더들을 통해 학습조직으로 어느 정도 성장해 왔는지 모른다. 그렇지 않았다면 한국의 성장은 이미 오래 전에 멈춰버렸을 것이다. 무시할 수 없는 국가로 부상한 한국, 그리고 세계적인 기업으로 성장한 삼성, 현대, LG, 포스코, 두산 등의 대기업 역사는 그런 점에서 끊임없이 새로운 비전을 창출하여, 스스로 학습하며 성장해온 기적의 드라마가 아닐 수 없다. 사실 프란세스 웨스틀리와 헨리 민츠버그는 오래 전에 비전적인 리더십을 드라마의 일종이라 불렀다.[9] 드라마는 당연히 이야기 창조를 수반한다. 이견의 여지가 없지 않지만, 우리는 그만큼 많은 이야기를 창조해왔다는 말도 된다. 그래서 리더는 이야기꾼이자 '공통된 맥락의 창조자'인 것이다.[10]

이는 우리가 살아서 움직였다는 증거이다. 삶을 위한 노력을 경주했다는 것은 비전이 있었다는 것을 의미한다. 그런 점에서 비전은 혼(魂)이다.

성경에는 꿈, 즉 비전이 없으면 망한다고 적혀 있다.

"꿈이 없는 백성은 멸망하리라(Where there is no vision, the people perish)." (잠언 29:18)

비전은 생명을 주는 피이다

비전에 의지하여, 끊임없이 환경과 상호교류하며 과감하고도 치열한 노력으로 최정상에 올라선 개인과 기업의 예는 얼마든지 찾아볼 수 있다. 영국 버진 그룹의 리차드 브랜슨 회장(1950년 출생)은 고등학교 2학년 중퇴의 학력으로 영국 최대 항공사인 버진 애틀란틱 항공을 비롯한 360여 기업을 거느린, 개인자산만 80억 달러 이상을 가지고 있는 세계적인 거부이다. 그는 자신의 저서 《망치더라도 한 번 해보는 거야 Screw It, Let's Do It》에서 완벽한 전략이나 방법이 생각날 때까지 기다리다간 아무 일도 하지 못한다면서, 승산이 있다는 판단이 드는 일이 있으면 그냥 달려들라고 조언한다. 비전 성취를 위해 노력하는 과정에서 최상의 전략이나 방법이 생각난다는 것이다. 즉, 환경과 교감하며 일하다보면 영감을 받게 된다. 홍콩의 최대 재벌로 개인재산이 210억 달러에 달하는 리카싱(1928년 출생)은 1940년 중국에서 홍콩으로 이주하여 초등학교만 간신히 마친 상태에서 15살부터 가족을 먹여 살리기 위해 시계 판매원으로 일했는데, 남들보다 평균 100배를 팔았다고 한다. 그도 역시 환경의 변화를 따라가며 자신에 대한 혁신에 소홀하지 않아 그처럼 엄청난 성공을 거둘 수 있었던 것이다. 이처럼 비전은 개인, 조직을 살게 할 뿐만 아니라 드라마 같은 기적을 연출한다.

비전이 개인과 조직, 국가와 세계를 살릴 수 있다는 것은 개인은 물론이요 조직과 국가와 세계 역시 생명체라는 것을 의미한다. 비전은 생명체에 에너지를 불어넣어준다. 그래서 생명체는 쉬지 않고 변화하면서 성장하는 것이다. 조직을 하나의 생명체로 본 대표적인 인물은 아리 드 호이스이다. 그는 38년간 세계 최대 기업의 하나인 로열 더치 셸(Royal Dutch/Shell) 회장으로 근무하면서 27개 장수 기업에 대한 연구를 실시하여 그들이 장수할 수 있었던 이유로 조직을 인간과 다름없는 생물로 간주한 것을 들었다. 즉, 조직도 인간처럼 성장하면서 배워야 한다는 것이다. 즉 학습조직이 되어야 한다.[11]

비전이 약하면 에너지가 떨어져 학습조직은커녕 현상유지조차 힘들어지게 된다. 대표적인 사례가 새로운 지식의 80%가 창출되어진다는 미국, 수십 년간 가공할 무역 흑자와 선진 과학기술을 갖고 있는 일본, 그리고 어느새 도전정신을 상실한 유럽 국가들이다. 요즘 들어서 이 나라 국민들은 뚜렷한 목적의식도 없이 그냥 하루하루 행복하게 사는 것이 바람직한 삶의 방식으로 이해하는 방향으로 흐르고 있다. 또 그렇게 살도록 부추기는 소위 전문가들이란 사람들은 얼마나 많은지 모른다.

다행스럽게도 우리 지도자들은 비전 성취를 위해 더욱 바쁘게 움직이고 있다. 대한민국 정부는 지난 60년간 끊임없이 개인과 기업 조직의 성장을 위한 발판 구축에 지대한 노력을 기울여왔다. 박정희 정권이 19년간 하드웨어 구축에 성공했다고 한다면, 그 이후 정권들은 소프트웨어, 즉 창의성이 싹틀 수 있는 환경의 조성에 역점을 두었다고 말할 수 있다. 헨리 키신저 전 미국무장관이 "약간의 불확실성은 모든 사람들에게 도움이 된다"고 말했듯이, 그간의 장애, 혼돈, 그리고 불확실은 우리의 자생력과 창의성을 키우는데 도움이 되었다고 이해할 필요가 있다.

하지만 리더들은 걱정과 근심으로 잠을 이루지 못한다. 성장하는 조직의 리더라면 조직의 생존을 위해 당연히 자신의 안락을 포기할 줄 알아야 한다. 미래에 대한 고민은 앞으로는 지금까지와는 다르게 전개되지 않을 것이라는 불확실성에 있다.

위대한 리더는 지속적으로 혁신을 단행하여 새로운 방법으로 오래된 문제들을 해결해야 할 것이다. 그들에겐 혁신적인 것만이 필요할 뿐이다. 그들은 고액의 예산을 들여가면서까지 직원들을 훈련시켜 새로운 지식, 창의성, 그리고 도전정신을 갖추기를 원한다. 그러면서 세상의 모든 법칙은 '근면'에서 시작한다는 점을 강조한다. 물고기가 먹고 싶으면 낚시하는 법을 배워야 하는 것이다. 정보를 받아서 소화할 능력이 없는 직원에게 미래의 생존을 보장할 정보와 지식을 전해주어도 아무런 소용이 없다. 당신 같으면 의과대학에서 코피 흘리며 10년 동안 공부하는 과정을 거치지 않은 돌팔이 의사에게 수술을 맡기겠는가?

다시 말하지만 조직은 생명체이고, 비전은 혼이다. 비전이 조직에 투입되는 순간 모든 구성원들은 활기차게 움직이고, 서로 배워가며 성장하면서 기적의 드라마를 창조하게 되는 것이다. 그렇다면 과연 뛰어난 리더의 등장으로 조직이 180도 달라질 수 있는 것인가?

리더의 힘

빈스 롬바르디(1913~1970년)는 몰락 직전의 한 조직이 비전을 품은 리더에 의해 단기간에 최정상으로 올라갈 수 있음을 생생하게 보여준 인물이다. 인생살이가 다 그렇지만 스포츠, 특히 미식축구처럼 의외성이 강한 인간사도 드물 것이다. 아무리 실력이 출중한 팀이라도 약한 팀에게 지는 경우가 허다하다. 우리가 스포츠에 열광하는 이유는 확실성에 기반을 두면서도 한편으로는 불확실성이라는 요술을 기대하기 때문인지도 모른다.

이렇게 불확실성이 크게 영향력을 발휘하는 미식축구 경기에서, 그것도 승률 10%라는 보잘 것 없는 팀이 단기간에 챔피언 자리에 오른다는 것은 가히 가설로조차 내세울 수 없는 무리수이다.

그런데 빈스 롬바르디는 그린베이 패커스에 감독으로 부임하면서, 2류는커녕 3류라고도 부르기 민망한 팀으로 전국 챔피언 자리에 오르겠다고 호언장담했다. 팀원들은 용기를 얻기 보다는 오히려 크게 실망하고 만다. 도저히 이루어질 수 없는 망상을 가진 허풍쟁이가 감독으로 들어왔다고 생각한 것이었다.

하지만 그는 2년 만에 자신의 말대로 그린베이 패커스를 전국 챔피언 자리에 오르게 한다. 한 번이었다면 어쩌다 그런 일도 있을 수 있겠거니 하겠지만 6번 결승에 올라 5번이나 챔피언 트로피를 손에 쥔다. 그제서야 경영학자, 사회학자, 정치학자들이 그의 리더십을 연구하기 시작했고, 어려움에 빠진 기업들이 그의 지도 원리를 자신들의 조직에 적용하기 시작했다. 그로 인해 상당수 조직과 기업들이 고통에서 벗어나 희망찬 성장가도를 달리게 되었다.

▶ 남들보다 더 노력하라.
▶ 최악의 환경에서도 기죽지 마라.
▶ 희망만 꿈꾸어라.
▶ 조직원들에게 동기를 부여하라.
▶ 옆 사람보다 더 열심히 일하려 하지 말고 그 어떤 사람보다 더 열심히 일하라.
▶ 자신 앞에 놓인 가능성을 보고만 있지 말고 모든 것을 투입하여 전적으로 그 안에 몰입하라.[12]

그렇다면 롬바르디의 지도 원칙에 특별한 것이 있었던 것일까?

별로 그런 것 같지는 않다. 20세기 들어 경영학이란 학문이 시작된 후 수많은 이론들이 등장했다가 사라지고 있지만 롬바르디의 원칙은 수천 년을 내려온 인간사의 기본 원리와 별반 다르지 않다.

앞으로 또 어떤 이론들이 나올지 모르지만 롬바르디의 지도 원리는 지난 수천 년 그래왔던 것처럼 앞으로도 영원하리라 믿어진다.

세상이 다원화되면서 리더십이 조직 내에서 하나의 변수로 가볍게 여겨지는 경향이 있다. 하지만 지도자 한 사람이 조직, 사회, 기업, 나라에 영향을 미치는 힘은 엄청나다. 지도자의 리더십에 따라 그 조직은 성장하기도 쇠락하기도 한다. 나라가 망한 사례는 역사책에 다 담을 수 없을 정도로 엄청나게 많다. 그래서 기업이 어려우면 그 기업의 리더십을 살펴보아야 하고, 나라가 어려우면 그 나라 지도자의 면면을 살펴보아야 하는 것이다.

극한 상황에 몰려 있는 수많은 사람들에게 롬바르디는 분명 희망을 선사한다. 그처럼 자신의 모든 것을 내던지며 죽을 각오로 노력하면 벼랑 끝에서 탈출하지 못할 사람은 없다.

우리나라는 구한말에는 뛰어난 리더가 없어서 나라를 잃어버렸다. 해방 후에도 극심한 갈등과 혼란으로 갈 바를 모를 정도로 혼란을 겪다가 천만다행으로 빈스 롬바르디 같은 뚜렷한 비전을 가진 리더들이 등장하면서 세계역사상 찾아볼 수 없는 기적의 성장을 이룩해왔다. 우리에겐 그러한 비전을 창출하여 후손에 물려줄 책임이 있는 것이다.

리더의 **비전**

"월급 받은 것만큼만 일하는 사람은 자신의 월급 이상으로 임금을 받는 경험을 절대 하지 못한다."
                        - 엘버트 허버드, (『가르시아 장군에게 보내는 메시지』의 저자)

"매사에 최선을 다하는 사람에게는 몇 배의 보상이 따라온다."   - 존 론(기업인이자 철학자)

"강물의 물줄기와 바위가 싸우면 힘이 아닌 인내를 사용하는 물줄기가 항상 이긴다."
                                     - 잭슨 브라운(작가)

"비어있는 가방은 똑바로 서 있을 수 없다."   - 벤자민 플랭클린(정치가이자 발명가)

"시합을 시작하는 것이 중요한 것이 아니라 마치는 것이 중요하다."
                                  - 존 우든(프로농구팀 감독)

"당신의 위치를 결정하는 것은 당신의 재능이 아니라 태도이다."
                              - 지그 지글러(성공학 강사)

"옆 사람보다 열심히 일하려 하지 말고 그 어떤 사람보다 더 열심히 일하라."
                            - 빈스 롬발디(미식축구 감독)

리더의 비전은 매우 중요하지만 정의 내리기 어려운 개념이다. 경영컨설턴트 조셉 보예트는 차라리 위대한 사람들의 비전들을 살펴봄으로써 비전에 대해 어렴풋이나마 파악할 수 있을 뿐이라고 주장한다.

비전의 정의

경영학자 제이 콘저와 라빈드라 카눈고가 "비전은 광명으로 가득찬 의심스런 개념"이라 말한 것처럼, 비전이란 개념은 설사 그 의미가 분명치 않을지라도 정말로 중요한 것처럼 느껴지게 한다. 비전의 의미를 이해하는 최선의 방법은 몇 사람의 비전을 들여다보는 것인지 모른다. 헨리 포드는 자동차 대중화에 대한 비전을 말한 바 있다.

"나는 많은 사람들이 사용할 수 있는 자동차를 만들고자 한다. 가격이 저렴해서 제대로 임금을 받는 사람이라면 구입해서 가족과 함께 놀러 다닐 수 있는 자동차를 말이다. 그 계획이 성공하면 모든 사람들은 그걸 살만한 재정능력을 구비하게 될 것이고, 또 모든 사람이 소유하게 될 것이다. 마차는 도로에서 사라지고, 그 자리엔 자동차가 다닐 것이다. 뿐만 아니라 그로 인해 엄청난 사람들이 높은 임금을 받으면서 우리 공장에서 일하게 될 것이다."

월트 디즈니도 디즈니랜드에 대한 꿈을 꾸었다.

"디즈니랜드에 관한 아이디어는 소박하다. 사람들이 행복과 지식을 찾는 장소가 될 것이다. 부모와 어린이들이 다른 사람들과 어울려 즐거운 시간을 보내는 장소가 될 것이고, 선생님과 학생들이 이해와 교육에 관한 위대한 방법들을 발견하는 장소가 될 것이다.

노인들은 지나간 세월에 대한 향수에 젖을 것이고, 젊은이들은 미래에 대한 도전을 만끽하게 될 것이다. 모든 사람들이 보고 이해해야 할 자연과 인간의 경이로움이 펼쳐질 것이다. 이러한 꿈들과 사실들을 드라마처럼 포장하여 전 세계 사람들에게 용기와 영감을 주는 원천이 될 것이다. 디즈니랜드는 박람회, 전시장, 놀이터, 커뮤니티 센터, 살아 있는 것들의 박물관, 아름다움과 매직을 선보이는 관광지가 될 것이다. 또한 디즈니랜드는 우리가 살고 있는 이 세상의 성취, 기쁨, 그리고 희망을 가득 담게 될 것이다. 그러한 경이로움이 우리의 삶의 일부분이 되어야 함을, 그리고 그렇게 할 수 있는 방법을 알려줄 수 있을 것이다."

처칠은 그 유명한 영국의 '최상의 시간(finest hour)'에 대한 비전을 가졌다.

"히틀러는 영국 섬을 정복하지 않으면 패배한다는 것을 알고 있을 것이다. 우리가 그에게 맞서 싸울 수 있다면 유럽 전체는 자유를 얻게 될 것이고, 전 세계의 삶은 광대하고 희망찬 고지(高地)로 나아가게 될 것이다. 하지만 우리가 패배한다면, 미국 그리고 우리가 알고 있고 또 관심을 가지는 모든 국가를 포함한 전 세계는 새로운 암흑시대라는 나락으로 떨어지고 말 것이고, 엉터리 과학의 불빛에 의해 보다 불길하고 고통스런 상태가 더 지속될 것이다. 자 우리 다 같이 우리에게 주어진 사명을 기꺼이 받아들이자. 그렇게 해서 영국과 영연방 국가들이 천년을 지속할 수 있다면 그때에는 그때가 '최선의 시간' 이었다고 말하게 될 것이다."

그리고 마지막으로 마틴 루터 킹은 미국에 대한 꿈을 이렇게 말했다.

"나는 오늘 여러분에게 지금 이 순간의 어려움과 좌절에도 불구하고 나에겐 아직 꿈이 있다는 것을 말하고자 한다. 그것은 미국의 꿈에 깊이 뿌리박힌 꿈이다. 나는 어느 날 이 나라가 깨어 일어나 '모든 사람은 평등하게 창조되었다는 자명한 진리를 받들어야 한다' 는 강령의 참다운 의미에 따라 살게 되는 꿈을 갖고 있다. 나는 어느 날 조지아의 붉은 언덕 위에서 이전의 노예의 후손들과 노예 주인의 후손들이 한 형제처럼 식탁에 둘러앉는 꿈을 꾼다. 나는 어느 날 불공평과 억압의 열기로 지친 버림받은 미시시피 주가 자유와 정의의 오아시스로 바뀌는 꿈을 꾼다. 나는 어느 날 나의 네 자녀들이 피부색으로 평가받지 않고 인격으로 평가 받는 나라에 산다는 꿈을 꾼다. 나에겐 꿈이 있다."[13]

(By permission of Dr. Joseph Boyett)

한국 리더들의 비전

박정희

박정희가 한국을 혼돈의 구렁텅이에서 끄집어내어 기적 같은 발전의 길로 들어서게 한 것은 잘 사는 한국에 대한 비전 때문이었다. 정치판은 한국전쟁이 끝나도 경제를 일으킬 생각을 하지 않고 심한 갈등으로 에너지를 낭비하고 있었다. 이에 국민은 절망한 상태였다. 오죽하면 나라를 지키는 군인들이 보다 희망이 있어 보이는 북한으로 넘어가는 사태가 빚어졌겠는가. 박정희는 1956년 5월 "나라가 곪을 대로 곪도록 내버려둔 다음 수술을 해야 희생이 덜하다"고 판단한 후 '내 사람들을' 만들기 시작한다. 1960년 4·19혁명으로 이승만 정권이 물러나면서 군사혁명의 뜻을 접었던 박정희는 1년이란 세월이 흐름에도 불구하고 나라가 평정을 되찾지 못하자 결국 1961년 5월 16일 군사혁명을 일으키면서 방송을 통해 혁명공약이란 비전을 제시한다.[14]

"친애하는 애국 동포 여러분! 은인자중하던 군부는 드디어 금조미명(今朝未明)을 기해서 일제히 행동을 개시하여 국가의 행정·입법·사법의 삼권을 완전히 장악하고 이어 군사혁명위원회를 조직하였습니다. 군부가 궐기한 것은, 부패하고 무능한 현 정권과 기성 정치인들에게 더 이상 국가와 민족의 운명을 맡겨 둘 수 없다고 단정하고 백척간두에서 방황하는 조국의 위기를 극복하기 위한 것입니다."

군사혁명위원회는 일곱 개 혁명공약을 발표했는데 그 중에는 나라 경제를 일으키겠다는 항목이 들어 있었다.

"절망과 기아선상에서 허덕이는 민생고를 시급히 해결하고 국가 자주 경제 재건에 총력을 경주할 것입니다."

박정희가 비전을 제시했다는 것은 그의 업적을 긍정적으로 바라보는 측의 일방적인 주장이 아니다. 박정희를 의혹의 시선으로 바라보던 미국도 그에게서 긍정적인 미래상을 보았다. 새뮤얼 버거 주한 미국대사는 1961년 10월 28일 다음과 같은 전문을 국무부에 보고했다.

군사정권이 들어선 지 다섯 달이 되었다. 이 정권은 권위적이고 군사적인 면에서 대외적인 인상이 다소 나쁜 면이 있긴 하지만, 정열적이고 성실하며 상상력과 의지력으로 꽉 차 있다. 이 정권은 일반 국민들로부터는 적극적인 지지를 얻지 못하고 있고 대중적인 지지기반도 없지만 진정한 의미의 '위로부터의 혁명'을 시작하여 전면적이고 본질적인 혁신을 하고 있다.

군인 출신 장관들은 행정을 유능하고 효율적으로 지휘함으로써 우리들에게 큰 감명을 주고 있다. 과로로 인하여 쓰러지는 사람이 많아 문제이다.

박정희에게 많은 것이 달려있다. 그는 가장 냉정하고 믿음직하며 안정

되어 있는 지도자이기 때문이다.[15]

《순교자 *The Martyred*》라는 소설로 미국문단을 떠들썩하게 했던 재미 소설가 김은국(1932~2009. 매사추세츠 대학 영문과 교수)은 1964년 한일국교정상화반대 데모를 취재하여 유명 월간지 〈애틀란틱 *The Atlantic*〉 1966년 2월호에 〈오 마이 코리아〉라는 제목의 기사를 게재한 바 있다. 그도 역시 박정희를 긍정적으로 묘사하고 있다.

그는 굉장한 자신감에 차 있어 아무것도 그의 신념을 흔들 수 없다. 그는 굳세고 어쩌면 신비롭기까지 하다. 국가 원수로서 그가 하는 일은 무엇이든 옳다는 자신감에 착 가라앉아 있는 듯 보였다.[16]

이병철
이병철은 가족을 부양해야 한다는 작은 소망에서 사업을 시작하였지만, 규모가 커지면서 국가와 민족에게 보탬이 되는 사업을 해야겠다는 비전을 품게 되었다.

그는 일본 와세다 대학 유학 중 각기병에 걸려 학업을 중단하고 집으로 돌아와 노름으로 허송세월을 하다가 어느날 밤 달빛에 비친 어린 자식들의 얼굴을 보고 깨닫는 바가 있었다.

독립운동, 관리, 사업 등 여러 가지 일들을 생각해보았다. 하지만 독립

을 위해 투신하는 것 못지않게 국민을 가난에서 구하는 일 또한 시급
하다. 식민지하에서 관리생활이란 떳떳하지 못하다. 사업을 하는 것이
내 성격에는 가장 알맞을 것 같다. 그래, 사업을 시작하자. 그리고 내
일생을 그 사업에 걸자.[17]

일부에서는 생계를 위해 시작한 장사가 대기업으로 발전하다보
니 보다 큰 뜻이 있었던 것처럼 꾸며낸 얘기일 것이라 비판하기도
한다. 하지만 기업이 성장하면서 보인 이병철의 경영방침은 범상치
않다. 1948년 2월, 서울 종로 2가에 주식회사 체제로 '삼성물산공
사'를 설립하며 밝힌 회사운영 기본방침에는 경영주뿐만 아니라 직
원들도 같이 발전하겠다는 의지가 내포되어 있다.

첫째, 일정한 자본금의 규모를 정하지 않고 사원이면 누구나 응
분의 투자를 하고, 이익 배당을 투자액에 비례해서 공평하게 받을
수 있는 제도를 채택한다.

둘째, 사장이거나 평사원이거나 간에 공존공영의 정신으로 일
에 몰두하는 것은 물론, 능력에 따른 대우와 신상필벌의 기풍을 마
련한다.

셋째, 사원의 생활안정을 도모하기 위해 운영에 지장이 없는 범
위 안에서 가능한 우대해 가족적 분위기가 항상 유지되도록 한다.

이병철은 자신의 비전 성취를 위해선 직원 각 사람의 비전도 동

시에 성취되어야 한다는 것을 직감적으로 알고 있었다. 비록 좌익의 충동질이 있긴 했지만 전국적인 철도파업을 지원하기 위해 1946년 10월 발생한 대구 폭동의 근본원인이 배고픔 때문이라는 것을 간파했었다. 따라서 그는 삼성물산이 직원들에게 희망을 주는 직장이길 바랬고, 또 그 작은 비전을 공유한 직원들은 그를 믿고 따랐다.

그는 직원들에게 비전을 심어준 효과를 톡톡히 보게 된다. 6·25 동란이 발발하여 모든 재산을 빼앗겼을 때, 그의 운전사인 위대식은 목숨을 내놓고 자전거를 타고 인천에 있던 삼성물산 창고에 가서 경비를 서던 인민군들에게 뇌물을 주고 물건을 빼내와 그걸 팔아서 그 돈을 그에게 갖다 주었다. 이때 이병철이 이기적인 태도를 취하지 않았다는 것에 주목할 필요가 있다. 그 돈으로 트럭을 빌려 자신뿐만 아니라 직원 가족들을 태워서 피난 갔던 것이다.

그보다 더 놀라운 것은 대구 양조장을 맡아서 운영하던 직원들이 돈 한푼 횡령하지 않고 모아놓은 3억 원을 내놓아, 삼성물산이 재기할 수 있도록 한 것이었다. 소유주와 종업원들이 한 목표를 향해 나간다는 의식이 없었다면, 소유주가 전쟁통에 자신의 안전을 도외시하고 직원들에게 관심을 둘리 없고, 직원들도 목숨 바칠 각오로 회사의 안전을 생각할 리 없다. 그때 이병철이 위대식이 갖다준 돈으로 자신의 가족만 데리고 피난 갔었더라면 어쩌면 지금의 삼성은 존재하지 않았을지 모른다.

이병철은 무의식적으로 자신의 비전은 직원 개인의 비전 성취를 통해 이루어진다고 생각했을 것이다. 1955년 제일모직 공장을 건설하면서 제일 먼저 1천여 명의 여직원들을 위해 안락한 기숙사부터 지은 것에서 그 마음을 엿볼 수 있다. 당시로선 상상할 수 없었던 스팀 난방 설비, 세탁실, 목욕실 등을 갖추어 중산층 주택 이상의 안락한 삶의 조건을 마련해주었다. 다시 말해서, 각자가 개인적인 비전을 품을 수 있는 환경을 조성해준 셈이다. 그래야만 기업의 비전을 추구할 여력이 생길 수 있기 때문일 것이다.

정주영

정주영은 국가에 기여하고 종업원들의 욕구를 충족시켜 주겠다는 생각을 가지고 사업을 시작한 것은 아닌 것으로 보인다. 1915년 강원도 통천군 송전면 아산리에서 가난한 농부의 6남 2녀 중 장남으로 태어난 그는 초등학교를 졸업한 후 농사를 짓던 중 네 번의 가출 끝에 쌀장사, 자동차정비업을 거쳐 건설업에 뛰어들면서 비로소 자신의 사업을 통해 국가를 부강하게 하는데 일조하겠다는 비전을 갖게 된다.

특히 절대 불가능한 환경 속에서 이룩한 1960년대의 중동 건설시장에로의 진출, 경부고속도로 건설, 조선소 시설도 없으면서 26만 톤급 선박 수주, 독자 자동차 모델 생산 등의 사례는 국민에게 '불가능은 없다', '우리도 정주영처럼 노력하면 위대한 일을 해낼 수 있다'는 비전을 심어주었다는 점에서 그는 틀림없는 비전적 리더이다.

이제 이 세상 사람이 아니지만, 그의 비전은 요즘 들어서 더욱 결실을 맺고 있는 것으로 보인다. 현대자동차는 2009년 세계 5번째 자동차 메이커로 올라서고, 2010년 3월에는 도요타, 포드, 메르데세즈 벤츠 등을 제치고 고객충성도가 가장 높은 자동차로 선정되었다. 미국 조지아 주의 웨스트포인트라는 작은 마을에는 "예수님, 기아를 우리 마을에 보내 주셔서 감사합니다(Thank You Jesus For Bringing Kia to Our Town)"라는 팻말이 붙어있다. 이는 정몽구 체제가 들어선 이후 '협력사들과 같이 간다' 는 목표 하에 중국, 미국, 슬로바키아, 터키, 인도 등에 공장을 설립하면서 철저한 현지화를 추구하여 현지인들의 비전을 동시에 추구해왔다는 의미이고, '더불어 성장' 이라는 미래 지향적 가치를 추구하는 변혁적 리더십이 발휘되고 있다는 증거이다. 그렇지 않고선 이러한 기적은 일어날 수 없는 것이다. 하버드 케네디 행정대학원의 로버트 푸트남 교수는 이렇게 말한 바 있다.

세상은 리더십이 글로벌적이면서 로컬적일 것을 요구하는 방식으로 변하고 있다. 대중을 위해 지역적으로 행동하는 리더라 할지라도 국제적인 환경에서 자신이 취할 행동을 고려할 필요가 있다.[18]

비전의 중요성

이처럼 한국 정치 리더들은 국민과 더불어 성장해왔고, 기업 리더들은 직원 및 고객들과 더불어 성숙해왔다. 그렇지 않았다면 우리에게 비전이 있을 리 없다. 침체된 나라나 기업을 찾아가보면 그들에게서 어떠한 비전도 찾아볼 수 없다. 현상 유지를 원하거나 다가오는 미래에 대한 두려움을 갖고 있을 뿐이다. 사업체를 대상으로 20년간 컨설팅을 해온 한 전문가는 비전의 중요성에 대해 다음과 같이 역설한다.

비즈니스를 위한 강력한 비전은 에너지와 조직을 앞으로 전진시키는 추진력을 창출한다. 강력하면서도 효율적으로 전달된 비전은 전염성이 있어서 조직원들을 자극하여 매력적으로 인식되어지고, 그로 인해 조직원들은 동기 부여되어 비즈니스의 목적과 열망을 달성하려 한다. 호소력있는 비전과 뚜렷한 목적이 있는 비전을 가진 리더에게는 사람들이 몰려들게 되어 있다. 강력한 비전의 창출은 리더가 실행할 수 있는 가장 중요한 기능 중의 하나이다. 비전 선언은 사람들로 하여금 뭔가를 하도록 하고, 뭔가를 변경하도록 하고, 또 무엇이 되도록 유도한다. 비전은 비전을 접하는 모든 사람들을 위해 비즈니스를 강력한, 역동적인, 보상의 기회로 변화시킨다. 비즈니스 리더는 자신의 기업의 핵심 가치를 정의내림으로써, 목적을 정의내림으로써, 비즈니스가 미래에 나갈 방향을 제시함으로써, 기회가 있을 때마다 비전을 명확히 하고 전달하며, 비전에 따라 살아감으로써 강력한 비전의 열매를 수확한다. 비전을 창출하고 전달하는 것은 비즈니스 리더가 실행하는 가장 중요한 행동 중의 하나이다. 따라서 모든 비즈니스 리더들은 명확한 비전을 계획하고 전달하는 과정을 이해해야 한다. 비전이 전 조직에

두루 퍼져 확고한 문화로 자리 잡으면 조직은 보다 효율적으로 굴러간다.[19]

변혁적 리더십

비전이 조직 전체에 퍼진다는 것은 조직 전체가 같이 학습하면서 성장한다는 의미이다. 그렇지 않으면 지속가능한 성장은 기대할 수 없기 때문이다.

이처럼 리더와 조직원들이 상대방이 비전을 성취하도록 격려하고 도와주며, 같이 성장하도록 유도하는 리더십을 흔히 변혁적 리더십(transformational leadership)이라 한다는 것은 잘 알려진 사실이다. 박정희, 이병철, 정주영 같은 리더들이 1978년 제임스 맥그리거 번스가 정치 지도자들의 리더십을 고찰한 《리더십 *Leadership*》이란 저서를 통해 처음으로 정립한 변혁적 리더십의 개념을 알 리 없었겠지만 세계적인 기업들의 면면을 보면 그 안에는 '상대방이 뭘 해줘야만 나도 그만한 대가를 지불한다'는 거래적 리더십(transactional leadership)이 아닌, 모든 조직원이 같이 비전을 이루고자 하는 변혁적 리더십이 주도하고 있다는 것만은 확실하다. 요즘 삼성, 현대, LG를 비롯하여 애플, 구글 같은 대기업, 특히 창의성을 중요시하는 조직들에서 변혁적 리더십이 행해지고 있다. 다시 말해서 보다 많은 사람들이 보다 높은 차원의 욕구를 추구하도록 인도한다는 것이다.

다음의 표는 효율적인 리더가 자신의 신뢰성과 효과성뿐만 아니라 조직을 바람직한 방향으로 유지할 수 있도록 효율적으로 업무를 관리할 필요가 있음을 보여준다.[20]

변혁적 리더와 거래적 리더의 차이

	변혁적 특성	거래적 특성
접근방법	혁신적. 기회를 창출하고 새로운 영역을 상상한다.	운영의 균형
초점 대상	비전, 가치, 기대, 환경	통제, 생산, 결과
동기 유발 장치	의지적 행동(아이디어를 제시하고픈 감정)	공식적인 권위 체제
행사	영향력(파워)	통제
가치	협동, 일체감, 평등, 정의, 공정성, 효능과 효과	조화, 효능과 효과
커뮤니케이션	직간접적으로, 중복적이면서도 애매모호한 업무부여	직접적으로 분명한 목표와 개인적인 업무부여
주 업무	목표에 대한 정의와 커뮤니케이션, 그리고 동기부여 역할	목표 실행, 심판과 코치 역할
시간의 틀에 대한 생각	미래 지향적(내일과 그 이후)	현재 지향적(어제와 결과, 현제의 문제)
환경에 대한 생각	글로벌	지역적
핵심 방향	혁신	현상 유지

따라서 변혁적 리더는 자신의 영향력에서 비전이 얼마나 중요한 부분을 차지하고 있는지를 암시하는 비전적 리더라 불려지기도

한다. 사실 변혁적 리더십의 영감적인 부분은 리더가 미래에 대한 비전에 대한 정의를 내려, 추종자들에게 그 비전을 인식시키는 능력에 기인한다.[21]

박정희, 이병철, 정주영, 구인회 같은 리더들이 우리에게 '우리도 잘 살 수 있다' 는 비전을 불어넣어주어, 그로 인해 우리가 노력하였고, 지금은 창의성을 발휘할 수 있는 단계까지 성장했다고 말해도 무방할 듯하다. 물론 이들이 비전적 · 변혁적 리더라는 주장에 동의하지 않는 사람들도 많겠지만, 우리는 인간이 하루에도 수백 번 마음이 바뀌는, 거룩한 일을 하다가도 부끄러운 일을 하기도 하는, 결코 완벽할 수 없는 존재라는 점을 인식하면서 이들도 내면적으로 수많은 갈등, 자책, 후회를 거듭하며 대의라는 비전을 추구했었다고 인정할 필요가 있다고 본다.

그런 점에서 요즘 좋은 성과를 올리고 있는 애플, 구글, 삼성, 현대자동차, LG, 버진 애틀랜틱 같은 대기업들은 비전적인 리더, 즉, 변혁적 리더들에 의해 미래에 대한 비전을 공유하며, 쉬지 않고 변하면서 성장하고 있다고 말할 수 있는 것이다.

워렌 베니스와 버트 나누스는 90명의 최고 리더들을 대상으로 연구하여 1985년《리더와 리더십 Leaders : strategies for taking charge》[22]을 통해 그들에게 네 가지 특성-논리적 사고, 인내력, 권한 부여, 자기 통제력-이 있음을 밝혔다.

그들의 연구 결과 중에서 특히 주목을 끈 것은 변혁적 리더가 거래적 매너지들과는 판이한 특성을 갖고 있다는 점이었다. 변혁은 추종자들로 하여금 자기 권한 부여를 통해 리더, 변화주도자(change agent)가 되게 한다. 리더의 임무는 비전과 가치를 구체화하여 자기 권한 부여를 통해 새롭게 리더로 거듭난 조직원들에게 방향을 제시해주는 것이다. 변혁적 리더의 구성 요인(4 I's)은 다음과 같이 요약할 수 있다.

▶ **이상적 영향(II : Idealized Influence):** 리더는 추종자들에게 이상적인 모델로 비쳐지며, 말한 대로 실행하여 존경을 받는다.

▶ **영감적인 동기(IM : Inspirational Motivation):** 변혁적 리더는 추종자들에게 영감을 불어넣어주고 동기부여할 능력을 가진다. 영감적인 동기와 이상적 영향은 변혁적 리더에게 카리스마를 부여한다.

▶ **개별적 배려(IC : Individualized Consideration):** 변혁적 리더는 추종자들의 욕구와 필요에 진지한 관심을 가진다. 각 추종자에 대한 개인적인 관심은 추종자로부터 최선의 노력을 이끌어내는 핵심요인이다.

▶ **지적 자극(IS : Intellectual Stimulation):** 리더는 추종자들이 혁신적이고 창의적이길 요구한다. 변혁적 리더가 부드럽다고 오해하는 사람들이 있는데, 사실 그들은 추종자들에게 지속적으로 보다 높은 성과를 올리도록 요구한다.

각종 연구들에 의하면 변혁적 리더가 이끄는 그룹이 그렇지 않은 리더가 이끄는 그룹보다 높은 성과와 만족감을 올린다고 한다. 그 이유로, 변혁적 리더는 자신의 추종자들이 최선을 다할 것으로 믿으면서 추종자들에 대한 긍정적인 기대를 유지하기 때문이다. 변혁적 리더는 추종자들에게 영감을 불어넣고, 권한을 부여하고, 자극을 주어 보통 이상의 성과를 올리도록 한다. 뿐만 아니라 그들은 각 추종자들의 욕구와 발전에도 지대한 관심을 가진다.[23]

비전적
리더의 욕구와 동기

"강함은 차별성에서 나오는 것이지 유사성에서 나오는 것이 아니다."
- 스티븐 코비(성공학 작가)

"성공은 어느 위치에 도달했느냐로 판가름 나는 것이 아니라 얼마나 많은 장애를 극복했는가로 결정되어진다."
- 부커 워싱톤(교육가이자 정치가)

"사람들은 재능으로 기회를 만든다고 말한다. 하지만 뜨거운 욕구만 있으면 기회뿐만 아니라 재능도 창출되어진다."
- 에릭 호퍼(철학자)

"위험을 동반하지 않는 성장이란 없다. 성공한 기업들은 실패들로 점철되어 있다."
- 제임스 버크(존슨 & 존슨의 CEO)

"산 정상에 오르는 길은 여럿일 수 있지만 정상에서의 장관(壯觀)은 똑같다."
- 중국 격언

"당신을 성공의 위치로 올려줄 엘리베이터는 없다. 계단을 타고 올라가는 수밖에 없다."
- 작자 미상

"노력에는 한계가 없다."
- 하비 프루하프(경영학 교수)

"그 어떤 것도 근면을 대신하지 못한다."
- 토마스 에디슨(발명왕)

"영감은 일할 때 떠오르는 것이지 그 전에 떠오르는 것이 아니다."
- 매들렌 렝글(작가)

IT 리더십 컨설턴트인 수잔 크램은 '하버드 비즈니스 리뷰 게스트 블로그'에 재미있는 글을 올렸다.

질문 IT 종사자들과 같이 일하면서 당신은 어떻게 내향적인 사람과 외향적인 사람을 구별할 수 있는가?

대답 외향적인 사람은 당신의 신발을 쳐다본다.

우리는 사람에게 라벨을 붙인다. 모든 사람들이 그런 짓을 한다.

라벨은 편리하면서도 위험하다.

사람들에게 라벨을 붙이는 것은 그들을 작은 상자에 집어넣어, 관계를 통한 가능성을 제약시키는 행위이다.[24]

사회 계열의 학자나 전문가라는 사람들을 관찰하면 무명의 별을 찾아 이름을 붙이는 천문학자와 다를 바 없다는 생각이 든다. 사람이 이름을 붙인다고 해서 그 별이 갑자기 생겨나 존재하는 것이 아닌 것처럼, 경영학, 심리학 등을 전공하는 학자가 사람이나 조직의 행태 중 그 무언가에 이름을 붙인다고 해서 없었던 행태가 갑자기 발생하는 것이 아니기 때문이다. 학문은 이미 존재하는 것이나 움직임 혹은 현상을 발견하여, 깨닫는 과정일 뿐이라는 생각이다. 과학자가 지구상에 존재하는 현상에 눈을 뜨는 것처럼, 발명가가 지구상에 존재하는 물질을 재구성하여 새로운 모양으로 내놓는 것처럼 말이다.

그런 점에서 조직을 이끄는 방법이 20세기 들어 갑자기 생겨난 것이 아니다. 언제는 인간과 자연 현상에서 진리를 찾지 않았겠는가. 디스커버리 채널과 내셔널 지오그래피 채널을 통해 간혹 글자를 모르는 원시인들과 대화를 나누는 장면을 시청하는데, 그들도 우리 못지않게 지혜로운 말을 쏟아내는 것에서 충격을 받는다. 그들은 자신들의 구체적인 언행에 타이틀을 붙이지 않았지만 생각하고 행동하는 데에는 우리와 하등 다름없었다.

여기에 더하여 지금까지 인간이 발견, 발명한 것이 과연 그렇게 믿을만한 것인가라는 의문이 들지 않을 수 없다. 예를 들어서, 중국은 손자병법, 삼국지 전법을 적용하지 않아서 청일전쟁과 아편전쟁에서 패했겠는가. 공자, 노자 등을 공부하지 않아서 공산정권이 들어서고 지금도 티베트를 비롯한 소수민족을 억압하겠는가. 아랍은 쿠란을 적용하지 않아 자기네 나라를 찾아온 외국인을 납치하여 끔찍한 방법으로 살해하겠는가. 유럽과 미국은 성경을 적용하지 않았기 때문에 식민지를 만들고, 흑인을 노예로 부려먹었고, 또 석유가 탐나 전쟁을 일으키겠는가. 우리는 발견, 발명 이전에 인간의 양심과 본능이 우선한다는 사실을 인지하지 않으면 안된다.

그래서 나는 내 아이들에게 이렇게 조언하곤 한다. "책은 절반만 믿어라. 그것이 사실이 아닐 가능성이 아주 농후하기 때문이다. 인간이 무언가를 발견하여 라벨을 붙이지만, 그 발견이 잘못된 것일 수 있고, 또 그 라벨이 적당하지 않을 수 있다. 진리는 거의 대부분 밝혀지지 않았다고 생각해라. 지구상에 존재하는 모든 지식과 진리를 다 합해놓아도, 공기 중에 떠도는 먼지 몇 개를 포착한 것에 불과하다고 생각하라. 그 몇 개 안되는 먼지 몇 개를 잡아채는 데에도 인류가 그렇게 오랫동안 수고와 노력을 기울여야 했었는데, 앞으로 우리가 얼마나 더 노력해야 하겠는가. 하지만 그래도 공기 중에 떠도는 먼지를 결코 다 잡아챌 수 없다. 겸손하지 않으면 안된다. 풍부한 지식과 경험에 지나치게 의존하면 교만해지고, 그러다간 망한다."

경영학은 쓸데없는 학문인가

나는 〈작가의 말〉에서 세계는 인간이 예측할 수 없었던 대사건 혹은 이벤트에 의해 전환점을 맞는다고 말했다. 한국이 기적의 성장을 이룩할 수 있었던 것도 리더들이 비합리적이고 비이성적인 목표를 정해놓고 열심히 노력한 결과라고 말하고 있다.

하지만 이를 잘못 이해하는 사람들이 있어서 걱정스럽다. 몇 개월 전 어느 중견 기업 사장을 만났다. 그는 미국에 유학 중인 아들이 명문 대학을 졸업하고 아이비리그에 속한 대학의 한 비즈니스 스쿨 박사과정에 입학되었다는 연락을 받았는데, 사업 성공에 도움이 되는 학문이라는 생각이 들지 않는다는 것이었다. 다음은 그와의 대화 내용이다.

사장 비즈니스 스쿨 나오면 뭘 하나? 기껏해야 대학도 나오지 못한 정주영이나 이병철 같은 사람들 밑에서 일하게 되는데….

필자 그건 아니다. 현대나 삼성뿐만 아니라 이 세상의 모든 기업들은 배운 사람들이 이끌고 나가는 것이다. 공부 많이 한 사람들이 없었으면 현대도 없었고, 삼성도 없었고, 지금의 한국도 없었다. 즉, 정주영이나 이병철은 배운 사람들과 합작해서 꿈을 이룬 것이다. 그런 점에서 대학도 나오지 못한 사람들 밑에게 일한다고 생각하지 말고, 공유한 비전을 같이 성취한다고 생각해야 한다.

사장 난, 이공계 출신이 아니면 실력을 전혀 믿지 않는다. 정치학을 공부한다고 해서 정치 잘하는 것 아니고, 국문학과나 문예창작과를 나온다고 해서 소설 잘 쓰는 것도 아니고, 하버드 경영학 박사라고 해서 경영 잘 하는 것이 아니다. 사회과학 중에선 가장 과학적이라는 경제학을 좀 보라지. 미국에 금융위기 온다는 것을 사전에 예측했었다고 세계적으로 유명해진 교수가 진짜 악몽은 이제부터 시작된다고 호언장담했었는데 그건 맞지 않더군. 결국 어쩌다 맞힌 셈이지. 툭하면 세계적인 경영학 교수라는 사람들이 사업 잘하는 법 같은 책을 써서 돈을 많이 벌던데, 구멍가게도 해보지 않은 사람들이 사업을 어떻게 알까싶어 신뢰감이 들지 않더군.

필자 그래도 세상은 학자들이 만든 학문의 틀 안에서 정보와 지식이 공유되고 분석되기 때문에 공부해 두어야 한다.

사장 현실에 도움이 되지 않는 공부는 해서 뭐하나? 우리 회사에도 MBA 출신들 몇 명 있지만 난 솔직히 경영학과 출신 좋아하지 않아. 회계학 빼놓고는 도대체 전문성이 너무 떨어져.

난 더 이상 할 말이 없었다. 모든 학문이 그런 것은 아니지만. 학문은 대체로 지금까지 축적된 지식이나 경험을 바탕으로 해서 미래를 예측하는 기능을 갖는다. 미래에 대한 예측의 정확도가 높으면 전문성이 높다, 낮으면 전문성이 낮다고 말한다. 예를 들어서, 수학은 전문성이 매우 높은 학문이다. 환경이 바뀌고 세월이 흘러도 $1+1=2$라는 것이 절대 변하지 않기 때문이다. 화학, 물리학, 의학도 어떤 현상이 벌어지면 같은 결과가 반복된다는 점에서 역시 전문성이 높은 학문이다. 하지만 정치는 전혀 그렇지 않다. 과거에 벌어진 것과 동일한 일이 벌어지지 않을 뿐만 아니라, 또 그 결과도 다 다르다. 전문가들은 대체로 "어떠어떠하게 진행될 것 같다"는 의견만 제시할 뿐이다.

하지만 우리는 이렇게 전문성이 낮은 분야라도 공부해야 한다. 새로운 서적이 나오면 구해 읽고, 세미나가 열리면 찾아가야 간다.

그렇게 하는 이유는 미래를 준비하기 위해서이다. 조각처럼 널려있는 지식과 정보를 한데 긁어모아 급변하는 사태에 적응해나가기 위해서이다. 그래야 생존 수준을 뛰어넘어 성공하기 위한 행동을 몸에 익힐 수 있다.

그 사장이 말했듯이 국문학과나 문예창작과를 나왔다 해서 훌륭한 작가가 되는 것은 아니다. 하지만 최소한 작품을 쓰고 싶다는 욕구를 유지하기 때문에 다른 학문을 공부한 사람보다는 문학작품을 쓸 가능성, 그래서 그쪽 방향으로 성공할 가능성이 높은 것이다. 마찬가지로 사업가가 경영에 관한 정보와 지식을 습득하는 것은 최소한 성공하고픈 욕구가 있기 때문이다. 그렇게 하지 않고선 훌륭한, 성공한 리더가 될 수 없다. 일단 성공할 수 있는 자세와 태도를 몸에 익혀야 하는 것이다.

오래전 고등학교를 간신히 졸업한, 중위권 대학조차 합격하기 어려운 한 열등생이 서울대학교 인기학과에 합격하여 화제가 된 일이 있었다. 전국에서 가장 뛰어난 학생들이 모이는 학과라서 수험생들이 겁을 먹고 인접 학과들로 방향을 돌리는 바람에 미달 되었는데, 이 학생은 어차피 다른 대학 지원해봐야 떨어질 것, 이왕이면 서울대 떨어졌다는 말이나 듣자는 심산으로 지원했다는 것이었다. 그렇다면 그 학생은 과연 그 학과를 졸업했을까? 성적 미달로 학교를 자퇴했다.

공부하는 습관이 몸에 배어있지 않으면 서울대학교 합격이라는 전혀 예상할 수 없었던 행운이 와도 성공할 수 없는 것이다.

그렇다. 경영학은 어떤 상황에서도 경영 마인드를 유지하기 위해 반드시 필요한 학문이다. 전략이나 기술은 그 부산물에 지나지 않는다.

이공계가 아닌, 예측의 정확도가 아주 낮은(박사나 무학자나 미래에 대한 예측의 정확도에는 별 차이가 없다) 세상사를 논하는 학문은 얼핏 쓸데없는 것처럼 보인다. 예전에 누군가 말하거나 쓴 것을 새롭게 가공하여 라벨 붙여 새로운 학설인 것처럼 포장한다. 기원전 6세기에 쓰여진 《손자병법》, 기원전 2세기경에 쓰여진 《도덕경》, 16세기 미야모토 무사시가 무사도에 대해 쓴 《오륜서》, 마키아벨리의

《군주론》, 칼 폰 클라우제비츠의 《전쟁론》처럼 곰팡내 나는 책을 들쳐보라. 그 속에 21세기 경영의 구루로 존경받는 사람들의 주장들이 다 들어있음에 놀라게 될 것이다. 하지만 그래도 우리는 그런 줄 알면서 새로운 라벨이 붙은 지식이나 정보를 일단 배워 두어야 한다. 아니 예전의 지식을 반복 습득해두어야 한다. 조직을 운영하는데 전혀 도움이 되지 않을 것 같은 지식이라도 습득해두어야 한다. 그것이 언제 필요하게 될지 모르기 때문이다. 그래야만, 그것이 정말로 필요할 때 사용할 수 있기 때문이다. 미래는 부지런히 대비하는 자의 몫이다.

지금의 학문이 왜 이런 내용에 모양새를 갖추고 있는지에 대해 불평해봐야 소용없다. 왜 존재하는지 알지 못하는 공기로 호흡을 하고 물을 마시며 사는 것처럼, 인간은 그런 지식과 정보를 습득하여 살아야 하는 것이다.

리더들의 성격

한국에서 기적의 드라마를 연출한, 그리고 연출하고 있는 리더들의 성격은 어떠할까? 성격(personality)과 성공과의 상관관계는 낮은 편이다. 하지만 이에 대한 연구는 지속적으로 이어져오고 있다. 특히 요즘 들어서 내향적인(introverted) 사람이 외향적인(extroverted) 사람보다 성공할 가능성이 높다는 연구결과들이 많아지고 있는 편이다. 일례로, 유에스투데이는 "앞으로 지식정보사회에 선 내향적인 사람이 리더로 부상할 가능성이 더욱 높다"면서 대표적 인 인물로 빌 게이츠를 꼽았다. 내향적인 사람들은 내면의 힘(inner strength)을 축적하고 행동하기 전 충분히 생각하기 때문에 성공한 다는 것이다. 인력개발연구소인 PsyMax는 240명의 기업체 회장, CEO 등을 대상으로 조사한 결과 그들 대부분이 내향적이면서 매우 창의적이라는 사실을 밝혀냈다는 것이다.[25]

어디 빌 게이츠 뿐이겠는가. 상식적으로 스티브 잡스와 제임스 카메론 역시 내향적인 성격으로 분류하는 것이 더 적절하다고 본다.

런던 대학의 한스 아이젠크(1916년~1997년) 박사는 이미 1960 년대 중반에 1,504명의 사업가들을 대상으로 설문조사를 벌여, 사업 유형과는 상관없이 성공적인 사업가들의 성격이 대체로 내향적이며 심리적으로 안정적이란 사실, 그리고 외향성의 정도에 따라 사업의 종류가 차이가 있다는 것을 발견했었다.[26] 영감을 주는 리더 대다수 는 내향적이라고 할 수 있을 정도로 조용한 성격들이다. 짐 콜린스 는 자신의 저서 《좋은 기업을 넘어 위대한 기업으로 *Good to Great*》 에서 어떠한 조직이 장기적으로 영감을 얻고 시장에서 성공할 수 있 는가는 바로 그 조직 내에 사심 없고 헌신적인 리더가 존재하느냐에 달려 있다고 말했다. 이기적이지 않고, 때로는 내향적인 리더십이야 말로 극심한 경쟁 속에서도 높은 성과를 유지할 수 있는 비결이라는 것이다.[27] 한편 외향성이 강한 사람은 높은 위험을 잘 감수하며, 자 주 행동의 변화를 보이고, 술과 담배를 더 많이 할 뿐만 아니라 육체

적 움직임도 많다는 것이었다.[28]

나는 박정희, 이명박, 이병철, 이건희, 정주영, 정몽구에 관한 자료에 의존하여 아이젠크 박사가 개발한 성격테스트 도구[29]에 응해 박정희, 이명박, 이병철, 이건희는 내향성이 강한 리더, 정주영과 정몽구는 외향성이 강한 리더라고 판단했다. 일례로 박정희, 이명박, 이병철, 이건희는 우울하기도, 간혹 비사회성의 행동을 취할 때도 있지만 곧바로 조직의 책임자 의식을 회복하며 자신의 기분을 잘 다스릴 줄 아는 것으로 보인다.

이들 중에서 이건희는 가장 대표적인 내향적인 리더이다. 그는 어려서부터 혼자서 독서와 영화 감상에 빠져들고, 새로운 물건이 나오면 그 원리를 터득하기 위해 밤샘도 마다하지 않았으며, 자신이나 삼성 그룹에 대해 호평하는 글이나 책은 무시하고, 오히려 비난하는 의견에는 귀를 기울였다. 빌 게이츠, 스티브 잡스와 비슷한 유형으로 창의성이 가장 필요한 전자사업에 아주 적절한 성격으로 보인다.

이와는 상반되게 정주영과 정몽구는 사회성이 강하고, 주로 밖에서 활동하며, 웬만해서는 고민을 잘 안하는 대신, 버진 그룹의 리차드 브랜슨처럼 곧바로 문제에 달려들어 해결하는 스타일이다.

하지만 내향적인 사람이 외향적인 면모를 보이지 않는 것이 아니며, 반대로 외향적인 사람이 내향적인 면모를 보이지 않는 것이 아니다. 솔직히 정주영, 정몽구가 자료에 의해 외향성이 강한 것으로 보일 뿐 사실은 아닐 수도 있는 것이다. 전경련 국제상무로 1974년부터 1988년 사이 정주영을 그림자처럼 보필했던 박정웅의 증언에서 정주영의 내향적인 면을 엿볼 수 있다.

> 여기서 재미있는 것은 당시만 해도 많은 사람들이 정회장에 대해 공식
> 석상에서는 물론 평상시에도 말을 아끼고 대단히 수줍어하는 사람으
> 로 기억하고 있었다는 점이다.[30]

아버지의 공격적인 경영전략을 그대로 이어받은 정몽구 역시
외향성이 강한 성격이지만 직원들에게 겉으로는 엄한 척하면서 뒤
로는 그 가정을 생각하고, 신제품이 나오면 지독할 정도로 세밀하게
점검하는 태도에서 내향성을 노출한다. 현대와 기아자동차가 급부
상할 수 있었던 데에는 정몽구의 그런 내향적인 자세가 크게 기여했
다고 본다. 특히 순간순간 놀라운 창의성을 발휘했던 아버지 정주영
이 2001년 세상을 떠난 후 정몽구에게서도 창의적 발상들이 쏟아져
나오는 것에 주목할 필요가 있다.

성격과 성공과의 상관관계가 학술적으로 여전히 뒷받침되고 있
지 않음에도 불구하고, 언급하는 것은 전술한 바와 같이 내향적인 사
람이 성공 가능성이 높다는 연구결과들이 점차 많아지기 때문이다.
그런 사람들이 자신의 안전이나 높은 지위보다는 조직이나 사회 혹
은 국가를 위해 자신을 불태워 이바지하겠다는 욕구가 강하기 때문
이라는 것이다. 이런 욕구를 흔히 자아실현욕구(self-actualization)
라 한다.

성공한 리더는
자아실현욕구 추구자이다

"성공과 휴식은 같이 잠자는 법이 없다." — 러시아 속담

"세상은 자기의 목표점을 알고 나가는 사람에게는 길을 비켜주게 되어 있다." — 작자 미상

"누가 당신에게 도전해야 할 과제를 부여한다면, 할 수 없는 이유를 생각하지 말고 무조건 할 수 있다고 대답하라. 그리고 나서 해낼 수 있는 방법을 찾아내도록 하라." — 캐서린 허드슨(CNH 비상임회장)

"혁신과 창의성에서의 지도자는 모든 면에서 지도자이다." — 해롤드 R. 맥캐리돈(작가)

"성공의 비결 따위는 없다. 성공은 준비, 근면, 그리고 실패로부터의 배움이 축적된 결과이다." — 콜린 파월(미국 국무장관)

"사람은 두 종류이다. 첫째는 일을 하는 사람이요, 또 다른 하나는 생색만 내는 사람이다. 첫 번째 사람의 부류에 끼도록 하라. 그곳에는 경쟁이 없다." — 인디라 간디(인도 건국의 아버지)

"성공의 길은 단 하나 뿐이다. 그것은 자신의 일에 시간을 몽땅 쏟아 붓는 것이다." — 작자 미상

"인내가 있는 사람들은 실패가 확실해 보이는 상황에서도 성공을 거둔다." — 벤자민 드즈레일리 (영국수상)

"자존심을 확립하기 위해선, 실패와 부정적인 면은 깡그리 잊고 성공에만 집중해야 하는 것이다. — 데니스 웨이틀리(성공학 강사)

내향적인 리더가 보다 성공적일 수 있다면, 그것은 그들에게서 자신의 비전을 추종자들에게 인식시켜 나갈 뿐만 아니라, 각 개인이 각자의 비전을 동시에 추구할 기회를 제공하여 같이 성장할 수 있도록 유도하는, 그리고 창의성을 발휘하는 비전적 리더, 즉 변혁적 리더의 특성이 더 많이 드러나기 때문이다. 변혁적 리더의 개념을 정립한 번스 교수는 자아실현욕구를 리더십 과정을 이해하는 강력한 개념으로 보았다.

> 자아실현추구자(self-actualizers)들이 성장 가능성, 유연성, 창의성, 그리고 능력을 갖추었기 때문에 모든 레벨에서 잠재적 리더들인 것처럼, 자아실현의 개념은 리더십을 이해하기 위한 강력한 도구이다.[31]

자아실현욕구는 리더들로 하여금 잠재적 추종자들의 욕구를 파악토록 유도하고, 그들의 입장이 되어보도록 하며, 물질적인 욕구나 안전 혹은 자존감 같은 일반적인 욕구들을 충족시켜주게 한다. 리더 자신들도 자아실현과정을 통해 지속적으로 성장한다는 점에서, 그들은 추종자들과 함께 일반적으로 한 단계씩 부상하여 추종자들의 변화된 욕구에 반응하고, 추종자들도 역시 자아실현 단계에 접어들 수 있도록 돕는 수준에 도달하게 된다.[32]

여기에서 추종자들에게 비전을 심어주어 목적을 향해 행동하게 한다는 것은 동기부여 한다는 것을 암시한다. 하지만 인간은 다른 사람의 행동, 지시, 조언 등에 의해 동기부여되지 않는다는 설도 있다. 인간은 오직 자기 자신에 의해 동기부여된다는 것이다. 이에 대해선 더글러스 맥그리거 교수의 이론으로 설명하고자 한다.

성공한 리더는 더불어 성장을 원한다

더글러스 맥그리거(1906~1964년)는 매니저들이 직원들에 대해 품고 있는 생각을 조사하여 인간성을 부정적으로 보는 부분(X이론)과 긍정적으로 보는 부분(Y이론)이 있음을 발견한 저명한 산업심리학자이다. 그는 인간이 다른 인간에게 동기부여할 수 없다고 말했다.

매니저들이 행동학자들에게 "어떻게 하면 사람들을 동기 부여시키는가?"라는 질문을 자주 던지지만, 행동학자들은 단호하게 "동기 부여시킬 수 없다. 인간은 스스로 동기 부여시킨다"라고 대답한다. 인간은 '유기적 체제(organic system)'이지 기계가 아니다. 인간에게 에너지(햇빛, 음식, 물 등등)가 투입되면, 그것은 행동이라는 산물(관측 가능한 행동, 정서적 반응, 지적행동 등)로 변화된다. 인간의 행동은 유기적 체제로서의 특성과 환경과의 관계의 영향을 받아 나타난다. 이러한 관계들의 창출은 특정한 방법으로 에너지를 발산하는 것과 관련이 있다. 우리는 다른 사람들을 동기 부여할 수 없다. 스스로 동기 부여하기 때문이다. 그렇게 하지 못하는 사람이 있다면 그는 죽은 목숨이다.[33]

예를 들어, 게으른 학생이 교수로부터 엄한 질책을 받고 부지런한 학생이 되었다면 그 질책은 학생에게 투입되는 음식, 햇빛, 독서, 눈을 통해 들어오는 정보와 느낌처럼 한 요인에 불과할 뿐이지, 부지런해지겠다는 마음의 결정에 절대적인 영향력을 발휘했다고 볼 수 없다는 것이다. 다시 말해서, 학생 스스로 모든 에너지, 정보, 느낌 등을 종합하여 결정을 내린 결과라는 것이다.

하지만 극한 상황을 가정하면 얘기는 달라진다. 어떤 숙녀가 막다른 골목에 들어서다가 칼을 든 강도를 만난다면 어떤 행동을 취할 것인가. 당연히 살기 위해 몸을 돌이켜 도망칠 것이다. 강도가 그 숙녀로 하여금 도망치도록 동기 부여한 것이나 마찬가지이다. 물론 맥그리거는 동기 부여를 위험에서부터 벗어나고자 하는 저차원의 욕구에 빗대어 말한 것이 아니다. 자기 스스로 뭔가를 이루는 것에서 만족감을 충족시키고자 하는 자아실현욕구를 의미했던 것이다.

여기에서 자아실현욕구를 가지고 있다고 해서 반드시 그걸 충족시킬 수 있다는 의미는 아니다. 그것만 가지고선 안 된다는 것이다. 자아실현욕구를 가진 상태에서 그걸 성취할 수 있는 가장 효율적인 태도를 취하면서 노력을 해야 하는 것이다. 즉, 목적 성취 욕구(desire to achieve goal)에 태도(attitude)와 노력(effort)이 추가로 필요하다. 그래야 비로소 동기라는 단어가 성립된다는 것이다.

동기(Motivation) = 목적 성취 욕구(desire to achieve goal) + 노력(effort) + 태도(attitude)[34]

맥그리거 교수가 동의하지 않겠지만, 강도를 만난 처녀의 살고자 하는 욕구는 우선 그에게 굴복하지 않겠다는 자세 혹은 태도에 도망치는 노력이 추가되어야 살고자 하는 동기를 충족시킬 수 있다는 말이 된다. 나는 동기를 보다 쉬운 말로 바꾸어 '욕구가 담긴 열정'이라 표현하고 싶다. 욕구가 생기면 자연스럽게 방법이나 전략(태도)을 구상하거나 취할 수 있다는 점에서 태도는 생략해도 된다고 생각한다. 또 '열정'이란 단어에 '욕구'라는 의미가 담겨져 있다는 점에서 그냥 '열정'이라 불러도 무방하리라 본다.

따라서, 동기(Motivation) = 열정(Passion)이다.

지금 우리가 말하고자 하는 것은 강도를 만난 처녀처럼 살고자 하는 저차원의 동기가 아닌, 창의성을 발휘할 수 있고, 남들과 비전을 공유하며 같이 성장하고자 하는 자아실현적욕구를 위한 자아실현동기이다. 하지만 요즘에는 이론가들이 상상할 수 없는 일이 벌어지고 있는데, 지극히 고상한 자아실현욕구가 저차원의 생존 및 안전에 대한 욕구와 점점 더 밀착되고 있다는 점이다. 즉 자아실현욕구를 충족하는 것이 바로 생존과 안전의 욕구를 충족하는 시대가 왔다는 것이다.

이를 충분히 설명하기 위해선 어쩔 수 없이, 진부하면서도 상당한 오류를 내포하고 있는, 그러면서도 여전히 가장 권위가 있는 동기론으로 인정받고 있는 아브라함 매슬로(1908~1970년)의 5단계 욕구계층이론(Maslow's Hierarchy of Needs)을 설명하지 않을 수 없다.

아브라함 매슬로의 욕구계층이론

아브라함 매슬로(1908~1970년)가 1940~1950년대에 개발한 욕구계층이론은 인간 동기를 이해하고, 인력자원을 훈련하고 개발하는데 있어서 여전히 유효한 모델로 인정받고 있다.

그는 인간이 행동하는 것을 어떤 욕구를 충족시키기 위한 것으로 보았다. 그는 그 욕구를 저차원의 욕구부터 고차원의 욕구까지 다섯 단계로 분류했다. 인간은 1단계 욕구를 충족시키면 그 다음에는 2단계 욕구를 추구하게 되고, 그걸 충족시키면 3단계 욕구를 추구하고, 그걸 충족시키면 4단계 욕구를 추구하게 되고, 그걸 충족시키면 5단계 욕구를 추구하게 된다는 것이다. 즉, 인간은 저차원의 욕구를 충족하고 나면, 자기의 가치, 더 나아가 사회의 가치를 높이는 데 기여하고픈 욕구, 즉 자아실현욕구 충족을 최종 목표로 삼는다는 것이다. 그런 사람들이 많으면 많을수록 조직의 생산성이 높아지고, 사회가 행복해진다는 이론이다. 아브라함 매슬로는 1954년에 출간한 《동기와 개성 *Motivation and Personality*》을 통해 처음으로 욕구계층이론을 선보였다. 욕구계층이론을 도형으로 표시하면 다음과 같다.

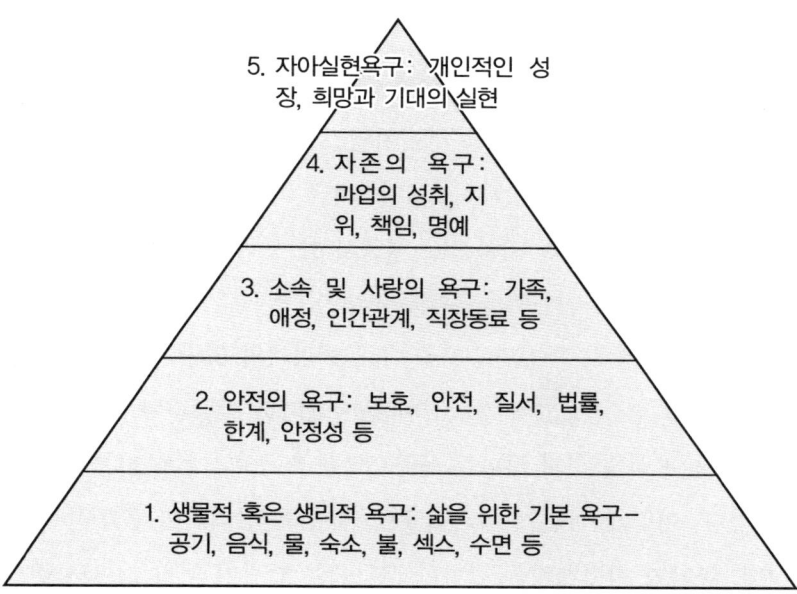

매슬로 욕구 계층 5단계

5. 자아실현욕구: 개인적인 성
   장, 희망과 기대의 실현

4. 자존의 욕구:
   과업의 성취, 지
   위, 책임, 명예

3. 소속 및 사랑의 욕구: 가족,
   애정, 인간관계, 직장동료 등

2. 안전의 욕구: 보호, 안전, 질서, 법률,
   한계, 안정성 등

1. 생물적 혹은 생리적 욕구: 삶을 위한 기본 욕구-
   공기, 음식, 물, 숙소, 불, 섹스, 수면 등

　처음부터 이 이론의 심각한 오류부터 짚고 넣어가는 것이 좋다
고 생각한다. 매슬로는 1단계 욕구를 충족시켜야 다음 단계의 욕구
를 추구하게 된다고 주장했지만, 이는 그 어떤 누가 생각하더라도
맞지 않는 얘기다. 동시에 각기 다른 단계의 욕구들을 추구할 수 있
는 것이며, 또 높은 욕구를 추구하다가 낮은 단계의 욕구를 추구하
기도 하는 것이다. 우리나라, 삼성과 현대 그룹의 성장과정에 적용
하여 설명해보도록 하자.

1단계 욕구(생물적 · 생리적 욕구)

이병철이나 정주영은 타고나서면서부터 자유롭게 공기로 호흡을 하고, 잠잘 집이 있었으며, 목마르면 얼마든지 마실 수 있는 물도 있었다는 점에서 1단계의 욕구는 자연스럽게 충족하는 삶을 살아왔다. 대부분의 사람들이 그럴 것이다. 지금 이 단계의 욕구를 추구하는 사람이라면 극심한 가뭄으로 식품과 물 부족으로 기아선상을 헤매는 일부 아프리카와 북한 주민들일 것이다.

또 다른 예로, 사법연수원을 다니는 미래의 법관이 아버지가 운영하는 정육점 냉동고에 장난삼아 들어갔다가 갇혔다면, 내일 있을 시험에 낙제하고 싶지 않다는 욕구(3단계 혹은 4단계 욕구)를 추구할 리 없다. 어떻게 하면 살아나갈 것인가 만을 궁리하며 몸부림칠 것이다. 공기가 희박해지는 절박한 순간에는 법관이 되지 않아도 좋으니 제발 생존할 수 있기만을 바랄 것이다. 차라리 집이 없는 노숙자가 부러울 것이다. 이병철이나 정주영은 대부분의 사람들처럼 1단계의 욕구 충족을 위해 구태여 노력할 필요가 없었다. 나 역시 그러하다. 애론 리 랠스톤[35]은 1단계 욕구 충족을 위해 인간을 포함한 생물이 얼마나 몸부림치는지를 알게 해주는 대표적인 사례이다. 2003년 5월, 명문 카네기멜론 대학 졸업생으로 28살이었던 그는 아무에게도 알리지 않고 유타 주의 한 산에 오르다가 800파운드(362킬로그램)나 되는 바위 덩어리 하나가 미끄러져 내리는 바람에 오른팔이 그 사이에 끼었다. 그는 5일 동안 팔을 빼내려 안간 힘을 다했다. 식수는 바닥이 나서 자신의 소변을 받아 마셨다. 하지만 물을 마시지 못해 더 이상 소변마저 나오지 않았다. 이제 어떻게 해야 하는 것인가? 이대로 죽어야 하는 것인가? 이때 청년은 15달러짜리 손전등을 살 때 공짜로 선물 받은 싸구려 다용도 나이프를 꺼내어 바위틈에 낀 오른팔을 자르기 시작했다. 먼저 팔을 비틀어 뼈를 부러뜨리고 살, 심줄, 그리고 신경을 잘랐다. 그리고 127시간 만에 바위틈에서 벗어날 수 있었다. 요즘 랠스톤은 회당 1만 5천 달러에서 3만 달러 사이의 강의료를 받으며 미국의 기업들을 돌며 자신의 경험담을 들려주고 있다. 멀지 않아 영화로 제작될 예정이기도 하다. 그는 "저는 고통을 느꼈지만 극복했습니다. 그래서 이렇게 살아남았습니다"라고 말한다. 랠스톤의 이야기는 1단계 욕구(생명보존)를 위해 또다른 1단계 욕구 혹은 2단계(고통 혹은 신체 훼손의 공포로부터의 해방) 욕구를 희생할 수 있다는 증거이다.

2단계 욕구(안전의 욕구)

이병철과 삼성그룹

앞에서 언급했지만 이병철은 일본으로 유학을 떠났다가 각기병이 들어 고국으로 돌아와 허송세월하던 중, 달빛을 받으며 잠든 어린 자녀들의 얼굴을 보며 가족을 부양해야 한다는 절박감을 갖게 된다. 이는 가족을 안전하게 지켜야 한다는 '안전의 욕구'을 충족시키기 위해 정미소, 운수업, 그리고 양조업을 시작하는 동기로 나타난다. 하지만 그때 '안전의 욕구'만 있었던 것은 아니다. '국민을 가난에서 구하고 싶다'는 욕구도 있었던 것이다. 이는 가난하지 않는 나라의 국민의 일원이고 싶다는 욕구(3단계), 자신을 통해 많은 사람들이 보다 부유하고 행복해졌으면 하는 욕구(4단계), 그러한 목적이 달성되었을 때 자기가 얼마나 성장해져 있을 것인가에 대한 기대(5단계)가 동시에 생겼다고 볼 수 있다. 욕구의 분산을 수치적으로 표현할 수는 없지만 대기업의 리더들은 거의 대부분 안전의 욕구 못지 않게 고차원의 욕구를 갖고 있다(대기업이기 때문이 기록이 존재한다는 주장에는 대꾸할 방도가 없다. 역사는 기록에 의존할 뿐이다).

이병철은 1948년 삼성물산, 1953년 제일제당, 1954년 제일모직, 1958년 상업은행 인수, 1959년 조흥은행 인수, 1963년 동양방송 설립, 1964년 한국비료를 설립하는 등 승승장구를 거듭한다. 더 이상 '안전의 욕구'를 추구할 것 같지 않던 그에게 정말로 그런 일이 벌어진다. 세계최대비료공장을 지으면서 4,300만 달러에 달하는 설비를 미쓰이사로부터 구입했는데, 미쓰이사가 감사의 표시로 100달러에 달하는 리베이트를 제공하겠다고 하자, 삼성에선 합법적으로 들여올 수 없었던 현금 대신 비료 제조에 필요한 사카린이란 OTSA를 구입해서 보세창고에 보관하고 있었다. 그걸 담당자가 허가도 없이 일부를 내다 판 것이 언론에 밀수사건으로 대대적으로 보도되었다. 그때 이병철이 10년이란 세월동안 심혈을 기울여 건설한 한국비료를 정부에 헌납한 것은, 그렇게 하지 않았다간 삼성이 완전히 사라질지 모른다는 안전에 대한 우려 때문이었다. 즉, 그는 삼성을 안전하게 지키려는 욕구(2단계)를 충족하기 위해 비료 공장을 헌납한 것이었다.

이병철의 '안전의 욕구' 추구는 그 후에도 다시 발생한다. 박정희 대통령이 김재규가 쏜 총탄에 쓰러진 후 1980년 전두환 군부정권이 들어서면서 강압을 이기지 못하고 정부에 동양방송을 넘겨주었다. 이때도 이병철은 동양방송을 포기하지 않으면 삼성이 안전할 수 없다는 위기의식을 가졌던 것이다.

2007년 10월 삼성그룹 구조조정본부 법무팀장이었던 김용철 변호사가 삼성그룹 내의 불법비자금 조성과 뇌물수수, 불법세습경영(2009년 5월 대법원은 이 부분에 대해 무죄판결을 내렸다)에 관해 폭로한 것으로 인해 이건희가 회장직에서 물러난 것도 삼성을 지키려는 안전의 욕구를 충족시키기 위한 것으로 해석할 수 있다. 이건희가 불법비자금을 조성하여 정기적으로 고위관료들에게 뇌물성 선물을 건넨 것은 어찌 보면 뇌물을 주지 않으면 마음 편히 사업을 하기 힘든 한국 사회에서 사업의 안전을 도모하기 위한 것일 수 있다. 이런 일이 어찌 삼성에서 뿐이겠는가. 드러나지 않았을 뿐 다른 대기업, 중소기업들 중에서 상당수가 관료들에게 뇌물을 주고 받는 범죄가 일어나고 있다는 것은 상식이다. 자그마한 점포도 안전의 욕구를 충족하기 위해 뇌물을 주는 일이 여전하다. 하지만 이번에는 김용철의 폭로로 문제가 되었다는 점에서 우리 사회가 불법비자금조성을 더 이상 묵인하지 않는 방향으로 나가고 있다는 암시이기도 하다. 즉, 미래에는 리더가 반듯하지 않으면 조직의 안전에 이상이 생길 수 있다는 의미이다. 조직이 안전하지 못하면 조직원들도 안전에 위기를 느끼게 된다. 그런 상황에서는 최선을 다하고 싶은 욕구가 생길 리 없고, 다른 기업으로 옮겨갈 기회만을 찾게 된다. 이 점에 관한한 매슬로의 이론은 설득력이 있다. 하지만 안전의 욕구가 충족되더라도 반드시 창의성이 발휘하는 것은 아니라는 이론도 있다.

정주영과 현대그룹

정주영이 가난한 집안에서 태어나 농사를 짓다가 네 번이나 가출한 것은 보다 잘 살아보겠다는 욕구(3단계 혹은 4단계)를 충족하기 위해서였다. 인천 부두 노동자를 그만두고 쌀가게 배달꾼으로 일하면서 초등학교 졸업 학력으로 법관이 되기 위해 법률을 독학했다는 그가 얼마나 자신의 신분 상승을 노렸는지 알게 해주는 대목이다. 그 과정에 법관의 무리에 끼고 싶다는 3단계 욕구, 법관이 됨으로써 자신의 가치를 높여보고 싶다는 4단계 욕구, 최선을 다해 어려운 환경을 극복하고 목적을 이루고 말겠다는 5단계의 자아실현욕구가 모두 개입되었다고 볼 수 있다.

그런 그에게 안전의 욕구를 추구할만한 상황이 전혀 발생하지 않은 것은 아니다. 6 · 25동란 후 수주한 대구와 거창을 잇는 고령교 복구공사를 맡으면서 경험부족, 장비부족, 엄청난 인플레로 인한 노임과 자재값의 폭등 등으로 자금이 바닥나자 동료들은 사업을 포기하라고 조언했지만 그는 사업의 안전을 포기하더라도 공사를 중단할 수 없다면서 친척 네 사람의 집을 팔게 하여 그 돈으로 공사를 끝내고 만다. 이는 정주영이 2단계 욕구가 아닌, 자신이 사업을 포기함으로써 공사를 맡긴 사람을 실망시킬 수 없다는 욕구(3단계 소속 및 사랑의 욕구), 그리고 공사를 완성하여 자기의 가치를 높여보겠다는 4단계 욕구가 복합적으로 그에게 동기로 작용했다고 볼 수 있다. 난 여기에서 높은 단계의 욕구를 위해 낮은 단계의 욕구를 포기하면 그에 대한 보상이 따른다는 진리를 엿본다. 그는 그 일이 계기가 되어, 중장비 제조업에 뛰어들게 되고, 결국에는 현대중공업, 현대 · 기아 자동차, 철강회사를 보유하게 된다. 정주영의 높은 욕구를 위한 안전 욕구의 포기는 그 후에도 발생한다. 1965년 지역 특성을 고려하지 않고 태국 고속도로 건설을 수주하여 큰 손해를 보았지만 최선을 다해 공사를 마무리한 대가로 신뢰를 얻어 베트남 캄란만 준설공사, 반오이 주택 도시 건설을 수주할 수 있었고, 그로 인해 중동에 진출하여 지금과 같은 세계적인 기업 현대가 있을 수 있게 된 것이다. 정주영이 경영일선에서 물러난 후에도 높은 단계의 욕구 추구를 위해 낮은 단계의 욕구를 포기한 일은 반복되어 왔다. 성공을 거두고 있는 거의 모든 기업들은 이런 경험들을 다 가지고 있다고 봐야 한다. 하지만 조금 더 깊이 생각해보면 정주영이 높은 단계의 욕구를 위해 '안전의 욕구'를 포기한 것은 역설적으로 '안전의 욕구'를 가장 효율적으로, 장기적으로 추구한 행위일 수 있다. 당장의 안전의 욕구를 충족하기 위해 공사를 포기했더라면 현대건설은 신뢰를 잃어 망했을 것이다. 이런 점에서 높은 단계의 욕구 추구는 '안전의 욕구'를 충족하는 길이기도 하다. 시급한 안전의 욕구에 대한 포기가 결과적으로 사업의 안전을 추구하는 길이냐의 여부는 리더의 직관에 맡길 수밖에 없을 것이다. 다음은 안전의 욕구를 추구해야 하는 상황에서 오히려 그보다 높은 단계의 욕구(성공의 욕구, 자아실현의 욕구)를 추구하여 오히려 안전의 욕구를 충족시킨 어느 학생의 사례이다.

리즈 머레이-자아실현욕구로 안전의 욕구를 충족시킨 사례

리즈 머레이는 1980년 뉴욕 브롱스의 매우 가난한 집안에서 태어났다. 어머니는 에이즈 환자에 정신질환을 앓고 있었고, 아버지는 마약 중독자에 실업자였다. 돈 한 푼 들어오지 않는 상황에서 자연스럽게 이 가족은 길거리를 헤매는 노숙자 신세가 되었다. 그런 부모가 원망스러울 만도 하건만 리즈는 어머니와 아버지를 끔찍이 사랑했다. 그분들로 인해 자신이 있을 수 있기 때문이라는 생각에서였다.

몇 시에 어느 도넛 가게가 팔고 남은 도넛을 밖에 내놓는지(미국에선 그날 생산된 도넛을 그날 팔지 못하면 문을 닫을 때 가난한 사람들 먹으라고 가게 앞에 내놓는 경우가 많다), 어느 곳의 화장실을 이용할 수 있는지 확인하여(미국에서는 외지에서 화장실 이용하기가 매우 어렵다) 부모님을 모시고 가곤 했었다. 당연히 학교는 그만 둬야 할 입장이었지만 오히려 소녀는 반드시 성공하리라 결심했다.

그렇게 거리를 떠돌다 어머니가 갑작스럽게 세상을 떠났다. 아버지는 그 충격으로 한발자국도 옮길 수 없었다. 리즈는 사회복지사에 연락해 아버지를 요양원에 입소시키면서 말했다.

"아빠, 미안해요. 자리 잡으면 모시러 올게요."

리즈는 의존할 데라고는 전혀 없는 고아 아닌 고아 신세가 되었다. 백화점 쇼윈도 밑에 쪼그려 앉아 그 불빛으로 책을 보면서, 자신도 백화점을 마음 놓고 드나드는 사람이 될 것이라 다짐했다.

그녀는 복지기관의 도움으로 뒤늦게 고등학교에 진학하여 2년만에 최우수 성적으로 졸업했다. 그녀는 등록금이 저렴한 2년제 대학에 진학하여 일하면서 공부하다가 4년제 대학으로 편입하거나 통신대학에 진학할 생각이었다(미국 고등학생 졸업생의 60% 정도는 학비가 명문 사립대학의 10분에 1 정도인 2년제 대학에 진학했다가 편입한다). 하지만 선생님의 조언으로 뉴욕타임즈 장학생 선발에 지원하게 되었다. 선발되면 4년 동안 등록금과 생활비 걱정 없이 오로지 공부에만 전념할 수 있게 되는 것이다. 놀랍게도 그녀가 장학생으로 선발되었고, 또 하버드 대학으로부터 입학 허가증을 받았다.

그녀는 그 사실을 아버지에게 알렸고, 아버지는 그 소식에 말을 잇지 못했다.

"장하다, 내 딸. 아빠 노릇 못하는 이 애비에게 너 같은 딸이 있다는 것이 믿어지지 않는구나."

그녀는 하루라도 빨리 대학을 졸업하여, 좋은 직장에 들어가 요양원에 있는 아버지를 모시고 와 같이 살 생각이었다. 그녀는 아버지를 면회 갈 때마다 아버지의 손을 잡고 그 꿈을 들려주었다.

"아빠, 조금만 더 참아주세요. 대학 졸업하면 좋은 직장에 들어갈 수 있어요. 그럼 매일 우리는 같이 있게 되는 거에요."

아빠를 위해 죽어라 공부하던 그녀에게 슬픈 소식이 들려왔다. 아버지의 건강이 급격히 악화되어 24시간 돌볼 사람이 필요하다는 것이었다. 리즈는 망설이지 않고 교수님들이나 친구들의 만류에도 불구하고 대학을 중퇴했다

"공부는 나중에 다시 할 수 있지만 아버지를 돌볼 기회는 두 번 다시 없거든요. 아버지는 제 인생의 전부인걸요."

그녀는 아버지를 지극정성으로 돌보다가, 2006년 아버지가 사망한 후 다시 하버드 대학에 복학하여 2009년 심리학 학사를 받고 졸업했다. 지금은 인기있는 성공학 강사로 일하면서 하버드 대학원 심리학과에 재학 중이다. 그녀는 자신을 노숙자에서 하버드 졸업생으로 만든 것은 부모님의 사랑이었고, 또 그런 부모님을 자신이 사랑했기 때문이라고 말한다.

3단계 욕구(소속 및 사랑의 욕구)

이 세상의 어떤 개인, 기업, 조직도 '안전의 욕구' 추구에서 결코 자유로울 수 없다. 2001년 9월 알 카에다의 월드트레이드 센터에 대한 비행기 충돌 사건에서 알 수 있는 바와 같이 잘 사는 사람이나 국가, 세계적인 기업이라 할지라도 언제, 어떻게 안전을 위협받을지 모르기 때문이다. 북한이 도사리고 있는 한국 국민이나 기업은 더욱

그러하다. 인류에게 불확실성이 그렇게 심각하고, 또 심해지고 있는 것이다. 그렇다고 해서 자존감의 욕구, 자아실현의 욕구를 포기할 수는 없는 노릇이다. 이는 어느 단체나 조직에 속하고 싶은 바람, 혹은 누군가로부터 사랑을 받고 싶은 욕구를 말한다. 대입수험생이라면 서울대학교나 카이스트 같은 일류대학에 진학하고 싶을 것이고, 취업 준비생이라면 삼성, 현대, LG같은 일류기업에 입사하고 싶을 것이다. 가난한 나라의 국민은 미국이나 유럽으로 이민 갈 꿈을 꿀 것이다. 또한 3단계 욕구에는 누군가로부터 사랑 받고 싶은 욕구도 포함된다. 일례로, 청소년이 특정 연예인의 관심을 끌고 싶어가는 욕구 같은 것이다.

박정희의 꿈

박정희는 국민에게 잘 사는 나라의 국민이라는 프라이드를 심어주길 바랬다. 그렇게 하려면 우선 경제 성장이 이루어져야 하는데 우리에겐 그럴만한 종자돈이 없었다. 그는 1차 경제개발 5개년 계획(1962~1967년. 연평균 GNP 8.3% 성장)을 시행할 종자돈을 구하기 위해 자아실현적으로 자신을 낮출 줄 알았고, 또 수단 방법을 가리지 않고 노력했다. 가장 먼저 한 것이 1963년부터 서독에 광부(연 인원 8,395명)와 간호원(연 인원 1만 371명)을 보낸 것이었다. 1965년의 경우, 그들이 고국으로 보내온 송금액은 상품 수출액의 10.5%, 무역외 수입의 14.6%나 되었다.[36] 그래도 자금이 부족하자, 서독으로 날아가 에르하르트 총리에게 돈을 꿔 달라고 애걸해서 4,770만 달러의 차관을 빌려온다. 박정희는 1964년 12월 10일 루르 지방의 광산을 방문한 자리에서 우리 광부들에게 이렇게 말했다.

> "광부 여러분, 간호원 여러분, 모국의 가족이나 고향땅 생각에 괴로움이 많을 줄로 생각되지만 개개인이 무엇 때문에 이 먼 이국에 찾아왔던가를 명심하여 조국의 명예를 걸고 열심히 일합시다. 비록 우리 생전에는 이룩하지 못하더라도 후손을 위해 남들과 같은 번영의 터전만이라도 닦아 놓읍시다."[37]

여러 기록들에 의하면 박정희와 광부들은 흐느껴 울었다고 한다. 아무리 정치인의 속과 겉이 다르다고는 하지만, 진심으로 후손에게 부끄럽지 않는 나라를 물려줄 간절한 마음이 없었다면 "비록 우리 생전에는 이룩하지 못하더라도 후손을 위해"라는 표현을 쓸 수 없었을 것이다. 박정희 정부 시절 경제2수석 비서관을 지낸 오원철은 대통령의 서독방문이 우리 경제 도약의 시발점이 되었다고 주장한다.

> 그것은 60년대부터 시작된 한국 경제발전의 원동력이었다. 나는 그렇게 믿는다. 30년이 지난 90년대에 와서 돌이켜보니, 그때 그 생각이 틀리지 않았다는 것을 새삼 확인할 수 있다. 말없는 합의, 스스로 형성된 공감대, 자각과 분발, 그것이 위대한 힘을 생겨나게 했다.[38]

박정희는 우리에게 부끄럽지 않은 나라, 최소한 중진국의 국민이라는 자부심(3단계 욕구)을 심어주길 원했다. 그러기 위해선 나라의 문을 활짝 열어, 더 많은 에너지를 끌어 들어야 한다고 생각했다. 그 목적을 성취하기 위해 1965년 한일국교정상화를 위한 한일협정 조약을 맺고, 10년 간에 걸쳐 무상으로 3억 달러, 정부차관 2억 달러, 1억 달러의 상업차관을 들여온다. 당시 박정희가 지식인과 야권의 극력한 반대를 무릅쓰고 한일 수교를 성사시키지 않았다면 한국은 선진국인 일본으로부터 36년 간의 수탈에 비해 부족하긴 하지만 보상금, 경제적 지원뿐만 아니라 새로운 지식과 기술을 도입하지 못해 현재에 훨씬 못 미치는 위치에 있었을 것이다.

다시 말해서, 한국은 구한말 때처럼 닫힌 시스템(closed system)으로 계속 갔을 것이고, 그로 인해 국력은 그 모양 그 꼴로 유지되거나 지금보다는 못한 상황이었을 것이다. 가장 껄끄러운 상대인 일본을 대상으로 문을 연 것을 시점으로 한국은 비로소 열린 시스템(open system)을 지향하게 된다. 박정희는 1967년 4월 17일 대전 공설운동장에서 열린 공화당 대통령 후보 유세 연설에서 한일회담에 대해 이렇게 말했다.

"옛날처럼 우리가 쇄국주의를 하고 고립주의를 하고, 우물 안 개구리처럼 집 안에 들어앉아서 이웃과는 담을 쌓고 동방의 고요한 아침의 나라가 어떠니 동방예의지국이 어떠니 하고 우리가 서로 모두 다 자기도취에서 우물 안 개구리처럼 그렇게 살아 나간다면 모르되, 적어도 우리가 우리 민족이 오늘날 동남아시아로, 전 세계로 뻗어나가고 약진하는 새로운 한국을 건설하기 위해서는 우리가 과거의 일본 사람들하고 여러 가지 원한도 많고, 물론 그 한이 오늘 당장 일조일석에 해소될 수는 없는 문제지만은 우리는 이 이웃 사람들하고 우선 손을 잡아야 되겠습니다.

이것은 우리가 전 세계로 뻗어나가는 하나의 디딤돌이 되고 발판이 될 것입니다.…

한일 국교정상화 이후에 있어서 우리나라의 국제적인 지위는 과거보다 오히려 나날이 더 상승하고 있다고 나는 자부를 합니다.…

우리가 지금 경제건설을 빨리 해야 되겠는데 우리의 자본이 부족합니다. 그럴 때에는 남의 자본을 꾸어다가 건설을 하고, 점차 그 사업을 잘 운영을 해서 갚아 가면 되는 겁니다.[39]

박정희는 그 후에도 국가 개방화에 가속을 가했다. 환경의 요구에 응하는 것이 국가의 위치를 상승시키는 것이라 간파한 것이다. 한창 전쟁 중이던 월남에 1964년부터 1973년까지 8년간 군인 31만 2,853명(5,099명 전사, 1만 962명 부상) 파병하여 미국으로부터 그 대가로 경제개발 차관제공, 수출장려 및 기술원조, 경부고속도로 건설지원, 베트남 건설사업 참여 지원 등의 약속을 받아냈다. 그 규모는 약 10억 달러에 달했는데, 1965년의 우리 수출액은 1억 달러에 불과했었다.

한국은 월남 파병으로 각종 건설 경험을 축적하여 종전 후 중동으로 진출하는 계기를 마련하게 된다. 국민은 이때쯤부터 중진국에 살고 있다는 자부심을 느끼기 시작한 것(3단계 욕구 충족)으로 보인다.

현대의 자부심

필자는 현대는 해외 공사가 아닌 소양강 다목적댐(1967~1973년)과 경부고속도로(1968~1970년) 건설을 맡으면서 세계적인 건설사 대열에 오르게 되었다(3단계 욕구 충족)고 판단한다. 대일청구권 자금으로 짓는 소양감 댐은 일본 교에이 사가 설계한 콘크리트 중력댐으로써 철근, 시멘트 등의 기초 자재를 수급하는 것이 문제였지만, 설사 그럴 수 있다손 치더라도 그 산간벽지까지 운반하는 것이 문제였다. 정주영은 콘크리트 대신에 소양감댐 주변에 무진장 널려 있는 모래와 자갈을 이용하여 사력(砂礫)댐으로 시공하는 것이 훨씬 경제적이라 판단, 당국에 대안을 제시하지만 정부 관계자와 세계적인 명성의 일본 교에이 사로부터 무시를 당했다. 하지만 박정희 대통령이 이 대안을 검토할 것을 지시하면서 교에이 사의 구보다 회장이 정주영을 찾아와 사과하는 사태가 벌어졌다. 소양감댐은 정주영의 아이디어에 따라 당초 예산의 70%의 자금으로 짓는데 성공한다.

현대는 박정희 대통령이 세계은행, 야권, 지식인들의 반대에는 아랑곳하지 않고 경부고속도로 건설안을 내놓자 적극 동참하여, 8백만 달러를 들여 중장비 1,400여 대를 들여와 가장 적은 예산으로 가장 빨리, 가장 정확하게 공사를 완료하기 위해 거의 잠을 자지 않고 일했다. 특히 옥천 공구 당제 터널을 건설할 때는 절암토사(節岩土砂) 퇴적층이 쏟아져 내려 인부 3명이 사망하고 상당수가 부상하는 사고가 발생했고, 그 후로도 터널이 무너지고 용수(湧水) 때문에 공사에 거의 진척이 없었다. 이때 정주영은 다시 한번 흑자경영을 포기하고 보통 시멘트보다 20배나 빨리 굳는 조강(早强)시멘트를 특별 주문하여, 그것으로 3개월 걸릴 공사를 25일 만에 마치는 또 다른 신화를 창조하게 된다.[40]

그 이전부터 정주영은 창의적인 아이디어와 불굴의 정신으로 수많은 난관들을 돌파해왔었고, 또 이미 국내의 유력한 건설사로 부상한 상태였지만 소양감댐과 경부고속도로 건설로 현대건설이 세계 무대에서도 통할 수 있는 정상급 건설회사라 부상한 것(3단계 욕구 충족)으로 보인다. 현대 직원들은 그 이후로 현대의 조직원이라는 사실에 자부심을 느끼며 세계에 한국의 경이로운 기업인의 이미지를 심어주게 된다.

현대그룹은 2000년 안팎으로 해서, 현대그룹, 현대자동차그룹, 현대백화점그룹, 현대하이닉스반도체그룹, 현대산업개발그룹 · 현대중공업그룹, 현대해상화재보험그룹, 현대건설그룹으로 분리되었는데, 특히 지금은 현대 · 기아 자동차그룹과 현대중공업그룹이 세계적인 기업으로서의 위상을 자랑하고 있다.

세계를 바라본 삼성

삼성은 1953년 제일제당, 1954년 제일모직을 설립하면서 이미

국내 최대 재벌의 위치에 올라 있었다. 1961년 군사정권이 들어서고 나서, 정부와 결탁하여 은행(1958년 상업은행, 1959년 조흥은행)을 특혜 인수했다는 누명을 쓰며 부정축재자 1호로 몰렸고, 그 후로도 세계최대 비료공장 한국 비료, 그리고 3남 이건희에게 운영을 맡길 생각이었던 동양방송을 정부에 헌납한 사건이 있긴 했었지만, 삼성은 취업 준비생이 국내에서 가장 일하고 싶은 기업, 세계에 진출할 수 있는 기업으로서의 이미지(3단계 욕구 충족)를 꾸준히 유지해왔다. 지금의 삼성은 그 단계에서 훨씬 더 성장하여 세계 최대 전자 기업을 포함한 세계적인 기업 대열에 올라가 있는 상태이다. 따라서 삼성에 속한 조직원의 욕구(3단계)는 국내 최대 기업에 속하고 싶다는 욕구 충족에서 이제는 세계적인 삼성에 속했다는 욕구로 발전한 상태이다.

높은 차원의 욕구는 열정을 동반한다

이들 외에도 LG, 삼환건설, 두산동아 등을 포함한 대기업, 그리고 수많은 중소기업들이 자신의 조직원들에게는 그 조직의 일원이라는 자부심(3단계 욕구 충족)을 심어주었고, 국민에게는 세계적인 기업을 거느린 한국인의 일원이라는 자부심(3단계 욕구 충족)을 안겨주었다고 말할 수 있다.

이처럼 한국인은 나라를 중진국 이상의 대열에 진입시켜야 한다는 욕구로 열심히 일해 왔고, 삼성, 현대, LG같은 기업들은 세계적인 대기업의 반열에 진입하기 위해 최선의 노력을 경주해왔다. 그래서 어느 정도 그 욕구를 충족시켜 왔다.

하지만 이 정도로 만족할 수는 없다. 현상 만족은 곧바로 퇴보로 이어지기 때문이다. 한국을 세계에서 가장 잘 사는 나라의 대열, 한국 기업들을 세계 최고 경쟁률을 자랑하는 막강 기업의 대열에 올려놓고 싶다는 욕구가 있어야 한다. 그래야 열심히 일하게 되는 것이다. 특정 조직, 단체 혹은 무리에 소속되고 싶은 욕구, 누군가로부터 사랑받고 싶은 욕구의 추구는 업무 성과, 근로 의욕 등과 밀접한 관계가 있기 때문이다. 예를 있어서 삼성전자나 현대자동차 같은 일류 기업에 들어가고 싶은 욕구가 강한 취업준비생은 손쉽게 들어갈 수 있는 직장에 들어가고자 하는 사람보다 더 열심히 준비하게 되는 것이다. 또 다른 예를 들어서, 서울대학교나 카이스트에 진학하고자 하는 수험생은 지원하면 아무나 받아주는 대학에 진학할 생각이 있는 학생보다는 더 열심히 공부할 수밖에 없는 것이다.

4단계 욕구(자존의 욕구)

이 단계의 욕구는 3단계의 욕구와 쉽게 구분이 되지 않지만 어떤 조직에 속하거나 상태에 이르는 것 같은 외적인 욕구를 추구하는 것이 아닌, 개인적 성취, 그로 인한 지위 상승 및 명예 같은 내적인 욕구를 추구한다는 점에서 차이가 있다. 이 단계에서부터의 욕구는 외적인 것(1~3단계까지의 욕구. 즉 돈, 안전, 혹은 직장이나 학교)이 아닌 어떤 욕구를 성취함으로써 얻어질 명예, 혹은 성취감이라는 점에서 '내적 욕구' 라 하고 그보다 낮은 단계의 욕구는 '외적 욕구' 라

한다(매슬로 이론의 오류를 연구한 학자들이 '내적 동기요인' '외적 동기요인'이란 개념을 만들어냈다). 한 국가나 기업의 리더는 국민이나 조직원들에게 3단계까지의 욕구는 충족시켜 줄 수 있지만, 4단계 이상은 개인적인 문제라서 그렇게 할 수 없다. 지금부터는 자신이 스스로 욕구를 충족시켜 나가야 하는 것이다. 그래서 더글러스 맥그리거가 '인간은 다른 사람에 의해 동기 부여될 수 없다'고 주장한 것이다. 그의 이론에 따른다면, 매슬로 이론에서는 4단계와 5단계 욕구만이 동기와 관련이 있는 것이다. 리더는 자신의 조직원들의 욕구를 충족시켜 주는 과정에서 개인적으로 4단계 혹은 5단계의 욕구를 충족할 수 있다. 이에 대해 기업컨설턴트 로버트 쉔베르그는 다음과 같이 설명했다.

동기에 관한 기본적인 의문은 두 가지이다. 첫 번째는 당신이 노력한 결과로 무엇을 얻기 원하느냐는 것이다. 당신은 분명 당신의 조직원들이 최선을 다해주길, 보다 나은 결실을 맺기 위한 방법을 추구하기 위해 지속적으로 긴장하길 원한다. 당신은 일정한 기준을 마련하여 그 수준까지 성과를 올리도록 강요할 수는 있다. 하지만 조직원들이 원하지 않는다면 더 나은 성과는 올릴 수 없는 것이다.

두 번째는 조직원들이 최선을 다하느냐이다. 그들이 왜 그래야 한단 말인가? 당신은 당신을 위해 일하는 사람들의 동기를 생각할 때마다 이 의문을 떠올려야 한다. 그들은 최선의 노력을 기울인 대가로 합리적으로 무엇을 기대할 수 있는가? 무엇이 그들로 하여금 미련 없이 자신이 원하는 대로 최선을 다해 노력하도록 이끈단 말인가?

깐깐한 사람들은 동기는 내적 요인이기 때문에 보스가 조직원들에게 동기 부여할 수 없다고 주장한다. 그렇지 않을 것이다. 보스는 그들이 스스로 동기 부여할 수 있도록, 최선을 다하고 싶은 마음이 들도록 그들의 일을 정렬(整列)할 수 있다. 사실 그렇게 하는 것이 보스의 일이다. 그것이 보스의 업무이다. 출발점은 조직원들이 무엇을 원하는지 파악하는 것이다.[41]

박정희와 새마을사업

박정희가 한국을 중진국 수준으로 올려놓은 다음, 1970년에 농촌의 자조·자립정신을 고취하기 위해 새마을운동을 시작한 것은 농어민이 개인적으로 자신의 욕구 수준을 4단계 이상으로 높여 성취감을 맛보고, 그로 인해 외부로부터 인정받는 즐거움, 성취감을 반복하고 싶어 스스로 노력할 수 있도록 유도하기 위한 것이라 볼 수 있다. 요즘 중고등학생들에게 인기있는 자기주도식 학습법도 새마을운동의 취지와 같다고 볼 수 있는데, 사실 이는 인류 역사가 시작되면서 이미 알고 있고, 또 시행되어온 것으로서 새로운 라벨을 붙인 것에 불과하다. 예전의 학생들은 자기주도식 학습이란 단어를 몰라도 스스로 그렇게 공부를 해왔다. 세상에는 정말로 새로운 것이 하나도 없다. 문팔용 박사는 새마을운동이 태동한 계기와 그로 인한 결과(보상)를 한 문단으로 정리했다.

새마을운동은 정부가 잉여분의 시멘트를 농민에게 나누어주는 과정에서 시발되었다. 1970년 말과 1971년 초 전국의 3만 여 마을에 300~350포대의 시멘트를 무상으로 배급하면서 분배받은 시멘트는 농가별로 나누어 줄 것이 아니라, 반드시 마을 공동사업에 써야 한다는 조건을 붙였다. 그 결과 시멘트는 마을 진입로 확장, 우물개량 및 상수도 설치, 작은 하천둑 개조, 공동목욕탕 및 공동빨래터 만들기, 하수시설 개선 등을 위해 사용되었다.[42]

정부는 먼저 물질이란 동기 요인을 농어민에게 공급하여 그것으로 자발적으로 뭔가를 성취하는 경험을 맛보도록 해서, 그 후에는 누가 시키지 않아도 자발적으로 동일한 경험을 지속하도록 유도하는 결과를 낳았다. 이는 마을이 결과적으로 요즘 유행하는 학습조직화되었다는 것을 의미한다. 한국이 어느 정도 경제성장을 이룬 다음에 1988년 올림픽, 2002년에 월드컵을 개최한 것도 자신의 존재를 인정받고 싶은 욕구, 즉 자존감을 높이기 위한 4단계 욕구 충족의 일환이었다. 그 과정에서 국민은 위대한 일을 완수했다는 성취감, 그리고 세계가 자신들을 인정하고 있다는 느낌을 받았다. 요즘 들어서 많은 구호 및 자원 단체들이 개발도상국들에서 다양한 봉사활동들을 하고 있는데, 이 또한 어려운 사람을 위해 헌신하고자 하는 순수한 인류애(5단계)에 의한 것일 수도 있지만 한국인의 이미지를 높여 보겠다는, 즉 자존감을 느끼고 싶다는 욕구(4단계)에 의한 것일 수 있는 것이다. 기업은 본질적으로 이윤추구가 기본 목적이지만 그렇다고 외부로부터 인정받고 싶은 욕구가 아주 없는 것은 아니다.

삼성의 자존의 욕구

이병철이 1965년 중앙일보 설립, 같은 해 성균관대학교 인수, 1966년 고려병원(현 삼성병원) 설립, 1982년 삼성라이온즈 프로야구팀 창단, 같은 해 호암미술관 개관, 1986년 삼성경제연구소를 발족하고, 그 후 이건희가 1993년 대한올림픽위원회 부위원장, IOC위원 등으로 국가 스포츠 발전과 외교에 헌신하고 사회복지, 환경보전, 연구 및 사회봉사에 나서는 것은 순수하게 국가와 사회에 이바지하겠다는 욕구(5단계)뿐만 아니라, 삼성의 이미지를 고양시키고 싶다는 욕구(4단계)도 내포되어 있는 것이다. 이는 2단계의 안전의 욕구, 즉 비상시에 삼성을 지키는데 도움이 되는 전략의 일환이라는 생각도 아주 없지는 않을 것이다.

조직 운영 면에서도 자존의 욕구 충족의 예는 얼마든지 찾아볼 수 있다. 삼성전자가 세계 최대 전자기업의 위치를 굳히려는 노력 역시 안전의 욕구 충족뿐만 아니라 자존의 욕구 충족을 위한 것이기도 하다. 이병철은 아무리 돈을 많이 벌 수 있다 하더라도 절대 손을 대서는 안 되는 사업으로 사금융, 양조업(이병철은 30년간 조선양조를 운영했다), 군수사업을 꼽았는데, 그런 사업으로 돈을 벌어선 떳떳할 수 없을 것이라 판단했을 것이다(나는 세 가지 사업이 다 필요하다고 보지만 이병철은 대구폭동 사건을 통해서 사람들에게 도움이 되지 않거나 원한 살만한 사업을 해서는 안된다고 생각했는지 모른다). 삼성은 인재사관학교라고 불릴 정도로 인재 육성에 심혈을 기울여왔다. 이병철은 1982년 보스턴 대학으로부터 명예박사학위를 받으면서 "삼성은 인재의 보고라는 말처럼 나를 즐겁게 하는 것은 없다"고 소감을 피력했고, 평소에도 삼성그룹을 운영하면서 자신이 한 일의 90%는 사람을 키우는 것이었다고 말하곤 했었다. 그는 삼성에서 성장한 인재가 퇴사하여 다른 기업으로 가면, 삼성에서 축적한 지식과 정보로 다른 기업에 보탬이 되면 결과적으로 나라가 잘 되는 것이라며 언짢아하지 않았다(해외에 뛰어난 인재가 있는 경우에는 끈질기게 설득하여 데려온 일도 많았다). 이는 삼성이 설사 의식하지 않았다하더라도 삼성의 자존감을 높이는 욕구를 충족해왔다는 의미이다. 사람이 조직에 들어가 성장한다는 것은 조직의 성장을 의미하고, 조직과 조직원들의 자존감이 높아진다는 의미이다.

현대의 자존감은 국가의 자존감

현대자동차의 자존욕구 충족 사례는 보다 극적이다. 정주영은 1967년 포드 자동차와 합작으로 회사를 차려, 포드로부터 부품 79%를 수입하여 국산 부품 21%를 채워 조립한 자동차를 생산하다가, 그런 방식으로는 성장이 불가능하다고 판단, 포드와 결별하고, 절대 불가능하다는 전문가들의 충고에는 아랑곳하지 않고 연구를 거듭하여 독자모델 포니 1호를 개발했다. 이때 주한 미국 대사는 정주영을 불러 미국 회사와 합작으로 다시 자동차 사업을 시작해 중국으로 공동 진출하자면서 다음과 같이 회유했다고 한다.

"한 회사가 최소한 50만 대 이상을 생산할 수 있어야 타당성이 있는거요. 근데, 지금 한국의 실정은 어떻습니까? 조립생산산업체를 모두 합해도 30만 대가 채 안되지 않습니까? 또한 내수기반이 턱없이 부족한 이런 상황에서 독자적으로 자동차산업을 시작한다는 것은 결과가 뻔해요."[43)

하지만 정주영은 전문가들의 이견, 미국의 압력에도 불구하고 독자 모델을 고집했다. 그때 정주영이 현대자동차의 자존을 지키지 않았다면 세계적인 브랜드로서의 현대자동차는 지금까지 존재하지 않았을 것이다.

매슬로는 "높은 단계의 욕구를 충족시키기 위해선 보다 나은 외적 환경이 충족되어져야 한다"고 주장했다.[44) 하지만 어느 국가나 개인도 1~3단계의 욕구를 완전 충족한 사례는 이전에도 없었고, 앞으로도 없을 것이다. 한국은 완벽하지는 않지만, 1~3단계의 욕구를 어느 정도 충족했거나 충족해나가는 과정에 있다.

다음은 조건이 충족되지 않은 환경에서 뚜렷한 비전으로, 꿈을 버린 청소년들에게 자존의 욕구 충족을 위한 동기가 부여되도록 학생들을 이끈 어느 교사의 사례이다.

비전으로 자존감을 높여준 위대한 스승

미국 시민들에게 가장 유명한 교육자를 추천해보라고 하면 많은 사람들은 유명 대학 교수나 명문고등학교 교장이 아닌 빈곤지역에서 열등생들을 가르친 남미계의 한 선생님을 꼽는다. 그는 청소년들에게 꿈과 희망을 불어넣어준 미러클 메이커이면서도 쇠락하는 조직을 구할 수 있는 비전을 제시한 리더이기도 하다.

볼리비아 출신의 하이머 에스카란테는 미국에 이민온 지 10년 만인 1974년 남미 이민자 청소년들이 주로 다니는 로스앤젤레스의 빈곤지역에 위치한 가필드 고등학교에 임시 교사로 부임했다. 하지만 학생들의 수업 열기는 최악이었다. 여학생들은 거울을 빼들고 화장이나 하고 있고, 남학생들은 노트나 연필조차 꺼내 놓지 않은 채 그런 것을 배워 봐야 무슨 소용이 있느냐고 야유를 보내는 것이었다. 하지만 그는 최선을 다해 가르치려 노력했다.

그러던 어느날 교장이 심각한 표정으로 교직원회의를 소집해서 학생들의 실력이 최저 수준이라서 앞으로는 정식 고등학교 자격을 상실할지 모른다고 발표했다. 특히 로스앤젤레스 지역에서 미적분을 가르치지 않는 학교는 가필드가 유일하다면서 공부하지 않으려 하는 학생들에게 어떻게 미적분을 가르쳐야 하는지, 또 누가 그걸 가르칠 수 있겠는지 모르겠다면서 낙담한 표정을 지었다. 하이머는 자신이 가르쳐보겠다고 나섰다.

아무리 공부하기 싫어하는 아이들이라 할지라도 선생님의 갸륵한 열성을 모를리 없었다. 18명이 여름 방학 때 학교에 나와 배우기로 한 것이었다.

"미국 땅에서 우리들이 언제까지나 쓰레기 취급을 받으며 살아야 하니? 너희들이 그렇게 형편없는 존재들이냐? 우리도 마음 먹기에 따라서는 얼마든지 주류 사회에 들어가 대접받으며 살 수 있는 거야. 백악관에 들어가 일할 수 있고, 하버드 대학의 교수도 될 수 있고, 저명한 심장전문의도 될 수 있어."

그는 아이들에게 격려와 질책을 아끼지 않았다. 세월이 흘러갔다. 하이머는 학교 당국에 자신이 가르친 아이들에게 고등수학 시험(Advanced Calculus Test)을 치르게 해야 한다고 주장했다. 그 시험은 가장 어려운 수학인정 시험으로서 전국의 고등학생 중 상위 2%만이 지원하는 일종의 수재선발 시험이었다.

교장을 비롯한 교무주임은 전원이 낙방할 것 같아서 반대했다. 하지만 하이머는 아이들에게 자신감을 심어주기 위해서라도 반드시 그 시험을 치르게 해야 한다고 역설했고, 결국 교장은 그의 제안을 받아들이고 말았다.

아이들이 시험을 치루고 얼마 후 놀라운 소식이 전해졌다. 18명 전원이 합격한 것이었다. 남가주 전체 고등학교 중에서 가장 높은 합격률을 보인 것이었다.

그러나 축제분위기는 오래가지 못했다. 시험 관리 당국에서 가필드 응시생들이 부정행위를 하지 않고선 전원 합격한다는 것은 있을 수 없다면서, 시험 결과를 인정하지 않겠다는 것이었다. 하이머는 시험관리 부처를 찾아가 따졌다.

"우리 아이들이 백인이었거나, 부유층 지역 거주자들이라면 당신들은 이러지 않았을 것입니다."

그러나 담당자들의 태도는 완고했다.

"당신이 그렇게 자신이 있다면 왜 재시험을 요구하지 않는 것입니까?"

"좋습니다. 우리 아이들에게 재시험을 치르게 하겠습니다. 난 자신있습니다."

18명 중 13명이 재시험 응시에 동의를 하자, 시험 당국에서는 바로 내일 시험을 치른다고 통보해왔다. 시험을 치르고 상당기간 풀어져 있었던 아이들이 다시 공부할 수 있는 시간은 채 하루가 되지 않았다. 하이머는 아이들을 자신의 집으로 불러 모았다.

"이번 시험은 지난번보다 훨씬 어려울 거야. 될수록 많이 불합격시켜 자신들의 주장이 맞다고 떠들기 위해서이지. 그러나 우리는 할 수 있어. 밤을 새워 전 과정을 복습하는 거야."

아이들은 그런 선생님의 비장한 얼굴을 보면서 밤을 새우며 공부했다.

그로부터 며칠 후 가필드 고등학교의 기적이 미국 전국을 감동시켰다. 이번에도 전원이 합격한 것이었다. 언론에 대서특필되었고, 대학교수들은 하이머의 교수법을 연구하기 시작했다.

가필드 고등학교의 고등수학시험 합격자는 해마다 증가했다. 13명에서 31명, 63명, 77명, 78명, 87명…570명. 그리고 전에는 감히 꿈도 꿀 수 없었던 명문대학 합격자들이 나타나기 시작했다.

명문 스탠포드 대학을 나온 그의 제자는 TV 방송과의 인터뷰에서 이렇게 말했다.

"에스카란테 선생님은 죽을 각오로, 정말로 생명을 걸고 우리를 가르치셨습니다. 한 번은 공부하기 싫다고 도망가다가 팔을 붙들며 만류하시는 선생님의 얼굴을 주먹으로 때린 적이 있었습니다. 그때 선생님은 코피를 흘리면서도 저를 붙드셨습니다. 배워야 한다고⋯ 배워서 성공해야 한다고⋯ 그래야 인간이 된다고 말입니다. 사랑이 없으면 불가능한 일이지요. 선생님의 사랑이 없었다면 나는 지금쯤 뒷골목의 깡패가 되어있었을 겁니다."[45]

한 가지 안타까운 사실은, 그는 단기적으로 조직을 성장시키는 데는 놀라운 성공을 거두었지만 장기적으로는 별다른 효과를 보지 못했다는 것이다. 그것은 다른 조직원들, 특히 동료 교사들이 그의 열정적인, 헌신적인 교수법이 뛰어난 성과를 올리게 한다는 것을 알면서도, 그의 헌신과 노력을 모방하지 않았다는 것이었다. 이는 사랑이 그만큼 중요한 변수이며, 사랑은 학습 대상이 아니라는 의미이다. 그는 다른 교사들을 자신과 같은 체인지 에이전트(change agent, 변화주도자)로 만들지 못하고, 오히려 그들로부터 시기를 받는데 지쳐 17년 만에 학교를 떠났다. 그 후 학생들의 성적은 하락했다고 한다. 이처럼 나라와 조직을 성공시키는 법은 이미 다 나와 있는 것이다. 다만 그렇게 모방할 의지가 없는 것이 문제이다.

5단계 욕구(자아실현욕구)

하이머 에스카란테가 학생들의 학습능력 향상을 위해 최선의 노력을 기울인 것은 자신의 모든 능력을 다 발휘하고픈 욕구를 충족하기 위한 것은 아니었다. 다만 자신과 같은 남미계 사람들이 자신의 인도로 노력하는 습관을 익혀 사회로 진출해서 떳떳한 미국 시민으로 살아주었으면 하는 바람이었다. 하지만 밖에서 보면 그는 남들의 성장을 위해 자신의 모든 것을 다 희생할 수 있는, 그래서 기쁨을 누리는 자아실현욕구 추구자라 할 수 있다. 지금 사회는 바로 이런 사람을 찾고 있다. 자아실현욕구 추구자를 얼마나 많이 확보하고 있느냐에 따라 그 국가, 사회, 조직의 성숙도, 발전 가능성을 가늠할 수 있기 때문이다. 이런 사람은 의미있는 것에 자신의 모든 역량을 다 쏟아 붓는 것에서, 남들을 위해 자신을 희생하는 것에서 만족감을 느끼기 때문에 시간을 낭비하지 않으며, 그래서 창의적으로 일하기를 좋아하며, 그리고 웬만해서는 남들과 다투지 않고 양보한다. 자아실현욕구는 크게 다음 두 가지로 나누어진다.

오일러와 라마나준의 자신의 모든 능력을 다하고자 하는 욕구

자아실현욕구는 개인이 자신의 모든 잠재력을 다 사용하여 능력과 환경이 허용하는 한 가장 높은 성취 수준에 도달하고자 하는 욕구를 말한다. 예를 들어서 마르셀 프로스트(1871~1922년)는 병상에 누워서도《잃어버린 시간을 찾아서》라는 작품을 완성하기 위해 죽기 수년 전부터는 세상과 절연하고 거의 식음을 전폐한 채 집필에만 몰두했다. 그 작품으로 돈을 번다거나 명예를 높이기보다는 자신의 가장 대표적인 작품을 이 세상에 남기고 가야 한다는, 자신의 능력을 다 소진하고 죽겠다는 각오가 서려 있었다는 점에서 자아실현욕구 충족의 대표적인 사례이다. 앞에서 소개한 미식축구감독 빈스 롬바르디가 승률 10%의 삼류 팀을 맡은 것은 돈과 명예를 추구하기 위한 것이 아닌 자신의 능력을 다 발휘하기 위해서였다. 그는 그린 베이커즈 팀을 미국 챔피언으로 만들었고, 승률 74%의 초일류팀으로 성장시켰다. 인류 역사상 가장 뛰어난 수학자라 불리는 레온하르트 오일러(1707~1783년)도 자아실현욕구를 충족시킨 인물이다. 신학을 공부하려고 대학에 진학했다가 저명한 수학자인 요한 베르누이로부터 수학적 재능이 뛰어나다는 말을 듣고 수학을 전공하여 엄청난 업적을 남겼다. 그는 59세에 시력을 완전 상실한 후에도 연구에 몰두하다가 1783년 9월 18일, 한 손자에게 풍선의 움직임을 설명하고, 발견된 지 얼마되지 않는 천왕성에 대해 의견을 나누다가 뇌출혈로 쓰러지면서 말했다.

"나는 죽는다."

그는 인류 역사상 수학에 관한 논문을 가장 많이 완성한 불가사의한 학자였다. 특히 그중의 절반은 시력을 완전 상실한 후의 성과였다.

레온하르트 오일러는 평생에 논문 886편에 75권의 책을 집필했다. 매해 평균 800여 쪽의 글을 썼다는 의미이다. 요즘의 일반적인 책 사이즈로는 몇 권이나 될지 가늠조차 하기 힘들다. 그것도 소설이나 수필류의 글이 아니다. 단 한 줄을 놓고도 고민하게 만드는 글을 그렇게 많이 썼다는 것은 그의 천재성을 고려한다 하더라도 인간에게는 무한한 잠재력이 있음을 일깨워주는 실증이 아닐 수 없다.

인도의 천재 수학자 스리니바사 라마나준(Srinivasa Aiyangar Ramanujan 1887~1920년. 그의 이름을 보통 '라마누잔'으로 표기하지만 그의 전기46) 시작 부분에 의하면 친구들은 라마나준으로 불렀다고 한다) 역시 오로지 자신의 능력을 다 소진한다는 욕구를 충족시킨 사람이다. 수학에만 집중하여 다른 과목들에서 낙제하는 바람에 두 번이나 대학을 중퇴한 그는 독학으로 수학 공식과 정리를 5천 개나 만들었다. 그는 수학만 공부해도 졸업장을 줄 수 있다는 약속을 받고 영국 캠브리지 대학으로 유학 가서 28살에 대학을 졸업하는 동시에 역대 최연소 영국왕실학술원회원이 된다.

그는 인도로 돌아와 폐결핵으로 사경을 헤매면서도 수학을 연구했다. 의식을 잃었다가 정신이 들면 자신이 아픈 줄도 모르고 밤을 꼬박 새우면서 수학에 미쳐 있었다. 그의 부인이 "사람이 과연 저럴 수 있는 것인가?"라고 의문을 표시했었다고 한다.

우리나라에도 이들처럼 의미있는 것에 자기의 모든 것을 다 쏟는 사람들이 많이 나타나길 기원한다.

다수를 위해 헌신하고자 하는 욕구

이름도 없이 이런 욕구를 충족시킨 사람들은 많이 있는 것으로 안다. 그렇다면 박정희, 이병철, 정주영 중에서 가장 순수하게(헌신적으로) 자아실현동기를 발휘한 사람은 누구일까? 물론 이들이 한평생, 하루 24시간 그런 마음으로 살았다는 것은 아니다. 이 세 사람 중, 이병철과 정주영은 이윤 추구를 근본 목적으로 하는 기업가였다는 점에서, 국가와 국민의 안전과 행복을 책임지는 대통령이 가장 순수한 자아실현욕구를 표출했다고 할 수 있다. 물론 그의 그런 욕구에는 자신을 지키려는 욕구가 포함되는 것은 물론이다. 다시 말하지만, 신이 아닌 한 100% 순수한 헌신, 봉사, 사랑의 욕구를 가질 수는 없는 것이다. 박정희는 1972년 측근과 야당의 극력한 반대를 무릅쓰고 10월유신(十月維新. 대통령은 임기 6년에 연임할 수 있으며, 선출은 국민 직선제가 아닌 통일주체회의를 통한 간선제를 채택한다는 것이 핵심)을 단행하여 사실상 자신의 장기집권의 길을 열어놓았다. 그는 10월 27일의 담화를 통해 10월유신의 동기를 다음과 같이 피력했다.

> 이 헌법개정안은, 능률을 극대화하여 국력을 조직화하고 안정과 번영의 기조를 굳게 다져 나감으로써 민주주의 제도를 우리에게 가장 알맞게 토착화시킬 수 있는 올바른 규범임을 확신합니다.[47]

다시 말해서 자신이 오랫동안 대통령으로 있으면서, 정부가 뭐 좀 하려고 하면 무조건 반대부터 해놓고 보는 세력들로부터 방해를 덜 받으면서 나라를 자신의 생각대로 뜯어고쳐 보겠다는 것이었다. 특히 그는 두 차례에 걸친 5개년 경제개발계획의 성공으로 상당한 지지층을 확보한 상태였다. 국민만 잘 살게 해준다면 독재를 해도 상관없다는 것이었다. 특히 그는 중화학 공업을 일으킬 야심을 갖고 있었다. 미국을 비롯한 우방들로부터 엄청난 지원을 받으면서도 공산군에게 밀리는 월남을 보면서 우리 힘으로 중화학 공업을 일으키지 않으면 나라를 지킬 수 없다고 판단했다. 그래야 무기도 직접 만들고, 연료도 비축해서 우방들의 눈치를 보지 않고 전쟁에 대비할 수 있을 뿐만 아니라, 기간산업을 일으켜 수출에 박차를 가할 수 있다는 것이었다. 박정희는 1973년 1월 12일 연두기자회견에서 이렇게 말했다.

"우리나라 공업은 이제 바야흐로 '중화학공업 시대'에 들어갔습니다. 따라서 정부는 이제부터 '중화학공업 육성'의 시책에 중점을 두는 '중화학공업 정책'을 선언하는 바입니다. 또 하나는 오늘 이 자리에서 우리 국민들에게 내가 제창하고자 하는 것은 이제부터 우리 모두가 '전국민 과학화 운동'을 전개하자는 것입니다. 모든 국민들이 '과학기술'을 배우고, 익히고, 개발해야 되겠습니다. 그래야 우리 국력이 급속히 신장할 수 있습니다."48)

일각에서는 박정희가 중화학공업 수준을 일정한 궤도에 올려놓기 위해선 자신의 장기집권이 필요하고, 그래서 10월유신을 단행할 수밖에 없었다고 생각한다. 매슬로 이론을 적용하여, 그는 나라를 위한 자신의 비전을 실행하기 위해서(5단계 욕구), 방해요인으로 작용할 수 있는 민주정치(4단계 자존의 욕구)를 훼손한 것으로 해석할 수 있다. 스티브 잡스는 "만약에 …했었더라면?" 이라 질문하는 기자에게 "그런 바보 같은 말이 어디있느냐?"며 면박을 주고 자리에서 일어났었지만, 사실 당시 박정희가 물러나고 민주정권이 들어섰더라도 경제 성장의 발판이 다져졌을 지에 대해선 회의적이다. 조이제 박사도 같은 생각이다.

한국의 경우, 성숙한 민주주의로의 정치발전은 경제발전보다 훨씬 더 디게 진행된다. 확실히 민주주의로의 발전은 길고 때로는 험준한 과정임에 틀림없지만, 무엇보다 그 기반은 경제발전이다. 박정희가 이룩해 놓은 경제발전은 오늘날 미래 한국의 '성숙한 민주주의 발전'을 위해 필수적이며, 이를 가능케 하는 절대조건이다.[49]

5개년 계획의 목표와 성과[50]

	1차(1962~1966년)	2차(1967~1971년)	3차(1972~1976년)	4차(1977~1981년)
경제성장률	8.5%	9.7%	10.1%	9.4%
1인당소득(달러)	307	437	650	812

노스웨스튼 대학의 벤저민 존스 교수와 하버드 대학의 벤저민 올켄 교수는 세계2차 대전이 끝난 1945년부터 2000년 사이 세계 각국에서 무작위로 발생한 57건의 국가 지도자 변경과 경제성장과의 관계에 관한 연구에서 국가 지도자의 특성이 경제성장과 관련이 있

다는 사실을 밝혀냈다. 지도자가 경제성장에 미치는 영향력이 민주 국가보다는 독재 국가에서 훨씬 강하게 나타나는데, 경제성장에 크게 기여하는 리더십과 그렇지 않은 리더십이 있다는 것이다. 이들은 경제성장에 부정적으로 작용하면서 가혹한 독재를 휘두른 지도자가 사망한 국가의 경우 그 전보다 매년 평균 3% 정도 더 높은 경제 성장을 보인다면서, 대표적인 예로 중국을 들었다. 1949년 중국의 주석으로 집권한 모택동이 1976년 사망하고 나서 1년 후까지 경제성장률이 평균 1.8%에 머물렀다가 1978년부터는 6.4%의 성장률을 보이고 있다는 것이다. 이들은 또 독재자가 민간 부분에 대한 투자를 통해 간접적으로 변화를 추구하기보다는 금융과 재정 정책의 변화를 통해 직접적으로 빠른 변화를 추구한다면서 독재자가 죽은 후 급격하면서도 폭넓게 민주화가 이루어지면 경제성장률이 떨어지지만, 완만하면서도 협소하게 단계적으로 이루어지면 경제성장률이 높아진다고 주장했다.[51]

중앙일보의 설문조사를 통해 역대 최고의 지도자로 박정희가 선정된 것에서, 다수의 국민은 박정희의 독재적 리더십이 경제 성장에 긍정적인 영향을 미쳤다고 생각하는 것이 틀림없다.

(하지만 박정희가 1979년 10월 26일에 세상을 떠나지 않고 계속 집권했더라도 우리나라가 그전처럼 계속 성장 했었으리라 생각하지 않는다. 유신정국이 지속되었다면 자유당 말기 못지않은 혼란이 발생할 가능성이 농후했다. 하지만 그는 선진 한국의 발판을 마련한 리더였다.)

기업치고 국가 미래를 걱정하지 않는 곳은 없다

기업은 자사의 이익 추구로 오히려 국가 발전에 이바지하는 존재들이다. 즉, 기업추구가 먼저이고, 그 다음에 국가가 있다는 말이다. 따라서 안전의 욕구가 강할 수밖에 없고, 그래서 때로는 이기적이라 비난을 받기도 한다. 하지만 기업들이 국가 이익을 생각하지 않는 경우는 없다. 갖가지 비리를 저지르며 정상에 올라선 기업인이라도 그 사람에게서 불타는 애국심을 발견하곤 한다. 성공한 기업인들은 그리 단순한 사람들이 아니다. 그들은 철학자처럼 깊이 생각하며, 아들 이삭을 창조주에게 바치려 했던 아브라함처럼 냉혹하기도 하고, 결정적인 순간에는 대의를 위해 큰 것을 포기할 줄도 안다. 대기업들에게 호감을 사기 위해 그런 주장을 하고, 또 글을 쓴다고 생각하는 사람도 많지만, 사실 대기업들은 자신들에 관한 글이나 책은 거의 보지 않는다. 그럴 시간도 없거니와 그런 저의를 의심하기 때문이다. 홍보담당 직원이 혹시나 자사에 해를 주는 오류가 없나 하고 점검할 뿐이다. 그래서 대부분의 기업인들은 애국심이 강한 편이다. 나는 국가에 대한 그들의 공헌도면에서 평균적으로 정치인, 법률인, 행정관료에 비교할 수 없을 정도로 우월하다고 본다. 그러면서도 그들은 정치인, 관료들이 술을 마시고 골프를 치는 시간에 피똥 쌀 정도로 내일을 걱정한다. 술을 마시고 골프를 쳐도 정치인이나 관료들과는 그 의도가 다르다. 삼성도 세계적인 기업으로 성장하는 가운데 소유주 혹은 직원들이 크고 작은 부정을 저질렀다. 현대를 포함함 모든 기업, 심지어 마이크로소프트, GM같은 세계 최대기업이라도 완전무결하다고는 말할 수 없다. 그러면서도 그들은 나라를 사랑한다. 그렇지 않고는 그만큼 클 수가 없는 것이다.

삼성의 자아실현욕구

삼성은 반도체 사업을 할 이유가 없었다. 다른 사업들로도 돈을 아주 잘 벌었기 때문이었다. 이병철은 일반 기업인들보다는 도전적이었지만 그렇다고 정주영만큼은 아니었다. 매우 합리적인 사고로 승산이 확실하다는 판단이 들었을 때에만 사업에 뛰어들었다. 미국에서 공부하다가 1966년 귀국한 3남 이건희가 동양방송에서 근무하던 1974년 반도체 사업을 건의했을 때, 아버지 이병철은 자신의 능력으로는 힘이 부치는 사업이라 반대했다. 돌다리도 두드려보고 건너는 그가 잘못되면 삼성을 한꺼번에 파국으로 몰고갈만한 반도체 사업에 뛰어들리 만무했다.

하지만 일본과 미국의 유력 반도체 전문가들로부터 의견을 듣고 자료를 축적해서 연구해온 이건희는 반도체 사업으로 한국이 한 단계 도약할 수 있다고 확신했다. 그는 사재 4억 원을 투자하여 부천 소재의 한국반도체를 인수했다. 이병철이 아들이 힘들게 운영하고 있던 반도체 사업에 집중해야겠다고 생각한 것은 1980년 일본 방문 중에 자신을 찾아온 경제전문가 이나바 박사에게서 일본 산업계가 거대한 방향 전환을 꾀하고 있다는 소식을 들으면서부터였다.

제철·조선·석유화학·섬유 등 일본 기간산업은 치열한 경쟁을 통해 기술과 품질을 향상시켰지만 과당경쟁 · 과잉생산 때문에 도산이 속출해 그 부담이 고스란히 국가와 국민에게 돌아갔다. 대외적으로는 덤핑수출로 무역마찰을 심화시키기도 했다. 이 때문에 일본은 기간산업의 생산 규모를 20~50% 가량 대폭 억제하기로 했다. 대신 반도체 · 컴퓨터 · 신소재 · 광통신 · 유전공학 등 고부가가치의 첨단기술 분야로 전환을 도모하고 있으며, 특히 반도체와 그 주변의 기계공업에 치중하고 있다. 그 결과 수출은 획기적으로 늘고 외화 수입도 급증했다. 일본의 살 길은 경박단소(輕薄短小)의 첨단기술 산업에 달려 있다.[52]

그 말을 듣고 이병철은 이렇게 생각했다고 한다.

삼성은 새 사업을 선택할 때 항상 그 기준이 명확했다. 국가적 필요성이 무엇이냐, 국민의 이해(利害)가 어떻게 되느냐, 또한 세계시장에서 경쟁할 수 있느냐 하는 것 등이다. 이 기준에 견주어 현 단계의 국가적 과제는 '산업의 쌀'이며 21세기를 개척할 산업 혁신의 핵인 반도체를 개발하는 것이라고 판단했다.[53]

이병철은 트랜지스터 분야의 세계적인 석학으로 일본 도호쿠 대학의 덴다 박사로부터 "메모리 반도체는 절대 안 될 것이다. 삼성이 하기에는 결코 쉬운 일이 아니다"라는 충고를 받지만 1983년 3월 15일 전화를 걸어 '도쿄선언'을 한다.

"오늘을 기해 삼성은 VLSI(초대규모집적회로) 사업에 투자하기로 한다."54)

삼성반도체는 2009년 현재 세계시장점유율 7.6%로 14.1%인 인텔에 이어 2위를 달리고 있다. 특히 D램 반도체는 2009년 9월 현재 35.9%로 1위이다. 2012년까지 반도체만으로 255억 달러의 매출고를 올릴 계획이다. 이병철과 이건희는 절대 남들을 위해 자신을 희생하는 거룩한 사람들이 아니다. 하지만 그들은 반도체 사업을 구상하면서 삼성이 아닌 국가의 번영을 먼저 생각한 것이 분명하다. 따라서 삼성반도체, 더 나아가 오늘날의 삼성전자는 국가에 도움이 되겠다는 자아실현욕구를 충족하는 과정에서 나타난 결과인 것이다.

비전을 품은 자는 자아실현욕구추구자이다

비전적 리더, 변혁적 리더는 거의 다 자아실현욕구를 추구한다. 그렇지 않으면 조직을 성공적으로 발전시킬 수 없다. 조직이 성장하기 위해선 리더뿐만 아니라 조직원들도 자아실현욕구를 추구해야 한다는 것이 정설이다. 창의적 아이디어와 실행이 조직의 안전과 성장에 밀접한 것으로 밝혀지고 있는 요즘에는 더욱 그러하다. 예를 들어서, 회사에 기여하고픈 마음이 들어야 회사에 기여할 수 있는 아이디어가 떠오르기 마련이고, 또 열심히 일하기 마련이다. 초등학교도 나오지 못한 김규환은 대우중공업 사환으로 들어가, 자신에게 일자리를 준 회사에 보답하기 위해 목숨을 걸고 연구하고 일하는 과정에서 제안 2만 4,612건, 국제발명특허 62개를 받아 회사에 크게 기여했을 뿐만 아니라 자신도 크게 성장하는 결과를 낳았다. 따라서 개인과 조직은 자아실현욕구를 충족해야 한다.

자아실현욕구 추구자는 성숙한 사람이다

자아실현의 욕구는 모든 조직과 그 조직원들에게 일하는 목적과 그 의미, 그리고 일을 통한 개인의 발전 및 성장을 자극한다. 따라서 업무나 직장에서의 보람은 삶으로 이어진다. 매슬로는 모든 인간에게 자아실현의 욕구가 있다고 보았다. 회사 사장뿐만 아니라 잔심부름을 하는 사환까지도 업무를 통해 자아실현욕구를 충족시킬 수 있다는 것이다. 예를 들어서, "내가 생산한 쌀을 먹고 세상 사람들이 건강해져서 이 사회에 이바지했으면 한다"(5단계)는 마음을 가진 농부가 생산한 쌀과 돈을 벌기 위해(2단계) 억지로 농사를 짓는 농부가 생산한 쌀의 품질이 같을 수 없다. 그래서 자아실현의 동기를 가진 사람들을 얼마나 많이 확보하고 있느냐로 국가와 기업의 우열이 가려지는 것이다. 매슬로 교수는 자아실현욕구가 자발성, 정직성, 자연스러움, 독립성, 창의성과 밀접한 관계를 가진다고 주장했다.

동기 수준이 자아실현단계에 위치한 사람들의 행동과 창조에는 높은 수준의 자발성, 솔직성, 자기개방성, 공정성, 표현성이 내포된다. 자아실현은 결핍 보충의 동기가 아니라 성장 동기이다.[55]

또 그들의 행동은 단순하고 자연스러운 반면, 인위적이거나 별로 긴장하지 않는다.[56]

자아실현단계에 있는 사람들의 특징 중의 하나는 물리적 및 사회 환경으로부터 상대적으로 독립적이라는 것이다. 결핍 충족 동기보다는 성장 동기에 자극을 받는다는 점에서 자아실현 단계의 사람들은 현실, 다른 사람 혹은 문화나 수단방법 같은 외적 욕구 충족에서 만족을 찾지 않는다. 그보다는 자신의 잠재성이나 숨겨진 능력의 개발과 성장을 더 추구한다. 나무가 햇빛, 물과 음식을 필요로 하듯, 인간은 외부로부터 사랑, 안전, 그리고 그 밖의 기본적 욕구들의 충족을 추구한다. 하지만 이러한 외적 욕구가 충족되어지면, 즉, 내적 결핍 욕구가 외부로부터 만족스런 정도로 채워지면, 인간의 성장에서의 진짜 문제, 예를 들어서 자아실현욕구 같은 문제들이 시작된다.[57]

매슬로, 맥그리거 그리고 수많은 자료에서 얻어진, 자아실현욕구를 추구하는 사람의 특징을 종합하면 다음과 같다.

- 전체 조직에 헌신할 줄 안다.
- 현실을 직시하며 주관적이 아닌 객관적으로 바라본다.
- 문제를 개인적인 불만이나 변명거리로 생각하지 않고 도전의 기회이자, 해결이 필요한 상황으로 인식한다.
- 최후의 순간에도 의미 있는 일을 하고자 한다. 김수환 추기경과 공

병우 박사가 세상을 떠나면서 자신의 신체를 기부한 것이 예이다.

- 프라이버시를 존중하고 혼자 있는 것을 좋아한다. 창의성을 유발하기 위해선 혼자 있는 시간이 필요하다.
- 자신의 의견이나 견해를 피력하는데 있어서 문화나 환경에 의존하기보다는 자신의 경험이나 판단을 더 신뢰한다.
- 사회의 압력에 굴하지 않는다.
- 민주적이고 공정하며 편견이 없어서 모든 문화, 인종 그리고 개인 스타일을 포용한다
- 사회적으로 온정적이고 인간적이다.
- 사람들을 있는 그대로 인정하고 그들을 억지로 변화시키려 하지 않는다.
- 어떤 비관습적인 것에도 불쾌하게 생각하지 않는다.
- 형식적으로 많은 사람들을 사귀기보다는 소수의 친구를 깊이 사귄다.
- 유머를 사용할 때는 다른 사람들을 놀리기보다는 자신이나 환경을 빗대어 구사한다.
- 다른 사람들이 하자는 대로 끌려가기보다는 자발적이고 자연스럽다. 자신에게 충실하다.
- 모든 것들, 일상적인 것들에도 흥분하고 재미있어 한다.
- 창의적이고, 혁신적이며, 독창적이다.
- 오랫동안 가슴에 남을 만한, 최고로 절정적인 경험을 추구한다.

창의적인 사람은
내적동기 추구자이다

"오늘 어떻게 준비하느냐가 내일의 성패를 결정한다."   - 작자 미상

"자신의 능력보다 더 노력을 기울이지 않으면 자신이 할 수 있는 것을 달성할 수 없다."
                                        - 헨리 드럼먼드(복음전도자이자 작가)

"이미 숙달한 수준 이상의 것을 시도하지 않으면 결코 성장할 수 없다."
                                        - 로버트 E. 오스본(극작가)

"당신은 할 수 없을 것 같은 일을 성취해야 하는 것이다."
                                - 엘리노 루즈벨트(프랭클린 루즈벨트 대통령의 영부인)

"당신의 재능은 하나님이 당신에게 주신 선물이다. 그걸 가지고 일하는 것은 하나님에게
사의를 표명하는 행위이다.   - 레오 버스카글리아(USC 교육학 교수이자 성공학 강사)

"진정한 성공은 자신이 좋아하는 일을 평생 직업으로 삼는 것이다."
                                        - 데이비드 맥컬러(작가)

"세계적으로 남을 위대한 업적은 그것이 불가능하다는 것을 알지 못하는 어리석은 사람들
에 의해 달성되어진다."   - 도그 랄슨(작가)

"나에게 금속에 관한 아주 적은 지식만 있었더라도 난 감히 일회용 면도기를 발명할 꿈도
꾸지 못했을 것이다."   - 킹 질레트(일회용 면도기 발명가)

"화려한 성공은 보이지 않는 준비의 결과이다."   - 로저 스타우바크(미식축구선수)

학자들은 매슬로의 5단계 욕구계층론에서는 4단계인 자존의 욕구와 5단계인 자아실현욕구를 내적동기(intrinsic motivation)요인, 그 밑으로는 외적동기(extrinsic motivation)요인으로 분류한다. 그들은 내적동기를 가진 사람들이 더 열심히, 그리고 사회에 보탬이 되는 일을 함으로써 만족을 느끼려 한다는 것이다. 그런 사람들이 당연히 월급을 받기 위해 억지로 일하는 사람보다는 보다 열심히 일하고 창의적일 수밖에 없다.

창의적인 사람들은 전문분야에서의 업적과 인정받는 것에서 동기부여를 받는다. 다시 말해서 높은 수준의 성취동기를 드러낸다는 것이다. 성취동기는 내적동기(intrinsic motivation)이다.[58]

세상은 내적동기요인 추구자를 찾는다

그래서 모든 조직, 기업들이 내적동기요인 추구자를 찾는 것이다. 그 예로, SK그룹의 최종현 회장(1929~1998년)은 외적동기요인 추구를 목적으로 직업을 갖고 또 사람을 고용하는 것을 육체적 고용(physical employment), 내적동기요인 추구를 목적으로 직업을 갖거나 또 사람을 고용하는 것을 정신적 고용(mental employment)으로 분류하면서 앞으로는 정신적 고용에 초점을 맞추어야 한다고 역설하였다. 그는 정신적 고용에 초점을 맞추어 직원들이 스스로 능력을 발휘할 수 있도록 하는 SKMS(Sk Management System)을 정립한 바 있었다.[59] 하지만 외적동기요인을 충족할 수 없는 상황에서 내적동기요인을 추구하라는 것은 무리이다. 내적동기를 추구하는 사람들이 가족의 생계는 나 몰라라하고 무조건 조직에 헌신하거나 창의적 아이디어 개발에 몰두할 수는 없는 것이다. 수학에 미쳤던 라마나준 조차 영국으로 유학 가기 전 생계를 위해 취직을 했었다(그는 직장이 파하자마자 집으로 달려와 다음날 새벽 5시 경까지 연구를 한 후, 두 시간 잠을 자고는 바로 출근하곤 했었다). 이처럼 먹고 사는 문제는 중요한 것이다. 리즈 머레이처럼 집이 없어 길거리를 배회하면서도 열심히 공부하여 하버드 대학에 들어가거나, 사랑으로 그리고 창의적인 아이디어로 불량배나 다름없는 열등생들을 가르쳐 수학 수재들로 변화시킨 하이머 에스카란테 같은 사람들은 극소수이다(에스카란테 역시 먹고 사는 것은 전혀 걱정하지 않았다). 대부분은 내적동기를 추구할 만한 조건, 즉 외적동기요인이 충족된 상황에서야 비로소 자신의 역량을 발휘할 수 있는 것이다. 그래서 1~4단계의 욕구를 충족하기 힘든 환경에서 5단계의 욕구충족을 추구한 혹은 그렇게 하도록 이끈 박정희, 이병철, 정주영 같은 리더들은 극히 예외적인 인물들이고 그래서 연구 대상인 것이다. 하지만 요즘에는 외적요인을 충족시켜 주지 못한 조직이나 기업은 별로 없다. 중진국 이상의 국가들에선 거의 모든 조직이나 기업들이 생활을 걱정하지 않을 만큼의 임금을 지급하고 또 각종 혜택을 제공한다. 삼성, 현대, LG, SK 같은 대기업은 말할 것도 없다. 그렇다면 그런 대기업들에는 내적동기 추구자로 가득 차 있는 것일까? 다시 말해서 회사에 창의적인 아이디어를 내놓고 열정적으로 일하는 과정에서 자아실현욕구를 충족하는 사람들로 넘쳐나고 있는 것인가? 학자들은 반드시 그렇지 않다는 것이다. 외적욕구요인을 충족시켜 준다고 해서 조직원들이 반드시 내적욕구를 추구하는 것이 아니라는 것이다. '인간은 다른 사람에 의해 동기부여될 수 없다'는 더글러스 맥그리거의 말처럼 인간은 마음에 끌려야 내적동기를 발할 수 있다는 것이다. 이런 점에서 허즈버그 박사의 이론은 매우 중요한, 반드시 참고해야 할 이론이다.

프레드릭 허즈버그의 2요인 이론(Two Factor Theory)

프레드릭 허즈버그(1923~2000년)는 임상 심리학자이자 직무 충실화(job enrichment)의 선구자로서 경영과 동기론의 위대한 이론가이다. 그는 연구 동료인 버나드 마우스너와 바바라 시나이더만과 공동으로 피츠버그 시에 거주하는 엔지니어 혹은 회계사 200여 명을 조사하여 작업장에서의 동기이론을 처음으로 확립한 후 그 결과를《업무동기이론 The Motivation to Work》을 통해 세상에 알렸다. 조사 대상이 200명으로 소수였음에도 불구하고 기념비적인 연구 업적을 거둔 것은 철저한 예비조사와 정교한 리서치 디자인으로 매우 세밀한 데이터를 축적할 수 있었기 때문이었다.

허즈버그가 실증 조사를 거쳐 밝혀낸 결과는 충격적인 내용이었다. 매슬로는 하위 단계의 욕구가 충족되어야 상위 단계의 욕구로 동기가 상승한다고 주장했지만 허즈버그는 만족하게 하는 요인(만족요인 satisfiers, 즉 동기요인. 매슬로 이론에는 4~5단계 욕구. 최종현의 이론에는 정신적 고용요인)과 불만족하게 하는 요인(불만족 요인 dissatisfiers, 즉 위생요인. 매슬로 이론에는 1~3단계 욕구. 최종현 이론에는 육체적 고용요인)은 서로 별개의 이질적인 존재로서, 불만족요인이 충족되어진다고 해서 저절로 만족요인을 추구하는 것이 아니라는 것이다. 다시 말해서, 불만족요인, 즉 위생요인이 충족되어진다고 해서 업무 만족감이 늘어나는 것이 아니라 그저 환

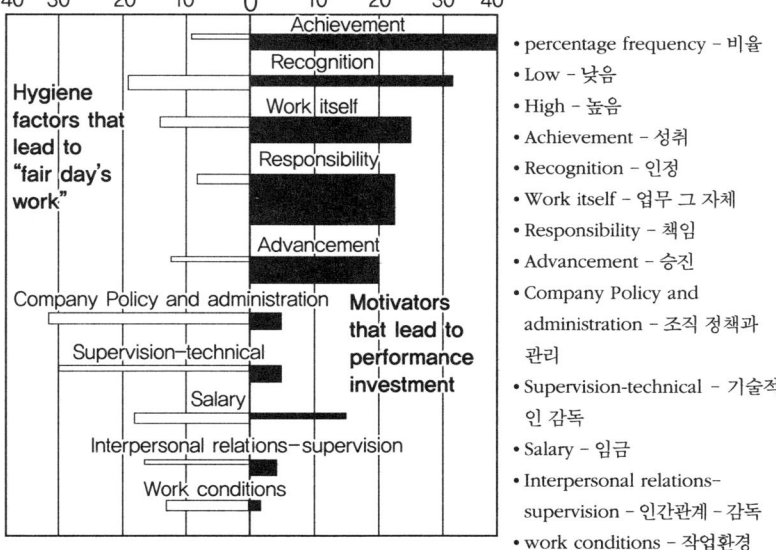

Herzberg, Frederic, et al., 《The Motivation to Work》, John Wiley & Sons, Inc., p.81. (By permission of TRANSACTION PUBLISHERS)

경에 대한 불만이 없어지는 것에 불과하다는 것이다. 허즈버그는 위생요인에 작업환경, 인간관계-감독, 임금, 기술적인 감독, 조직의 정책과 관리 같은 것들을 포함하고, 만족요인에는, 승진, 책임감, 업무 그 자체, 인정, 성취 같은 것을 포함시켰다.

차트에서 중간에서 뻗어나간 수평 막대그래프의 길이는 각 요인이 직무태도에 영향을 미치는 백분율 빈도를 나타낸다. 예를 들자면, '작업환경'이 만족스럽지 못할 경우 불만족을 느끼는 비율이 11%라는 의미이고, '성취'가 충족되었을 때 만족감을 느끼는 비율이 41% 정도라는 의미이다. 막대그래프의 두께는 단기적 태도 비율에 대한 장기적 근무 태도 비율을 표현하는데, 두께가 두꺼우면 두꺼울수록 이 요인의 충족, 혹은 비충족이 만족감, 비만족감에 미치는 기간이 상대적으로 길다는 것을 의미한다. 도표에서 '인정'과 '성취' 요인의 막대그래프에 검정색이 아닌 빗살무늬가 그려졌다는 것은, 그 두께가 장기 비율상으로 역전효과가 일어난다는 것, 즉 성취와 인정받음이 만족에 영향을 미치는 기간이 짧다는 것을 의미한다. 따라서 성취나 인정을 받는 것에서 업무의 만족감을 느끼기 위해선 지속적으로 그런 만족을 느낄만한 일을 찾아 도전해야 하는 것이다.

- 직업 만족도와 매우 밀접한 관련 : 성취, 인정
- 직업 만족도와 밀접한 관련 : 업무 그 자체, 책임

- 직업 만족도와 관련 : 승진, 성장, 임금
- 직업 만족도와의 관련 희박 : 조직 정책과 관리, 기술적인 감독, 인간관계 – 감독, 작업환경

허즈버그는 임금, 정책, 관리감독 부분에서 불만 요인이 적고, 또 일 자체를 통해 개인이 성장할 수 있는 직장 혹은 직업이 가장 바람직한 직장 혹은 직업으로 보았다. 그래야만 빠른 변화 과정에서도 개인뿐만 아니라 조직도 생존할 수 있고 또 마음껏 창의성을 발휘할 수 있다는 것이다. 그는 다음과 같이 주장했다.

'일+보람' 이란 등식이 존재해야만 변화에 대처할 수 있다. 그래야만 변화에 빠르게 창의적으로 대처할 수 있고 결과적으로 생존할 수 있는 것이다. 분명하게 말하자면, 능력과 책임 면에서 성장한다는 느낌은 우리 사회의 누군가에게 발생할 수 있는 여전히 가장 흥분되는 요건이다. 세상에는 자신의 일에서 참다운 만족감을 찾지 못하는 사람이 있다. 그런 사람들은 정규 업무 외에 인간관계가 지나치게 많거나, 일할 시간에 자주 취미 생활로 시간을 보낸다. 하지만 취미는 업무에서 찾을 수 있는 성장감, 의미 있는 목적을 위해 일한다는 노력감을 제공해주지 못한다. 지하실에 있는 목수의 작업장과 잘 정돈된 뒤뜰은 일과 욕구 충족의 직접적 관계를 설명해주지 못한다.

인류학자, 정치학자, 정신과의사는 이 사회에서 아주 심각한 현상으로 인식하고 있는 아노미(anomie : 행위를 규제하는 공통 가치나 도덕 기

준이 없는 혼돈상태), 무력감, 그리고 소외감이 부분적으로나마 일에 대한 직접적 의미의 상실로 인한 지나친 인간관계의 결과가 아니라 말할 수는 없는 것이다.

그렇다면 이러한 현상이 사회적으로 의미하는 바는? 항상 지나치게 많은 것을 요구하는 세상으로 인한 스트레스에 적절히 대응하지 못하는 경직되고 비창의적인 사회의 진짜 위험을 의미한다. 우리 사회의 보상이 위생요인(hygiene : 직무불만족에 영향을 미치는 요인으로 기업의 정책과 관리, 감독 혹은 감시, 임금, 인간관계, 근무환경)이라면, 그리고 실제 업무와 관련이 없는 환경이 만족감의 주요 원인이라면, 각자의 업무에서 잠재력을 최대한 현실화시키려는 동기가 거의 없는 것이다. 그런 사회가 기본적인 창의성이라는 양분을 취하면서 살지 못한다면, 지금은 흘러가버린 이전의 역사에서 겪은 운명의 고통을 경험하게 될 것이다. 이 세상에는 야만족의 침입에 충분히 탄력적으로 대처하지 못해 파멸된 제국들의 흔적으로 가득하다.[60] (By permission of TRANSACTION PUBLISHERS)

위에서 위생요인의 반대 개념은 동기요인(motivator)으로 업무로 인한 만족감과 밀접한 관계를 가진다. 이에는 승진, 책임, 업무성격, 인정, 성취 등이 해당된다. 따라서 위생요인이 충족되지 못하면 불만이 쌓이고, 충족되면 불만은 없어지지만 그렇다고 업무에서 만족감이나 성취욕구를 갖게 되는 것은 아니다. 업무 만족감, 자아실현감, 창의성은 위생요인은 당연히 충족되어져야 하고 더하여 동기

요인들이 충족되어야 가능하다는 이론이다. 이는 국가나 조직은 국민이나 조직원들의 외적동기요인을 충족시켜 주어야 하지만, 그들로 하여금 헌신적으로 일하고, 또 창의적인 아이디어를 내놓게 하기 위해선 리더가 아닌 국민이나 조직원 스스로 그럴 수 있을 만큼 성장해야 한다는 것을 의미한다.

그렇다면 리더는 어떻게 조직원들을 성장시킬 수 있는 것인가?

2부에서는 국내외 리더와 전문가들의 의견과 주장을 통해 개인 및 조직이 지속가능한 성장의 길로 나갈 수 있는 길을 알아보도록 한다.

"지금 당장 창조하고 혁신하라! 아니면 우린 죽는다!"

02

창조와 혁신의 리더십

용기와
반듯함(integrity)

"리더들이 그들의 커뮤니티 너머에 있는 이해관계자들에게 지금보다 더 많은 관심을 가져주었으면 하는 것이 나의 바람이다. 지역 문제를 풀기 위해선 그들과의 협조를 늘려야 할 필요성이 있다. 리더들은 보다 글로벌적으로 행동해야 하며, 지구의 허파인 원시림 보호 같은 환경 지켜나가기부터 동유럽의 재건 같은 다양한 이슈들에 반응해야 하는 것이다."[61]
－ 마이클 도일(컬럼비아 대학 정치학 교수)

"인생의 전반기에 씨앗이 아닌 잡초를 심은 사람이 후반기에 곡식 수확을 기대한다는 것은 참으로 어리석다."
－ 퍼시 H. 존스턴(은행가)

"성공은 기다리는 사람의 것이 아니다."
－ 작자 미상

"내면에서 '나는 그림을 그릴 수 없어'라는 소리가 들리면 무슨 수를 써서라도 그리기 시작하라. 그러면 그 소리가 들리지 않게 될 것이다."
－ 빈센트 반 고흐(화가)

"성공하길 원하면 당신이 되고 싶은 사람을 선택하여, 그 사람이 하는 대로 이행하라. 그러면 그와 같은 성공을 거두게 될 것이다."
－ 앤소니 로빈스(성공학 강사)

"당신의 일이 재미없어지면 당신도 재미없는 사람이 된다. 일에는 생명이 없지만 당신이 모든 에너지를 그 안에 투입하면 일은 생동감있고 재미있어진다. 직업의 크기는 당신이라는 인물의 크기와 비례한다."
－ 조지 H. 헙스(변호사이자 정치인)

"나는 할 수 없다는 생각이 들더라도 무조건 한다. 내 성공은 행운이 아닌 집념의 소산이다."
－ 노만 레어(TV 프로듀서)

"성공적인 비즈니스를 보았다면, 그것은 누군가가 용기 있는 결정을 내렸다는 증거이다."
－ 피터 드러커(경영학 교수)

리더가 비전을 제시하는 데에는 반드시 용기와 인테그러티 (integrity. 성실, 정직, 청렴 등을 의미하는 이 단어를 '반듯함'으로 번역하고자 한다)라는 요인을 동반한다. 용기가 없다면 비전을 제시할 수 없다. 또한 정직하고 성실하여 남의 귀감이 될만한 인격을 갖추지 못했다면 그 어떤 비전이라도 조직원들에게 받아들여지지 않는다.

비전적 리더는 용기 있는 사람이다

세상을 변화시킨 리더치고 용기가 없는 사람은 단 한 명도 없었다. 임진왜란에서 나라를 구한 이순신, 식자관료층의 집요한 반대에도 불구하고 한글을 창제한 세종대왕, 그리고 박정희, 정주영, 이병철, 구인회, 빌 게이츠, 스티브 잡스, 제임스 카메론 등은 용기있게 자신들의 비전을 제시한 리더들이다.

세상을 변화시키지 못해 조직을 망가뜨린 리더치고 용기있는 사람은 없었다. 구한말 우리 정치인들이 그랬고, 해방 후 자유당 정권이 그랬고, 자신의 가족의 안위만을 위해 변화를 두려워하는 북한의 김 씨 집안이 그렇다.

비전을 제시하지 못하는 리더가 있다면 그는 용기있는 리더가 아니다. 즉, 조직에 해가 되는 사람인 것이다. 오하이오 주립대학의 제프리 포드 교수는 리더의 용기에 대해 다음과 같이 지적했다.

리딩(leading)은 용기를 필요로 한다. 하지만 용기는 재산처럼 소유하는 것이 아닌 행동이 필요한 순간에 발산되는 무엇이다. 용기는 위험과 실패 앞에서도 책임감을 갖고 행동할 때 그 정체를 드러낸다.

책임감을 갖고 행동한다는 것은 앞으로 나가 책임을 떠맡아, 뒤로 물러나 소망을 지닌 채 방관하기보다는, 의도적으로 뭔가가 일어나도록 힘을 가하는 것을 말한다. 책임감을 갖고 행동할 때의 우리는 위험이 도사리고 있다는 사실, 그리고 우리가 가능하다고 말한 것을 성취하기 위해 취한 행동의 결과를 받아들일 의사가 있다는 것을 의미한다.[62]

위기에 빠진 조직을 살릴 뛰어난 비전을 갖고 있더라도 실행하지 않으면 아무런 소용이 없다. 세계적인 학자들과 전문가들이 몽땅 몰려있는 미국이 왜 지금처럼 어려움을 겪고 있는 것일까? 세계에서 가장 꼼꼼하고 근면하다는 일본은 왜 20년이나 지나도록 경제 불황에서 벗어나지 못하는 것일까? 아무리 많이 알아도 행동하지 않으면 무용지물이기 때문이다. 세계적인 명문대학 출신의 석박사들 수백만이 도사리고 있지만, 충분한 지식은 없다하더라도 하지 않으면 안될 일이기에 용기를 내어 덤벼든 박정희, 정주영 같은 사람들이 없기 때문이다.

지금은 무리하게 지식을 생산하여 팔아먹는데 정신이 없는 시대이다. 그 지식 중에서 가장 정직한 것만을 골라 실행하지 않는다면, 지식은 공해일 뿐인 것이다.

재차 강조하거니와 성공의 공식은 이미 수천 년 전에 다 밝혀졌다. 기하학이 5천 년 전에 거의 완성되었는데, 성공의 법칙 따위가 그때 수립되지 않았다는 것은 납득되지 않는다.

지금은 지식이 너무 많이 생산되고 있다. 기존에 있던 지식을 가공하여 새 라벨을 붙여 새 지식인 양 위장한다. 그래서 더욱 본질 파악에 어려움을 겪는다. 미국 남가주 대학 총장을 지낸 스티븐 샘 플 박사가 인용한 말이다.

> 윌러 케이서(Willa Cather)는 이런 말을 한 적이 있다. "인간의 이야기 는 고작 2~3개가 있을 뿐이다. 이 두세 가지 이야기가 마치 전에 일 어난 적이 없었던 것처럼 격렬하게 반복되고 있는 것이다"라고.[63]

어려움에 빠진 조직과 이 세상을 구할 방법은 분명하다. 빈스 롬바르디와 하이머 에스카란테처럼 뚜렷한 비전을 세워, 설사 자기 를 희생시키는 일이 있더라도 밀고 나가는 것이다. 하지만 이들의 성공 법칙을 배웠으면서도 그걸 흉내내는 데는 극히 인색한 우리들 이다. 아는 것만으로 성공할 수 있다면 이 세상에 실패할 사람은 하 나도 없을 것이다.

어느 계획이고 반대가 없는 경우란 없다. 런던 비즈니스 스쿨의 니젤 니콜슨 교수는 유럽의 성공적인 리더들을 대상으로 설문 조사 를 벌여 그들에게서 남들이 자신을 어떻게 생각하느냐에 관심을 가 지지 않으며, 강인하고, 권위적이며, 야망이 매우 크다는 사실을 발 견했다.[64]

이처럼 비전적 리더십을 발휘하기 위해선 어떤 난관이라도 뚫고 나가는 용기를 필요로 한다. 아니 리더십에는 처음부터 용기라는 개념이 내포되어 있다. 하지만 용기는 사심 없이, 자기희생적으로 대의를 위한 비전을 추구할 때만 발생하는 법이다. 아무리 소심한 성격이라도 순수한 동기에서 많은 사람들을 위해 어떤 일을 추진하고자 할 때는 초인적인 용기가 생기기 마련이다.

비전적 리더는 반듯한 사람(Man of integrity)이다

경영학자 마틴 그러더는 이렇게 말했다.

"비즈니스와 개인 생활가운데 진실된 반듯함(integrity)과 지속적 효과성을 창출하려면 총소리가 들리는 쪽으로 돌격할 용기를 개발할 필요가 있다."[65]

반듯함이란 단어에는 성실, 정직, 청렴의 의미가 내포되어 있다. 그러더의 말은 용기와 반듯함이 밀접한 관계가 있다는 암시이다.

포스코와 박태준

박태준(1927년 출생)은 인테그리티(integrity)를 기반으로 한 용기로 불가능해 보이는 비전을 현실화시킨 대표적인 인물이다. 그가 아니었다면 한국은 결코 세계 2위의 제철소인 포스코(포항제철)를 갖지 못했을 것이다.

일본 와세다 대학 공학부에 다니다가 해방이 되자 귀국한 그는 육군사관학교에 입학하여 교관인 박정희와 인간관계를 맺기 시작했다. 박정희가 5·16혁명에 그를 끌어들이지 않은 것은 혁명이 실패할 경우에 대비해서 쓸만한 인재를 한 명이라도 군대에 남겨두기 위해서였다고 한다. 그는 그만큼 반듯한 사람이었다.

소장으로 예편한 박태준은 1965년 1월 해외수출액의 60%를 차지하기도 했던 국영기업 대한중석(현재 대구텍) 사장으로 취임하여 공정한 인사관리, 체계적인 경영관리, 부정부패 척결로 만성 적자 재정을 1년 만에 순이익 12억 원의 흑자 재정으로 전환시켰다.

1965년의 어느 날, 그는 박정희에게 대한중석의 성장 방향에 대해 보고를 하다가 제철소 설립에 대해 의견을 나누었다. 일본이 급성장할 수 있었던 데에는 1880년대에 근대적인 제철소를 건설했기 때문이었다는 데에 생각을 같이하면서 한국은 자금이 없어 제철소를 짓지 못하는 현실에 안타까움을 표시했다(박정희는 이전에 이후락을 통해 롯데 그룹의 신격호 회장에게 제철소 건립을 제의했었다가 사기업에 제철소를 맡기는 것이 무리하는 판단 하에 취소했다고 한다).[66]

같은 해, 박정희는 존슨 대통령의 초청으로 미국을 방문했다가 세계 철강공업 중심지 피츠버그를 둘러보곤 제철소 건립을 결심하게 된다. 그는 곧바로 박태준을 불러 제철소 건립 프로젝트를 맡겼고, 이어서 미국, 서독, 일본의 8개 제철소들로 구성된 컨소시엄

KISA를 구성하였다. 자금은 1억 달러 정도가 필요했는데, 이는 1965년 총수출액 1억 8천만 달러의 절반에 달하는 엄청난 금액이었다. 하지만 포항만의 주민들을 설득하여 이전시키고 공장 부지를 조성하는 과정에서 세계은행은 한국이 제철소를 건설할 능력도, 차관을 갚아나갈 능력도 없다는 평가 보고서를 발급하였다. 그러자 KISA는 더 이상 도움을 줄 수 없다면서 자체적으로 해체되었다.

이때 박태준의 머리를 스치는 생각이 있었다. 한일국교정상화 협약을 통해 일본으로부터 받기로 한 청구권 자금에서 아직 1억 달러가 집행되지 않고 남아있다는 것이었다. 사실 그 돈조차 이미 일본과의 협의를 통해 용도가 정해진 상태였기에 제철소 건립에 사용할 수 있는 것은 아니었다. 하지만 박태준은 일본으로 날아가 저명한 양명학자 야스오카를 통해 소개받은 야하타 제철소의 이나야마 사장을 만나, 남아있는 청구권 자금으로 제철소를 짓고자 하니, 협조해달라고 부탁하여, 3주 만에 일본철강연맹으로부터 청구권 자금의 전용을 허락할 뿐만 아니라 제철소 건립도 도와주겠다는 통지서를 받았다.

하지만 일본정부와 한국정부를 움직이는 것이 문제였다. 김학렬 경제부총리는 4일 후에 열릴 한일각료회담에서 협의할 예정이니 일본철강회사들로부터 청구권 전용에 대한 동의뿐만 아니라 기술지원을 약속한다는 문서를 받아오라는 것이었다. 박태준은 급히 일본으로 달려가 이나야마 사장을 통해 철강회사들로부터 문서를 받는데 성공했다. 하지만 김학렬 부총리는 여전히 만족해하지 않았다.

'1백만 톤 규모의 포항제철소 건설계획을 검토한 결과 일응(一應) 타당성이 있다고 판단되며, 추후 자세한 검토가…' 라는 구절에서 일응 타당성이란 부분에 신경 쓰이니 '일응'을 뺀 내용의 확인서를 다시 받아오라는 것이었다. 일본을 수십 차례 드나들며 굴욕을 참아내고 일본철강업체 사장들로부터 간신히 받아온 문서를 육군장성 출신의 그에게 수정하여 다시 받아오라는 것은 이만저만 무리한 요구가 아닐 수 없었다. 하지만 박태준은 지체치 않고 일본으로 날아가 이미 휴가를 떠난 철강회사 사장들을 찾아다니며 '일응'이 빠진 문서에 서명을 받는데 성공했다.

김학렬 부총리는 1969년 8월 27일에 열린 한일각료회담에서 이 문서를 일본측에 제출하여 잔여 청구권 자금으로 제철소를 지을 수 있다는 것에 동의를 받아냈다. 그렇게 해서 1969년 12월 한국 역사상 최대 공사인 포항제철 프로젝트가 본격적으로 시작되었다. 공사는 하루 24시간 쉬지 않고 진행되었다. 직원들은 현장에서 숙식을 했고, 인부들은 교대로 일하면서도 불평하지 않았다. 총책임자 박태준이 현장을 떠나지 않고 일에 대한 뜨거운 열정으로 솔선수범을 보였기 때문이었다. 서슬이 퍼렇던 박종규 경호실장이 인사 청탁을 해와도 눈도 깜짝하지 않았고, 여권으로부터 정치헌금을 강요받아도 전혀 흔들리지 않았다. 그렇게 해서 1973년 7월 3일 박정희 대통령을 비롯한 3천여 명이 모인 가운데 포항 제1기 설비종합 준공식이 거행되었다.

포항제철은 2000년 민영화되면서 포스코로 이름을 바꾸었고, 지금은 해외 생산을 포함하여 조강생산 5천만 톤을 목표로 하고 있다.

이 프로젝트는 박정희 대통령의 지시로 시작된 것이기는 하지만 목숨을 걸고 비전 성취에 매달린 박태준의 자아실현적, 자기희생적 리더십이 아니었다면 결코 현실화될 수 없는 것이었다. 이로 인해 한국은 자동차, 조선, 기계 생산 분야에서 비약적인 성장을 이룰 수 있었다.

박태준은 자신에 대한 전기를 쓰기 위해 인터뷰를 청한 서갑경 교수(하와이 대학)에게 포철 건설이 가능했던 요인들에 대해 언급했다.

> "포철의 기적은 무엇보다도 인간적인 요인을 잘 고려한 덕분에 가능했습니다. … 종업원들이 스스로 사명감을 가져야 합니다. 그들이 몸과 마음을 다해 일할 수 있도록 동기를 부여하고 사기를 북돋아주어야 합니다. … 종업원들에게 동기를 부여하는 가장 좋은 방법은 100% 능력을 발휘할 수 있도록 긍지와 사명감을 심어주는 것입니다. … 경영자들이 헌신과 열성을 통해 앞날을 비춰주면서 종업원들에게 모범이 되어야 합니다. … 그들은 경영자들이 시행하는 것을 직접 눈으로 확인할 때만 경영자들을 믿고 따릅니다."[67]

박태준의 리더십 요인 중에서 가장 주목해야 할 점은 프로젝트를 추진하면서 도덕적 결함을 거의 보이지 않았다는 것이다. 국영기업체들은 물론이고, 웬만한 기업들은 실권자의 압력에 자격도 되지 않는 사람을 채용하거나 승진시키는 것을 당연시했었다. 하지만 박태준은 하늘을 나는 새도 떨어뜨린다는 박종규 경호실장의 청탁도 단호히 거부했다. 정치자금을 모으는 총책임자인 여권의 실세 김성곤의 강압에도 전혀 흔들리지 않았다. 그런 사실을 전해들은 포철 직원들은 감히 부정을 저지를 꿈도 꾸지 못했다. 그런 그를 신뢰하지 않을 수 없었고, 리더에 대한 신뢰감으로 조직원들은 사력을 다해 일했다. 황무지에서 포철이라는 기적이 발생한 것은 박태준의 도덕적 용기를 기본으로 한 신뢰가 있었기 때문이었다.

20세기 가장 뛰어난 경영 그루의 한 사람이었던 C. K. 프라할라드(1941~2010년) 미시간 로스 비즈니스 스쿨 교수는 "리더십은 미래에 관한 것이다. 우리는 과거를 이해할 수 있지만 과거에 얽매어서는 안된다"면서 "도덕을 갖추지 않는 경제력과 테크놀로지의 생명은 죽은 것"이라고 주장했었다.[68]

정주영의 신뢰성

용기는 반듯함(integrity)을 구성하는 자신감이란 요인에서 비롯된다. 반듯함에는 도덕적인 무결점뿐만 아니라 신뢰성도 포함된다. 이는 정주영의 사례들로 설명할 수 있다.

정주영은 인천부두 노무자로 일하다가 중구 인현동 소재 쌀가게 복흥상회에 배달꾼으로 취직을 한다. 일하고 싶어 해가 뜨기를 기다렸을 정도로 열심히 살았다. 주인의 지시가 없어도 알아서 쌀

창고를 정리하고, 주변을 청소하였고, 또 복식부기로 장부정리도 해 주었다. 일과가 끝나면 다른 직원들은 화투 같은 것으로 시간을 허비했으나 그는 책을 읽었다.

그렇게 4년이 지난 어느날 주인은 돈은 천천히 받는 조건으로 가게를 정주영에게 넘겨주었다. 주색잡기로 세월과 재산을 낭비하는 외아들보다는 장래성이 보이는 정주영을 더 믿었던 것이었다. 주인에게서 쌀만 양도받아서 중구 신당동으로 이전하여 '경일상회'라는 간판을 달고 시작한 쌀장사는 아주 잘 되었지만 오래가지 못했다. 1939년 12월 일제가 제2차 세계대전에 참전하면서 쌀의 배급과 공급을 통제하게 되자, 할 수 없이 가게문을 닫게 되었다.

그는 새로운 사업거리를 찾고 있던 중, 쌀가게 단골손님이었던 이을학을 만나 매물로 나온 아현동 소재의 아도서비스라는 자동차 수리공장을 사서 운용해보라는 제의를 받았다. 자금이 부족했던 정주영은 정미소 주인인 오윤근을 찾아가 3,000원을 빌려, 도합 5,000원으로 1940년 2월 아도서비스를 사서 운영하기 시작하였는데, 사업이 잘 되었다. 다른 업소에서 10일 걸리는 일도 2, 3일 만에 후딱 해치우고, 또 부품 교체 시에도 속이지 않았기 때문이었다. 하지만 이 사업 역시 오래가지 못했다. 새벽에 세수할 물을 데우기 위해 화덕에 시너를 조금 부은 것이 순식간에 옆에 있던 시너통으로 옮겨 붙어 가게가 홀랑 타버리고 말았다. 수리 중인 트럭 4대와 미제 올즈모빌 승용차까지 타버려, 기와집 10여 채 값을 변상해야 할 상황이었다. 이때 정주영은 다시 정미소 주인 오윤근을 찾아가 사정을 애기하고 추가로 3,500원을 빌렸다. 그는 6개월 만에 원금 6,500원에 이자를 더하여 빚을 갚는다.

정주영이 빈손으로 쌀가게를 물려받을 수 있었던 것은 그만큼 그가 믿을만한 사람이었기 때문이었다. 자동차 서비스 공장을 하게 된 것, 그리고 화재로 인한 파산 위기에서 돈을 빌려 다시 일어설 수 있었던 것 역시 그가 그만큼 믿을 만했기 때문이었다.

정주영은 신뢰성이 가장 확실한 담보라는 것을 증명한 사람이었다.

그는 건설업에 진출해서도 신뢰로 톡톡히 재미를 본다. 전쟁 직후 철저한 사업분석없이 무턱대고 수주한 고령교 복구공사로 역시 파산 직전에 몰리면서도 그는 동료친척들에게 집 4채를 팔게 해서 그 돈으로 공사를 완료했고, 그로 인해 신용을 쌓을 수 있었을 뿐만 아니라 축적된 지식과 경험으로 1957년에 수주한 한강인도교 복수공사를 1년 만에 성공적으로 마치게 된다. 1965년 수주한 태국 나라타와 고속도로를 건설할 때도 습하고 더운 현지 조건, 그리고 엄격한 국제규격의 감리를 충분히 숙지하지 않고 덤벼들었다가 당시로선 엄청난 금액인 3억 원이란 적자를 보았다. 하지만 손해를 보면서도 완공하자, 주변국들로부터 신뢰를 얻을 수 있었고, 어떤 일이 있더라도 시방서에 적혀있는 대로, 원칙대로 공사해야 한다는 값진 교훈을 얻었다.

당시 이 공사 현장에서 일했던 이명박은 "태국 고속도로 건설은 대한민국이 국제 스탠더드로 가는 첫 시발점이었다"라고 말했다는

것이다.[69]

현대는 그 경험을 토대로 하여 1970년대 중반까지 태국정부로부터 6개 공사를 추가로 수주하게 되고, 경부고속도로와 중동의 거대한 공사들을 떠맡는 기적을 연출하게 된다.

정주영의 철저한 신뢰 추구는 현대자동차그룹의 품질경영과도 밀접한 관계가 있다. 품질경영은 고객의 기대를 충족시켜 신뢰를 주겠다는 의미이기 때문이다.

LG와 구인회

반듯함(integrity)에는 동료들 간의 신의를 포함한다. 신의의 대표적인 사례는 LG그룹에서 찾을 수 있다. 구본무 LG그룹 회장은 2010년 초 신임원들을 만난 자리에서 경영자의 3대 자세로 신의·배려·가치창조를 들었다고 한다.[70] 그만큼 신의는 LG에게 중요하다. 모든 기업에게 있어서 신의 혹은 신뢰는 생명이나 마찬가지지만, LG그룹에서의 신의는 특히 조직 내의 믿음, 화합과 밀접한 관계가 있다. 현대, 삼성도 한때는 동업자를 두었었다. 하지만 LG그룹에서의 동업자 관계는 세계 기업 역사에서 유례를 찾을 수 없을 정도로 돈독하고 긴 것이었다.

LG그룹의 창업자 구인회는 1907년 경남 진양군에서 태어나 지수보통학교를 졸업하고, 허 씨 집안의 딸과 결혼하여 서울로 올라와 중앙고등학교를 다니다가 2학년을 중퇴했다. 그는 고향으로 내려가 1931년 경남 진주에 포목점 구인회상점을 열어 돈을 많이 벌었다.

그가 처가인 허 씨 일가와 사업상 관계를 맺기 시작한 것은 일본 와세다 대학을 졸업한 막내 처남 허윤구가 설립한, 만주를 대상으로 농어물을 수출입하는 무역회사 선만물산에 투자하면서부터이다. 구인회는 만주를 드나들며 무역에 대한 안목을 넓혔고, 10년 후에는 허 씨네가 거꾸로 구인회에게 사업 밑천을 댔다.

구인회는 자신이 직접 무역업에 뛰어들 요량으로 1945년 11월 부산으로 근거지를 옮기고 '조선흥업사'를 설립했다. 그러나 해방 직후의 혼란기인데다, 물건을 실어오려고 일본으로 향하던 배가 풍랑을 만나는 등 액운이 겹쳐 재미를 보지 못했다. 그렇게 몇 달을 허송하고 있을 때 장인 허만식과 6촌 간인 허만정이 동경에서 학교를 마친 24살의 3남 준구를 데리고 구인회를 찾아와서 이렇게 말했다.

"내가 사돈의 사업역량을 익히 알고 있는 터라 오래 전부터 생각해온 일이니 청을 들어주소. 이 아이를 맡기고 갈 터이니 밑에 두고 사람 만들어주소. 사돈이 하는 사업에 내가 출자도 좀 할 작정이오."

구인회는 사돈이 투자한 돈을 밑천으로 '아마스구리무'라고 불리던 화장 크림 판매업에 뛰어들어 꽤 많은 이윤을 남겼고, 이듬해인 1947년에는 크림을 직접 생산하는 데 성공, LG화학의 전신인 락희(樂喜, LUCKY)화학공업사를 설립해 LG그룹의 역사를 열었다.

허준구는 락희화학공업사 이사 자리에 앉아 역사의 한 장을 쓰기 시작했다.[71]

구 씨 일가와 허 씨 일가의 동업관계는 LG그룹이 2005년 15개 계열사를 GS그룹으로 독립시켜 허 씨 일가에게 떠맡김으로써 끝을 맺게 된다. 자료에 의하면 허 씨 일가는 구 씨 집안에 LG그룹의 운영권을 맡기고 일절 전면에 나서지 않았다고 한다. 공식, 비공식 기간을 합쳐 75년이란 긴 세월을 동업하면서 갈등과 불화가 없었던 것은 아니었지만 허 씨 일가는 경영면에선 구 씨 집안이 자신들보다 뛰어나다고 생각하고, 뒤에서 묵묵히 지원하는 2인자 역할에 만족했다는 것이다.

허 씨 일가는 LG 그룹의 재정 관리를 맡았다. 특히 국내 최초 세탁기용 합성세제 '하이타이' 는 허준구의 동생 허신구가 태국을 방문했다가 그곳 사람들이 가루를 풀어 빨래를 하는 것을 보고 제의하여 상품화시킨 것이었다.

비록 갈라서기는 했지만 구 씨와 허 씨 일가 사이의 신의와 믿음의 관계는 연구 대상이 아닐 수 없다.

지금까지 박태준, 정주영, 이병철, 구인회와 허씨 사례를 통해 용기와 반듯함의 관계를 알아보았다. 떳떳함을 의미하는 반듯함은 반드시 용기를 수반한다. 반듯하다는 것은 물질이나 명예 같은 외적인 욕구를 추구하는 것이 아닌, 대의를 위해 자기를 희생하는 일이 있더라도 내적 욕구를 추구했다는 것을 의미한다. 비록 이윤을 추구하는 기업가들이지만, 박태준, 정주영, 이병철, 구인회, 허준구는 조직의 성장을 위해 자아실현적인 동기를 추구했다고 해도 무리는 아닐 것이다. 참다운 용기는 자기 희생정신에서 나온다.

미국 상원의원 존 매케인은 말했다.

"용기가 없는 리더는 리더가 아니다."[72]

기업성장 컨설턴트 기업 아이디어브릿지(IdeaBridge)의 안내
책자에는 이렇게 적혀 있다.

리더는 단순한 합의가 아닌 끊임없이 위대한 아이디어를 찾지 않으면
안 된다. 아무것도 하지 말자는 의견에는 만장일치를 이룰 수 있어도
위대한 아이디어에는 그렇지 않기 때문에 용기가 필요한 것이다. 참다
운 리더십을 알려면 만장일치를 보지 못한 일로 팀원들로부터 전폭적
인 지지를 받는지 여부를 보면 된다.[73]

스피드 경영

"어떤 사람은 열정을 30분간 유지한다. 또 누군가는 30일 동안 유지한다. 하지만 인생의 성공자는 30년 동안 유지하는 사람이다."　　　　　　　　　- 에드워드 버틀러(기업가)

"능력이 있으면서도 성공하지 못하는 사람이 너무도 많다. 자신의 능력을 펼쳐보이지 못하는 천재는 또 얼마나 많은가. 교육을 받았으면서도 사용하지 못하는 사람도 부지기수다. 인내와 결의를 가진 사람만이 위대한 일을 해낼 수 있다."　　- 캘빈 쿨리지(미국 13대 대통령)

"기회는 사람을 기다리지 않는다. 기회를 손쉽게 잡을 수 있을 거라는 나태한 생각을 한다면 기회는 결코 찾아오지 않을 것이다."　　　　　　　　　- 리카싱(홍콩의 재벌)

"하루를 훈련하지 않으면 내가 알고, 이틀을 하지 않으면 캐디가 알고, 사흘을 하지 않으면 갤러리가 안다."　　　　　　　　　　　　　　- 벤 호건(전설적인 골프 선수)

"성공하는 방법이 뭐냐고? 성공할 수 있을 만큼 노력하면 된다."
　　　　　　　　　　　　　　　　　　　　- 말콤 포비스(Forbes 발행인)

"최선의 노력없이 정상에 오른 사람을 나는 알지 못한다."　　- 마가렛 대처(영국 수상)

"성공은 지금 얼마나 어려운 문제를 갖고 있느냐가 아니라. 작년의 문제를 올해도 갖고 있느냐의 여부로 판가름 난다."　　　　　　　- 존 포스터 덜레스(미국 국무장관)

"압력이 가해지지 않으면 다이아몬드는 만들어지지 않는다."
　　　　　　　　　　　　　　　　　　- 메리 케이스(기업 컨설턴트)

코리언처럼 스피드 경영에 자신있어하는 기업이나 사람들은 없을 것이다. 우리는 국제환경의 변화에 신속히 대처하여 비교우위를 달성해왔다. IT 산업이 그렇고, 이미 늦었다는 판단에도 뛰어들었던 건설, 철강, 자동차, 선박과 중공업 등이 그렇다.

우리는 '이 세상에 늦었다는 것은 없다'는, '늦었다는 것을 아는 순간이 가장 빠른 순간이다'라는 말을 증명해왔다.

빠른 것이 느린 것을 잡아먹는다

《큰 것이 작은 것을 잡아먹은 것이 아니라 빠른 것이 느린 것을 잡아먹는다》의 저자인 로렌스 호튼과 제이슨 제닝스는 스피드 경영에 대해 다음과 같이 말했다.

빠르다는 것은 모든 사람들이 트렌드와 기막힌 기회를 명료하게 이해하기 전에, 그리고 그것으로 돈을 벌기 전에 내가 먼저 그 트렌드와 기회를 포착하는 것을 의미하고, 현장에서 지체치 않고 결정을 내리는 것을 의미하며, 모든 레벨에서 신속하게 집행하는 것을 의미하고, 시장(market)이 당신에게 접근하지 말도록 결정하기 전에 변화의 필요성을 예측하는 것을 의미한다. 스피드는 녹초가 되고 숨넘어갈 것처럼 달리는 것을 의미하지 않는다. 스피드는 자연적인 조건이다. 우리를 기진맥진으로 모는 것은 우리가 달리지 못하도록 방해하는 과속방지

턱이다. 그 과속방지턱, 그리고 그걸 만들어내는 인간들을 제거해라. 그러면 비즈니스는 그 순간부터 빠르게 성장할 것이다.[74]

미국 캘리포니아 산호세에 위치한 시스코사(Cisco Systems)는 전자제품과 텔레커뮤니케이션 네트워크 디자인으로는 부동의 세계 1위를 차지하는 기업이다. 1987년, 스탠포드 대학에서 컴퓨터 운영자로 일하던 렌 보섹과 샌디 러너 부부에 의해 창설된 이 기업은 비약적으로 발전하여 2000년에는 시가 총액면에서 마이크로소프트(MS)와 GE(제너럴일렉트릭)를 제치고 세계 1위를 차지하기도 했다.

시스코는 1991년만 해도 연매출액이 7천만 달러에 불과한 그리 주목받는 기업이 아니었다. 하지만 존 챔버스가 실업자 생활을 청산하고 선임부회장으로 입사한 후에는 급성장을 기록하고 있다. 특히 CEO로 취임한 1995년부터 2009년 현재까지 연매출액은 120억 달러에서 360억 달러로 증가했고, 순수익은 60억 달러에 이른다. 6만 5천여 명의 직원으로 그만한 실적은 올린다는 것은 기적에 가깝다. 그는 그 기적의 비결을 한마디로 정리한다.

"덩치가 큰 기업이 항상 작은 기업을 이기는 것은 아니지만, 빠른 기업은 언제나 느린 기업을 이긴다."

무서운 속도전으로 군사력이 수십 배에서 수백 배에 달하는 대국들을 차례로 점령한 칭기즈칸의 핵심 전략을 닮았다. 하긴 오래 붙들고 있다고 해서 결과가 반드시 좋은 것은 아니다. 완벽성을 추구한답시고 지나치게 신중하다간 나태해질 위험성도 따른다. 영국 버진 그룹의 리차드 브랜슨은 성공할 확신이 드는 프로젝트가 생기면 완벽한 전략이 수립되기도 전에 일을 추진한다고 한다. 정주영도 마찬가지였다. 그는 아무리 중요한 일을 지시할 때도 결코 긴 시간을 주지 않았다.

"내일 아침까지 해놓으시오."

직원들은 모두 한가하지 않다. 때문에 시간을 길게 주면 내일, 모레, 글피로 미루어놓고 다른 일을 계속하다 발등에 불이 떨어져야 후다닥 지시한 일에 들러붙어 만들어놓기 때문에, 졸속이 뻔한 쓸모없는 결과가 되기 십상이다.[75]

영화도 그렇다. 엄청난 자금과 시간을 들인다고 해서 반드시 성공하는 것이 아니다. 아주 적은 자금과 짧은 시간에 잊혀지지 않을 작품(명화라는 말은 하지 못하겠다)을 제작하기도 한다. 미국의 로저 코먼(1926년 출생)은 주로 B급 영화만 제작하는데, 300여 편을 제작하여 그중 280여 편에서 이익을 남겼다. 한 편의 영화를 완성하는데 보통 10일 밖에 걸리지 않았다.

내가 감독한 영화들 중에서 가장 싼 제작비로 만들어진 〈양동이에 가득한 피〉와 〈공포의 구멍가게 Little Shop of Horrors〉는 내기를 걸듯이 만들어진 영화들이다. 1959년 중반, AIP(배급사)는 공포 영화를 한

편 만들어 달라고 요청해왔다. 하지만 제작비로 쓸 수 있는 돈이 5만 달러밖에 없다고 했다. 그때 내 머리 속에 엉뚱한 생각이 들었다. 좋아, 모험을 한 번 해보는 거야. 뭔가 튀는 짓을 한 번 해보자. 〈양동이에 가득한 피〉는 5일 동안 촬영했다. 그리고 그 영화의 반응이 좋다는 것을 확인하고는, 〈공포의 구멍가게〉를 다른 영화에서 쓰고 철거하지 않은 세트에서 이틀 동안 촬영했다. 이틀 만에 촬영을 마친 이유는 신기록을 남기고 싶어서였다.[76)]

〈공포의 구멍가게〉는 이틀 만에 만들어진 영화임에도 불구하고 수백만 달러를 들여 장기간에 걸쳐 만들어진 영화보다 더 많은 사랑을 받고 있다. 지금도 미국 TV에서 자주 방영되고 있고, 또 리메이크되기도 했었다. 나는 로저 코먼을 이 세상의 그 어떤 학자나 경영인보다 더 뛰어난 경영 구루라 생각한다. 기업들은 이 사람을 심도 있게 연구할 필요가 있다.

속도전은 공부에도 적용되어진다. 뛰어난 업적들을 남긴 학자들을 보면 대부분 박사과정을 후다닥 해치운 사람들이다. 십수 년이나 걸려 간신히 학위를 받은 사람들은 별다른 흔적도 없이 사라지는 것이 보통이다. 나의 은사님은 제자들에게 이렇게 말한 적이 있었다.

"박사학위를 받으려면 세계적으로 인정받을 수 있는 박사논문 쓸 생각을 하지 말고, 빨리 끝낼 수 있는 토픽을 정해 쓰도록 하라. 일단 박사학위를 받고 나서 학계로부터 인정받을 수 있는 논문을 써도 늦지 않으니까."

한국, 싱가포르, 중국 같은 개발도상국들은 속도경쟁으로 수십 년 만에 세계 속의 중요한 위치로 부상할 수 있었다. 림 시옹관 싱가포르 경제개발위원회 회장은 2007년 7월에 열린 제16회 동아시아 경제포럼에서 아시아 국가의 혁신을 위한 기폭제로 '선도(lead)', '속도(speed)', '차별화(differentiation)'의 키워드로 이루어진 '싱가포르 비책(Singapore Recipe)'을 다음과 같이 소개했다.

그렇다면 왜 선도인가. 항상 선두에 머무르려고 하는 욕구는 혁신을 추구하는 사람들에게 절박감을 더해준다는 지적이다. 남보다 앞서려는 절박감은 결국 또 다른 혁신을 낳는다.

두 번째 혁신에 필요한 키워드는 속도. 기업들의 니즈(needs)를 충족시키기 위해 정부 기관들이 민간과 파트너십으로 일할 때 기업의 경영 활동 속도가 빨라진다고 림 회장은 강조했다.

정부가 기업활동의 발목을 잡는다면 아시아 국가의 혁신은 요원하기 때문이다.

따라서 정부는 기업이 가장 신속하게 속도경영을 할 수 있도록 기업 경영의 파트너가 되어야 한다.

시장 니즈에 신속하게 기업이 대응할 수 있도록 정부는 리더십을 발휘해 기업의 아이디어가 최대한 빨리 시장에 표출될 수 있도록 적극 협력하라는 지적이다.

세 번째 혁신을 촉발시킬 수 있는 키워드는 차별화다. 다른 기업이 찾아내지 못한, 소수 고객층이 존재하는 틈새영역을 찾아내 차별화했을 때 국가의 경쟁력을 떠받칠 수 있다. 틈새시장을 찾아내고 다른 기업이 보지 못한 시장을 만들어내려는 차별화 노력이 혁신을 촉발시키기 때문이다.[77]

신속한 경영

이처럼 세계는 바야흐로 속도 경영에 매료되어 있다. 마이크로소프트, 애플, 구글, 삼성, LG 같은 대기업들은 6개월에 최소한 하나의 혁신제품을 출시하는 것을 목표로 속도경쟁을 즐기고 있다. 각 나라들은 빠른 시간 안에 세계 시장을 주도할 기술, 문화, 금융, 교통 등을 개발하기 위해 여념이 없다. 십여 년 전에 유행한 '느림의 미학'은 더 이상 목소리를 높이지 못한다.

사실 우리처럼 속도라는 단어에 익숙한 민족은 없을 것이다. 1960년~1980년대의 고속성장의 동력은 바로 스피드였다. 해외에선 한국인, 한국기업하면 먼저 '빠르다'라는 단어를 연상한다. 우리는 무엇을 하든 상상을 초월할 정도로 빨리 해치웠다. 빠른 시간 안에 제철소 · 비료공장 · 방직공장 건설, 고속도로 · 고층빌딩 · 각종 해외 플랜트 건설, 선박건조, 자동차국산화, 반도체생산에선 타국의 추격을 불허하고 있다. 어디에서 그런 에너지가 나오는지 불가사의하다. 30년 전 미국을 방문했다가 미 해병대위로 베트남 전쟁에 참전하여 다리 하나와 한쪽 눈을 잃은 미국인으로부터 이런 말을 들은 적이 있었다.

"베트남에 있을 때 한국 군인들을 보면서 세상에 뭐 저런 친구들이 다 있나 그랬지. 우리는 일주일 걸려야 통과할 수 있는 지역을 한국군은 이틀이면 통과하더군."

한국군대는 인명피해가 생기더라도 무조건 진격하고 본다는 말 같아서 너무나 부끄러웠지만 그 친구는 이렇게 덧붙였다.

"한국은 아주 잘 사는 나라가 될 거야. 베트남에서 목격한 한국인의 강한 근성이 여기 뉴욕의 한국인들에게서도 나타나거든."

그는 자신도 모르게 강한 근성과 행동의 속도를 연결시켜 말했던 것 같다. 그의 예측은 제법 정확했다. 우리는 강한 근성으로 빠르게 움직여 이만큼 성장했다. 그렇다면 우리에게 스피드란 무엇인가?

스피드는 강력한 에너지이다

박정희는 군사혁명으로 정권을 장악한 뒤, 중요 직책에 효율성이 몸에 익은 군인 출신들을 많이 앉혔다. 가난한 한국을 잘 살게 하겠다는 비전을 공유한 그들은 비효율적인 요인들을 철저히 배격하여 빠르게 일이 진행되도록 했다. 중요한 프로젝트를 추진할 때는 정치인들의 말보다는 전문가의 말에 귀 기울였다. 국민이 그를 독재자라 비난하면서도 그를 따른 것은 그에게서 강력한 긍정의 에너지가 발산되었기 때문이다. 혼돈에 빠진 조직의 구성원들은 강력한 카리스마를 가진 비전적 리더십을 보고 싶어한다.

장면 정부 시절 프랑스 주재 한국 대사관 문정관으로 있다가 군사혁명으로 면직되자 미국으로 이주한 피터 현은 1963년 대통령 선거 취재차 뉴욕 헤럴드 트리뷴 지의 특파원으로 내한했다. 그는 윤보선 후보와 인터뷰하면서 그에게서 국가운영에 대한 비전이 나오지 않아 적잖이 실망했다고 한다. 반면에 자신을 문정관에서 그만두게 한 계기를 만든 박정희에게선 진실성과 열정을 느꼈다는 것이다.[78]

비전이 있으면 강하게 밀어붙이게 되어 있다. 경부고속도로 건설 재원 마련을 위해 휘발유값을 100% 인상하는 석유류법 개정안을 임시국회 마지막 날인 1968년 2월 29일 국회 본회의에 상정했을 때였다. 야당의원들은 국회단상을 점거하고 지연 전술을 사용했다. 김종필 공화당 의장은 다음회기에 통과시키는 것이 좋겠다는 의견을 제시했다. 이때 박정희는 불같이 화를 냈다고 한다.

"내가 나라 살리겠다고 산업도로 만들려고 하는데, 야당이 반대한다고 여당이 그걸 하나 못 통과시켜? 여당은 뭐하는 놈들이야?"

대통령의 불벼락에 여당의원들은 시급히 국회로 들어가 30분 만에 석유류법 개정안을 통과시켰다. 당시 경부고속도로 건설에 대한 야권의 반대는 전혀 명분이 없는 것이었다. 이만섭 전 국회의장은 "고속도로 건설은 아무리 야당이라고 해도 반대할 이유가 없는 일이었는데 왜 그토록 반대에 집착했는지 지금도 이해가 안됩니다."[79]고 말했다.

그때 고속도로가 건설되지 않았다면 우리의 발전이 엄청 늦어졌을 것이라는 데에는 이견이 없다.

사실, 세계 최고 공항이라는 인천공항을 지을 때도 반대하는 측에선 세계적인 전문가라는 사람들을 데려와 이의를 제기하곤 했었다. 안개가 자주 끼기 때문에 툭하면 비행기가 뜰 수 없고, 환경이 파괴된다는 이유를 붙여 차라리 김포공항을 확장하는 것이 현명하다고 주장했었다. 청계천 복원도 서울 교통이 마비된다고 반대했었다.

이처럼 역사의 흐름을 바꾸는 인간사에는 반드시 반대가 따르기 마련이다. 하지만 비전이 확고한, 조직을 위해 자기를 희생할 각오가 되어 있는 리더는 장애를 극복하고 목적을 달성하고자 한다.

1973년 10월 6일 이집트가 이스라엘을 공격함으로써 제4차 중동 전쟁이 발발했다. 중동 국가들은 아랍 우호국과 비우호국 그룹으로 구분하여 미국을 비롯한 한국을 비우호국에 포함시켜 석유수출을 중단하거나 크게 줄인다고 발표했다. 한국은 석유 수입량이 22%나 감소하여 경제가 마비될 지경이었다. 이때 박정희는 오원철 경제수석에게 미국 석유회사들을 찾아가 무조건 정상적인 석유 공급을 확약 받아오라고 지시했다. 두렵고 떨려 잠을 이룰 수 없었던 오원철은 걸프 본사에 도착하여 그곳에 걸려있던 태극기를 보는 순간 갑자기 담대해지는 자신을 발견했다. 그는 걸프 회장을 밀어붙여 다른 나라들에 배급될 원유를 줄이는 대신 한국에는 30만 톤의 원유를 추가 배정한다는 약속을 받아냈다. 용기가 생긴 오원철은 칼텍스와 유

니온 오일과도 교섭을 벌여 원유 추가 배정을 약속 받을 수 있었다.[80]

이처럼 문제를 해결하고자 하는 리더의 강력한 비전과 에너지는 조직원들에게도 신속하게 파급되기 마련이다.

스피드는 창의성이다

스피드 경영이란 짧은 시간 안에 준비가 불충분한 상황에서 뭔가를 결정하여 집행한다는 의미이다. 우리는 시간이 넉넉하고 완벽한 조건이 갖춰져야 창의성이 발휘된다고 생각하기 쉬우나 그렇지 않다는 의견도 만만치 않다.

인도 출신 영화감독으로 영화 〈엘리자베스 *Elizabeth*〉와 그 후 속편인 〈골든 에이지 *Elizabeth : The Golden Age*〉로 오스카 상 후보로 지명된 바 있는 셰카르 카푸르는 TED(Technology, Entertainment, Design) 인디아 강연에서 자신의 경우 시간은 없고 준비도 되어 있지 않은 패닉 상태에서 창의성이 더 잘 나타난다고 말한 적이 있다.[81]

아니타 로딕은 바디숍(The Body Shop) 개업 초기에 상품을 담기 위한 용기를 구입할 자금이 부족했다. 그녀는 자금을 구하기보다는 창의적인 발상으로 손님들로 하여금 직접 용기를 가져와 상품을 담아갈 것을 장려했다. 그 회사의 녹색 트레이드 마크가 환경적으로 안전한 상품을 상징하는 것으로 알려져 있지만, 녹색을 사용한 주된 이유는 환경 때문이 아닌 최초로 문을 연 상점에 핀 곰팡이를 가리기 위해서였다. 즉, 로딕의 직관적 창의성은 필요에서 생성된 것이었다.

정주영의 스피드와 창의성

정주영은 경부고속도로 건설을 끝내고 새로운 일거리를 찾다가 조선소를 지으면 좋겠다고 생각했다. 대형 선박을 지어 팔면 외화를 벌 수 있고, 또 젊은이들에게 직장을 제공할 수 있을 것 같아서였다. 그는 외국과의 합작을 거부하고 독자적으로 대형조선소를 짓기로 했다. 영국으로 날아가 5백 원짜리 지폐에 그려진 거북선을 내보이며 한국의 조선기술을 설명하여 버클레이 은행 측으로부터 차관 승인을 받아냈다. 하지만 그 전에 배를 살 사람으로부터 배를 주문받았다는 증명서를 갖고 와야 한다는 요청에 그는 각국의 선주들을 찾아다녔다. 조선소가 들어설 부지의 사진을 보여주면서 "당신이 배를 사주면 영국 수출보증기구의 승인을 얻어 영국은행에서 빌린 돈으로 이 사진 속 백사장에 뚱땅뚱땅 조선소를 지어 당신 배를 만들어 주겠다"[82]고 봉이 김선달식 영업을 하고 다녔다. 그 말도 안 되는 제의를 받아들인 사람이 있었다. 그리스의 거물 해운업자 리바노스가 26만 톤의 배 2척을 주문한 것이다.

1976년 6월 16일에 체결된 약 10억 달러 예산의 세계 최대 규모 주베일 항만공사는 3년 안에 해안선에게 12킬로미터 떨어진 바다 한복판에, 유조선 네 척이 정박할 수 있는 터미널을 짓는 것이었다. 콘크리트 소요량만 5톤 트럭으로 20만 대, 철강재만도 1만 톤 선박 12척 분이 들어가는 것이었다. 이 공사를 하기 위해 30미터 수중에 직경 1~2미터 파일을 660개나 박았다. 설계상의 자켓이란 철 구조물은 가로 18미터, 세로 20미터, 높이 36미터. 무게 550톤으로 건물 10층 높이였다. 정주영은 공학자를 비롯한 전문가들이 안 된다고 했지만 89개의 철 구조물을 울산에서 제작하여 배에 실어 주베일까지 19차례에 걸쳐 운반하는데 성공했다. 이때 참모들이 혹시라도 운반선이 파도에 전복되면 사업이 망할 수 있다는 우려 속에 보험에 들기를 권했지만 정주영은 이렇게 대답했다.

"필요없어. 바지선이 빠지면 보험이 건져줄거야, 뭐야. 제때 나오지도 않는 보험금, 조사니 측량이니 시간만 질질 끌텐데 그럴 시간이 어딨어. 지금 우리에겐 시간이 돈이야."[83]

정주영은 1980년대 초, 충남 서산시 천수만에 1만 5천ha의 서산간척지를 만들 때에도 시간에 쫓기는 상황에서 그 어떤 전문가도 생각할 수 없는 창의적 아이디어로 위기를 돌파했다. 전문가들은 서산 앞 바다가 조수간만의 차가 너무 커서 엄청난 비용과 시간을 들여 20만t 이상의 돌을 쏟아 부어야 물막이가 가능하다고 주장했다. 하지만 그는 고철용으로 사다놓은 폐유조선을 물속에 집어넣어 물흐름을 막아놓고 토사를 집중 투하하여 물길을 잡아놓고 후다닥 공사를 끝내버렸다. 그것으로 공사 기간을 9개월 단축했을 뿐만 아니라 공사비도 280억 원이나 절감할 수 있었다."

이병철의 스피드와 창의성

이병철은 세계 최대 비료공장을 지으면서 40개월 걸린다는 전문가들의 말에는 아랑곳하지 않고 18개월 만에 완공할 수 있다고 자신했다. 공사가 길어지면 그만큼 비용이 많이 들기 마련이다. 1966년 3월에 비료원료인 소위 OTSA 밀수사건으로 정부에 비료공장을 헌납하기는 하지만 비료공장은 그의 예상대로 얼추 1년 6개월 만에 완공되었다.

하지만 삼성이 본격적으로 속도전에 돌입하게 된 것은 전자산업, 특히 반도체 사업에 뛰어들면서부터이다. 일본을 따라 잡기 위해 일본보다 더 빨리 달렸고, 일본을 추월한 지금은 일본이 추월할까봐 더 빨리 달려야 할 신세이다.

이건희가 각종 부정혐의로 삼성회장에서 물러났다가 23개월만인 2010년 3월에 삼성전자 회장으로 다시 복귀한 가장 큰 이유는 소유주 경영체제에서 보다 신속하게 의사결정을 내리고 또 집행하기 위해서이다. 장세진 고려대 경영학과 교수는 《삼성과 소니》라는 저서에서 이윤우 삼성전자 부회장의 말을 인용하며 "시간과의 전쟁이라고 할 수 있는 메모리 사업에서 소유경영의 최대 강점인 빠른 의사결정으로 성공했다"고 분석했다.[84]

남들이 시도하기 전에 하지 않으면 아무리 훌륭한 프로젝트를 완성해도 따라 잡을 수 없는 것이다. 정말로 '빠른 것이 느린 것을 잡아먹는' 세상이다.

이건희는 골프를 통해 장타를 날리려면 헤드 스피드가 빨라야 한다는 것을 터득했다. 드라이버로 초속 35~36m로 공을 치면 180~200야드 밖에 나가지 않지만 40m로 치면 250~270야드가 나간다는 것이다.[85]

특히 창의성에 크게 의존해야 하는 사업은 속도전을 펼쳐야 한다는 것이다.

스피드는 미리미리 하는 것이다

하지만 이와는 정반대의 의견에도 귀를 기울일 필요는 있다고 본다. 창의성 분야에서 세계적인 권위자인 하버드 비즈니스 스쿨의 테레사 아마빌 교수는 1996년 7개 회사의 창의적인 부서에 근무하는 238명으로부터 근무일지 1만 2천통을 보고 받아 분석한 결과, 시간에 쫓기더라도 문제에 집중할 수 있다면 창의성을 발휘할 수 있겠지만, 대개의 경우 시간에 쫓기면 문제의 핵심을 파고들 여유가 없기 때문에 문제 해결을 위한 창의성을 발휘할 수 없다는 사실을 밝혀냈다. 조직 내의 누군가가 어떤 일을 오늘 당장 끝내고 싶어 하겠지만 대부분의 직원들은 그렇게 서두르는 것을 납득하지 못한다는 것이다.[86] 그녀는 단호하게 말한다.

"나의 연구 대상인 조직들 중에서 시간 압박을 너무 가하지 않아 큰 위험에 처한 조직이 있었다고는 생각하지 않는다."[87]

하지만 아마빌 교수는 창의적인 생각이 떠오르기를 기다리며 마지막 순간까지 기다려선 업무 성과 저하만 초래할 뿐이라고 경고한다. 어려운 일일수록 빨리 착수하여, 충분히 전략을 구상하고, 열심히 일을 한 다음에는 잠시 그 프로젝트에서 손을 떼고 다른 일을 하거나 휴식을 취하면 어느 순간 기막힌 아이디어가 떠오른다는 것이다. 게으름을 부리다가 마지막 순간에 몰리면 문제에 대한 생각이 충분히 숙성되지 않아 최상의 아이디어가 생성될 리 없다는 것이다. 하지만 어쩔 수 없이 시간에 쫓기는 상황에 처하게 되는 경우엔, 일의 완수를 사명으로 받아들인다는 마음가짐으로 스스로 동기부여해야 한다고 조언한다.[88]

하지만 세상 일은 점점 더 빠르게 진행되고 있는 것만은 사실이다. 그에 대처하지 않으면 낙오될 수밖에 없는 상황이다. 하버드 비즈니스 스쿨의 교수였고 지금은 컨설팅 기업 '다이아몬드 매니지먼트 앤드 테크놀로지 컨설턴트'의 부사장인 존 스비오클라는 이렇게 말했다.

"보다 빠른 연결성은 새로운 미디어, 고객 경험과 인터페이스를 전달할 수 있는 플랫폼을 조성해준다. 인도 출신의 프라나브 미스트리는 MIT에서 현실과 가상 세계를 통합하는, '육감(Sixth Sense)'이라는 경이로운 프로젝트를 시행하고 있다. 작은 카메라와 프로젝터, 그리고 환경을 감지하는 센서만 있으면, 일례로 건물벽을 키보드나 인터페이스로 사용할 수 있다. 매우 빠른, 무선 유비쿼터스 기술이 나올 때 이 기술이 어떤 모습으로 변할지 상상해보라. 당신은 어떻게 그걸 사용할 것인가? 당신의 비즈니스는 어떻게 준비되어가고 있는가?"[89]

미래의 경쟁력이 창의성으로 판가름 난다는 점에서 스피드를 늦출 수 없다. 인간의 편의를 위해 만든 컴퓨터 시스템이 오히려 인간을 속박하는 것 같은 느낌이 든다. 하지만 어쩔 수 없다. 달리지 않으면 뒤쳐진다. 눈을 뜨고 일어나면 더욱 바쁜 하루가 펼쳐진다. 박정희, 이병철, 정주영 때와는 또 다르다. 몇 달 며칠이 아닌 단 하루만 멈춰서도 곧바로 퇴락의 나락으로 떨어질 판이다. 이는 거의 모든 정보들이 디지털화되어 쉽게 검색할 수 있을 뿐만 아니라 실생활과 폭넓게 연결되어 인간의 사고와 행동에 영향을 미치기 때문이다. 예전에는 수년 걸려 자료를 검색하고, 분석하여 결론을 내려야 했지만 지금은 단 몇 분이면 그렇게 할 수 있다. 따라서 이쪽에서 멈칫하면 저쪽에서 먼저 시행에 들어가게 된다. 주저하는 쪽은 뒤처지게 되는 것이다.

그래서 리더와 조직원들이 비전을 공유해야 하는 것이다. 그렇지 않고선 조직이 신속하게 목표를 향해 나갈 수 없다. 지식과 정보가 파워라는 말이 있지만 지금은 정보와 지식을 순식간에 조직원들에 파급시켜 공유화시켜야 비로소 파워인 것이다.[90]

스피드는 생존 경쟁이다

로렌스 호튼과 제이슨 제닝스는 존 챔버스처럼 "빠른 것이 느린 것을 잡아먹는다"고 주장하면서 스피드가 경쟁우위인 탄력성을 유지시켜 주는 이유를 다음과 같이 밝혔다.

1. 느리면 비용이 더 많이 든다. 제조, 저장, 시장접근, 고객 반응 시간이 빠르면 빠를수록 비용이 적게 들기 때문에 그만큼 부자가 된다.
2. 스피드는 고객을 매료시킨다. 모든 사람이 시간 부족으로 허덕인다는 점에서 지연, 긴 대기시간, 상품 품절은 증오의 원인이 된다. 우리는 필요한 것을 구해 한시라도 빨리 자신의 일이나 놀이로 복귀하길 원한다. 인간은 스피드에 돈을 지불한다.
3. 스피드는 치열한 경쟁에서도 살아남게 하는 유리한 조건이다. 대기업은 관료, 역기능, 자기도취에 빠져 있다. 그들은 남의 말을 듣지 않으며 변화에 느리게 반응한다. 그래서 탄력성과 주도성을 말살한다. 그들을 흉내내지 말라.[91]

이 말은 환경의 변화에 지체치 않고 순응하여 그에 상응하는 결정을 내려 역시 지체치 말고 시행하되, 인간의 능력이 허용하는 범위 내에서 그렇게 하라는 것이다.

LG그룹의 공동창업자인 허준구는 비상시에 인간의 능력을 벗어난 스피드 전략으로 기업을 위기에서 벗어나게 한 경험을 갖고 있다. 32년 동안 그를 보좌했던 GS건설 권문구 부회장은 이렇게 회고한다.

"1977년 7월, 경기도 안양에 하루 480mm의 폭우가 쏟아져 LG전선 안양공장이 2m 가까이 침수됐다. 기계들도 죄다 오수(汚水)에 잠겼다. 곧 녹이 슬어 못쓰게 될 판이었다. 그때 LG전선 허준구 사장이 꼬박 두 달 동안 밤낮없이 복구작업을 진두지휘했다. 낮에는 예비군복에 장화 차림으로 악취가 진동하는 물속을 헤치고 다녔고, 밤에는 직원들에게 소주를 따라주며 격려했다. 그룹의 자본주이자 최고경영자가 그렇듯 몸을 던져가며 일하는 걸 보고 다들 혀를 내둘렀다. 덕분에 주변 공장 중에서 가장 빨리 재가동에 들어갔다. 나는 그때의 과로가 고인의 수명을 몇 년쯤 단축시켰다고 본다. 실제로 당신은 복구작업이 끝난 직후 가벼운 뇌졸중 증세를 보여 수술을 받았다."[92]

삼성의 이건희가 툭하면 위기의식을 고취하는 것은 세계의 모든 기업들이 무서운 속도로 달리고 있기 때문이다. 모든 문명 이기를 다 동원하여 고객 취향을 파악하여 신속하게 상품을 만들어서, 빠르게 배포하고 또 문제가 있으면 빨리 반응해야 하는 것이다.

윤종용 삼성전자 상임고문은 조선일보와의 인터뷰에서 삼성전자의 최대강점으로 임파워먼트(empowerment : 권한이양)를 들었다. 그는 임파워먼트를 오너와의 신뢰관계 및 인재 육성차원의 개념으로 설명했지만[93], 임파워먼트는 담당자로 하여금 급격한 상황 변화에 따른 신속하면서도 적절한 결정으로 반응토록 한다는 점에서 스피드 개념과도 밀접한 관련이 있다.

정몽구는 현대·기아차 회장에 취임한 지 1년이 지난 1999년의 어느 날 해외서비스실에 들어갔다가 한 직원의 손에 해외 딜러들로 부터 들어오는 품질 관련 접수문서철이 들려있는 것을 보고 물었다.

"언제 신고된 하자들인가?"

"어제부터 오늘 오전까지 들어온 것입니다."

정몽구는 깜짝 놀라 말했다.

"우리가 일과가 끝났다고 집에서 두 다리 뻗고 지내는 동안 중동의 고객들이 사막 한 가운데서 차가 고장 나 안절부절못하고 있을지 어떻게 아느냐 말이야. 상황실은 당장 24시간 체제로 풀가동시켜."[94]

그후 현대·기아자동차는 '속도도 품질'이라는 자세로 전 세계 어느 곳으로부터라도 품질 관련 신고가 들어오면 1시간 안에 응답하는 것을 원칙으로 한다.

이건희는 1993년 7월 동경에서 임원 회의를 갖고 변화에 대한 삼성의 신속한 대응을 촉구했다.

"우리 삼성은 분명히 2류이다. 삼성전자는 3만 명이 만든 물건을 6,000명이 하루에 2만 번씩 고치고 다닌다. 이건 장난도 아니고 말도 안 된다. 애프터서비스가 왜 필요하냐, 고장이 안 나게 만들면 된다."[95]

비즈니스 컨설팅 기업 BTM의 회장이자 저명한 저술가인 페이설 호크는 지속적인 변화가 글로벌 경제의 새로운 동력이란 점에서 민첩성(agility)이 그 어느 때보다 중요하다면서 다음과 같이 주장했다.

미국 500대 기업의 주가지수인 S&P에 포함된 500개 기업 중에서 40년 후에도 살아남은 기업의 수는 겨우 74개에 지나지 않았다. 1년에 평균 10개 정도의 기업이 사라진 것이다. S&P 500의 기업의 평균 수명은 지난 50년 동안 계속 떨어져 25년도 되지 않는다. 이런 식이라면 앞으로 25년 안에 현재 대기업들 중에서 약 3분의 2가 사라진다는 것이다.

민첩하지 못하고, 혁신적이지 못한 기업은 살아남지 못한다. 수십억 달러 자산을 운용하는 대기업이라도 새로운 기술, 생산품 그리고 비즈니스를 채택하기 위해 진화하지 않으면 안 된다는 사실을 인정해야 한다. 시장은 성장하기 위해 변하기 때문이다.

민첩한 기업은 운동선수나 군인들처럼 '상황인식(situational awareness)'을 갖는다. 그들은 어떤 일이 벌어지고 있는 지를 관찰하여 그 정보에 따라 행동할 능력을 갖는다. 민첩한 기업은 기업이란 틀을 벗어나 고객, 파트너, 공급자 및 일반 대중과 공식적인 관계를 유지한다. 그들과의 관계는 세상의 변화를 감지하는 안테나 역할을 한다. 그 안테나를 통해 기회를 포착하기도 위협을 느끼기도 한다. 내부적으로는 직원들로 하여금 현실에서 어떤 일이 벌어지고 있는지를 실시간

에 가깝게 알릴 수 있는 길을 열어놓는다.[96]

호크는 변화에 민첩하게 대응하지 못한 기업으로 야후를 들었다. 구글 창립자인 래리 페이지와 세르게이 브린이 에릭 양을 찾아가 구글을 사라고 했을 때 미래를 내다보는 혜안이 없어서 거절했다는 것이다. 모두들 아는 것처럼 구글은 2009년 현재 2만 명의 직원에 60억 달러의 수익을 올린, 세계에서 창의적인 인재를 가장 많이 확보하고 있는 대표적인 IT 기업이다. 세계 전자 기업치고 구글하고 손잡고 싶어하지 않는 곳이 없을 정도이다. 모든 세계인은 구글이 앞으로 어떻게 나갈지를 지켜보고 있다.

호크는 변화에 민첩하게 대응한 기업으로 2008년 미국고객만족지수에서 79점을 기록하여 항공사 평균 62점을 까마득하게 앞질러 나간 사우스웨스트 항공사를 들었다. 다른 항공사들이 보안요건 강화, 연료비 상승, 장비와 인건비 상승에 대처한답시고 티켓값을 올리고, 좌석선택에서부터 담요 사용, 수하물 등에 추가 비용을 요구하면서 손님들의 쾌적함을 위한 설비와 서비스를 줄이는 것과는 정반대로 사우스웨스트는 극히 기본적인 설비만 제공하는 고객 서비스에 초점을 맞춰 비약적으로 성장할 수 있었다는 것이다. 2009년 현재 세계에서 승객을 가장 많이 실어나른 항공사로 기록되어 있다.

스피드의 위험성

하지만 빠르게 앞으로만 달려가는 현실에 대해 걱정하는 목소리도 만만치 않다. 펜실베이니아 와튼 비즈니스 스쿨의 스티븐 호치와 하워드 컨루써 교수는 자신들이 편집하고 16명의 교수들이 논문을 게재한 《정책결정에 관한 와튼의 논문 *Wharton on Making Decisions*》이란 책에서 "비즈니스에서 스피드를 내는 것은 자동차를 몰 때 사소한 판단착오로 엄청난 사고가 발생할 수 있듯이 큰 위험을 자초할 수 있다고 경고한다." 스피드를 지나치게 중요시하면 정보 부제로 부실한 결정을 내려 조직에 치명타를 가할 수 있다는 것이다.

그들은 232년의 역사를 자랑하는 영국의 배어링스 은행(Barings Bank)이 단 한 사람의 경솔한 판단에 의해 파산된 것을 예로 들었다. 싱가포르 지점에 파견된 닉 리슨(1967년생으로 당시 28살)은 고위험파생상품 거래를 통해 엄청난 수익을 올리며 승승장구를 하다가 1992년 직원의 판단 착오로 2만 9천 달러의 손실을 기록했다. 그는 그것을 커버하기 위해 위험한 거래를 지속하다가 결국 1995년 14억 달러의 손실을 입혀 은행에 치명적인 타격을 가했다.[97] 교수들은 그가 그 작은 실수를 공개했었더라면(사실 리슨은 그 정도의 손실은 보통 하루면 회복하곤 했었다), 그리고 은행이 경험이 부족한 28살의 젊은이에게 그만한 권한을 부여하는 '나쁜 결정'을 내리지 않았더라면 조직이 괴사되는 결과는 없었을 것이라면서, 그 나쁜 결정에 대한 책임은 리슨 뿐만 아니라, 그에게 마음대로 행동할 수 있도록 용기를 불어넣어주고, 또 그가 책임을 회피할 구멍을 만들어 놓은 임원진들에게도 돌아가야 한다고 주장했다. 리슨은 싱가포르 법원에서 6년 5개월 형을 받고 교도소 수감생활 중 대장암 진단을 받고 풀려났다.

그들은 또 다른 사례로 1986년 1월 28일 미국의 우주왕복선 챌린저 호가 발사된 지 1분 13초 만에 공중 폭발하여 7명의 승무원이 사망한 사건을 들었다. 3년 간의 진상 조사를 통해 밝혀진 사건의 원인은 고체연료이음새 부분, 즉 오링(O-Ring)의 부실 때문이었는데, 과학자들은 챌린저 호 발사 전 수천 건의 검토 사안 중에서 오링에 대해선 그다지 신경을 쓰지 않았다는 것이었다.[98]

한국도 빠르게 성장하면서 많은 결실을 맺어왔지만 그에 못지 않게 부실이나 오류를 범해왔다. 1997년 12월 외환위기로 IMF로부터 긴급자금을 지원받으면서 수많은 기업들이 문을 닫거나 해외로 매각되었다. 얼마나 많은 사람들이 직장을 잃고 거리를 배회했는지 모른다. 비즈니스 위크 지의 마크 클리포드 기자는 스피드를 내기 위해 취한 무리한 행동으로 인한 부정적인 결과를 다음과 같이 보도했었다.

한국의 경제호황을 취재하기 위해 한국으로 자리를 옮긴 지 2년 만인 1989년, 나는 현대자동차의 한 고위임원과 허심탄회한 대화를 나누었다. 그는 한국 경제가 미국의 라이벌로 성장함에 따라 사업을 시작한

지 얼마 되지 않는 그의 자동차회사가 제너럴 모터스(General Motors Corp.)를 집어삼킬 날이 오리라 생각했다.

당시만 해도 그처럼 충격인 주장들과 자만심은 설득력이 있는 것 같았다. 불굴의 근면성과 열정적인 자부심으로 똘똘 뭉친 4천 6백만의 한국 국민은 경제 기적을 이루었다. 전쟁의 폐허에서 일어선 그들은 지난 30년간 연평균 8.2%의 경제성장을 기록하였고, 국민소득은 1960년의 80달러에서 지금의 1만 달러로 향상되었다. 나는 위협적인 공산 독재국가와 국경을 마주하고 있는 가난한 농업국가가 한 세대 만에 주요산업국가로 발전하는, 경제사에서 보기 힘든 사례의 하나를 두 눈으로 목격하는 행운을 누렸다. 그러나 요즘에는 경이로운 그 사례의 이면에 도사린 심각한 문제점들이 노출되고 있다. 한국의 대기업인 재벌들은 가공할 만큼 그 규모가 불어났다. 하지만 그들은 목표를 달성하기 위해 수익률과 경제적 신중함을 무시하면서까지 무모하게 돈을 빌려 썼다. 그로 말미암아 한국은 위기에 봉착해 있다. 재벌 기업 중 7개가 붕괴되었거나 파산했다.[99]

스피드의 중요성이 더해가는 지금, 스피드의 위험성을 되새기게 하는 경고가 아닐 수 없다. 삼성전자가 2005년 같은 계열사로부터 납품받은 부품으로 인해 15만대 휴대폰의 품질에 문제가 생긴 것도 품질보다는 속도를 중요시했기 때문이었다. 휴대폰은 이건희 회장의 지시로 모두 수거 폐기처분되었지만, 삼성전자는 같은 실수를 다시 반복했다. 2009년 냉장고에 문제가 생겨 무려 21만대를 리콜

했던 것이다.

2009년과 2010년 초에 발생한 도요타 자동차 리콜 사태 역시 품질이 속도를 따라 가지 못한 것이 원인이다. 동경대학 경제학과 교수이자 도요타 자동차 전문가인 후지모토 다카히로는 펜실베이니아 와튼 비즈니스 스쿨의 존 폴 맥더피 교수와 의견을 나누는 자리에서 도요타 문제는 복잡성 때문에 발생했다고 주장했다. 그 어떤 자동차 기업보다 복잡한 설계와 기술력을 표출할 수 있다고 자신한 나머지 점점 더 복잡성을 추구하게 되고, 그러다가 결국 자신들의 능력의 한계를 벗어났다는 것이다. 즉, 빨리 변하는 환경에 능력 이상으로 대응하다 빚어진 문제라면서 제조업체에 대한 시장의 요구가 점점 더 가혹해지는 상황에서 도요타의 문제는 어느 기업에서건 재발될 수 있는 것이라고 경고했다.[100] 다시 말해서 아무리 사정이 급해도 만족할 만한 품질에 이르지 못한 결과를 상품으로 출시하면 문제가 된다는 것이다.

스피드 경영의 참 의미

현대 · 기아자동차 역시 "빨리, 빨리"가 입에 배어있다. 그렇다고 품질에 문제가 있는 자동차를 서둘러 시장에 내놓지는 않는다. 2004년 말 쏘나타 신차발표회 이후 2.0리터 배기량 모델이 출시되었지만 2.4리터는 발표 후 한 달이 되어서나 나왔다. 2005년 출시된 기아차 프라이드도 예정보다 2달가량 시판이 늦었다. 정몽구 회장이 만족할 만한 수준이 될 때까지 출시를 늦추라고 지시했기 때문이었다.[101]

이런 점에서 나는 "Slow and steady"라는 LG의 사호가 유난히 마음에 와 닿는다. LG는 스피드를 강조하지 않으면서도 스피드를 강조하는 기업 못지않게 빠르게 고품질의 신제품을 출시하고, 또 빠른 마케팅 전략을 구사하고 있다. 포스코도 엄청나게 빠른 시간에 세계 최고 제철소로 성장하면서도 부실이나 오류는 보이지 않는다. 따라서 나는 스피드 경영을 '어떤 프로젝트를 반드시 남들보다 먼저, 혹은 정해진 시간 안에 완성하기보다는 최선의 노력으로 최상의 품질을 생산하기 위해 노력하다보니 어느덧 정해진 시간 안에 마치게도 하는 경영'이라 정의내리고자 한다. 간혹 남들보다 빨리 생산하여 시장을 독점하는 경우가 없지 않지만 대부분은 좋은 품질이 승리하게 된다는 평범한 진리를 명심해야 할 것이다. 스피드 경영은 노력 그 이상도 그 이하도 아닌 것이다.

창의적 리더십

"불가능한 것에 도전할 때만이 성장할 수 있다."
— 베티 베이비스 (영화배우)

"인생은 우리에게 최고가 되라고 요구하지 않는다. 다만 최선을 원할 뿐이다."
— 잭슨 브라운, 《인생의 작은 지침서(Life's Little Instruction Book)》의 저자

"약간의 불확실성은 모든 사람들에게 도움이 된다."
— 헨리 키신저 (전 미국 국무장관)

"행운이란 자수성가한 사람 앞에서 꺼낼 단어가 아니다."
— E.B. 화이트 (작가)

"성공하려면, 행운이 따르든가, 약간 미치든가, 재능이 아주 많든가, 빠르게 성장하는 자리에 있어야 한다."
— 에드워드 디 보노 (의사이자 작가)

"인생에서 필요한 것은 무지와 자신감이 전부이다. 그것만 있으면 틀림없이 성공한다."
— 마크 트웨인 (작가)

"비즈니스는 전쟁과 스포츠의 결합이다."
— 앙드레 모아 (작가)

우리는 지금까지 제법 잘 달려왔다. 자아실현욕구 충족을 추구하는 리더들이 '우리도 잘 살 수 있다'는 비전을 제시하여 치열하게 노력한 결과 저단계 욕구차원에 머물러 왔던 조직원들의 동기를 3단계 혹은 그 이상으로 끌어 올리는데 만족할 만한 성과를 거두어 왔다.

하지만 이제부터는 방법을 달리해야 한다는 주장이 대두되고 있다. 세상이 정보화시대를 벗어나 창의성 시대로 접어들었다는 것이다. 기존의 방법으로는 더 이상 성장할 수 없고, 또 생존할 수도 없다는 것이다. 한치 앞을 내다볼 수 없는 글로벌 불확실성, 혼돈, 변화, 스피드 그리고 복잡성이 우리에게 궤도 수정을 요구하고 있다는 것이다.

창의성의 정의

"지금 당장 창조하고 혁신하라! 아니면 우린 죽는다!"

새로운 아이디어의 지속적인 생성과 적용이 지속가능한 경쟁우위와 문화적 생동감의 핵심이다. 날아갈수록 조직들은 목적을 달성하기 위해 사람들의 창의적 기여에 의존하는 현상이 심화되고 있다.[102]

그렇다면 창의성이란 무엇인가?

간단히 말해서 기존에 없는 것을 새로 만드는 것이다. 물건일 수도 있고, 제도나 방법, 조직, 문화, 혹은 이론이나 사고일 수도 있다. 학자들은 그걸 어렵게 표현하곤 한다.

> 창의성은 개인과 집단이 개인과 집단, 그리고 관련이 있는 광의의 커뮤니티에 속한 사람들에게 새롭고 가치가 있는 아이디어에 도달하는 과정이다.[103]

나는 앞에서 높은 단계의 욕구를 추구하는 사람일수록 보다 창의적일 가능성이 높다는 저명한 학자들의 주장을 소개한 바 있다. 그렇다면 창의적이지 않으면 죽는다는 것-여기서 '죽는다' 는 일반적으로 육체적인 죽임이 아닌 4단계 자존감의 상실, 3단계의 소속감에 대한 불확실성, 2단계 안전에 불안감을 의미한다-은 무슨 소리인가?

이는 1~5단계 욕구들이 서로 강력하게 영향을 미친다는 것이다. 즉, 5단계 욕구를 충족하느냐의 여부로 1~5단계의 욕구 충족이 결정될 수도 있다는 것이다.

다시 말해서 자아실현욕구를 추구하는, 창의적인 사람들이 많아질수록 각 개인, 조직이 보다 안전할 수 있고, 자존감을 높일 수 있으며, 또 성장하여 잘 살 수 있는, 그로 인해 보다 자아실현욕구를 충족시킬 수 있는 환경이 조성될 수 있다는 것이다.

아니면 창의성은 1단계에서부터 5단계 욕구까지 모든 관련되어 있다고 말할 수도 있다. 강도에게 인질로 잡혀있는 젊은 여자가 도망갈 궁리를 하는 것(1단계)도 창의성과 관련 있지 않겠는가? 도스토예프스키가 도박 빚에서 벗어나려고(2단계 안전의 욕구) 걸작 중의 걸작들을 생산한 것도 창의성과 관련 있지 않겠는가?

이에 관련하여, 우리는 창의성이 그만큼 중요하다고 해석하면 무리가 없다. 창의적 아이디어로 자기를 성장시킬 수 있을 뿐만 아니라, 목숨이 오락가락 하는 위기의 상황으로부터도 벗어날 수 있는 것이다. 그만큼 창의성은 모든 인간사와 깊은 관련이 있다. 하지만 일반적으로 자아실현적인 동기를 가진 사람들이 보다 창의적으로 생각하고, 또 행동하는 성향이 더 강한 것만은 사실이다. 따라서 지금은 자아실현욕구 충족이 바로 경쟁력인 세상이다. 그래서 리더들은 '어떻게 하면 조직원들의 동기를 높은 차원으로 끌어올릴 수 있을까?' 로 고심하고 있다.

국가를 위해 죽을 수 있어도 삼성, 현대를 위해 그럴 순 없다

모든 조직과 기업들이 창의성 개발과 창의력 향상에 역점을 두고 있지만 창의성 하면 국내에선 삼성 그룹이 가장 먼저 떠오른다. 창의성을 중요시하여 국내 최대 기업, 세계적인 기업으로 부상했는지, 아니면 최대기업으로 부상했기 때문에 국내에선 창의성 선도기업인 것처럼 비쳐진 것인지는 확실하지 않지만, 하여튼 삼성은 그 어느 때보다 창의성을 중요시하는 것으로 보인다.

이건희는 2006년 9월 삼성이 지향해야 할 좌표로 '창조경영'을 제시한 바 있다.

"20세기 경영과 21세기 경영은 다르다. 20세기에는 물건만 잘 만들면 1등이 됐지만 지금은 품질에 별 차이가 없다. 21세기에는 여기에 디자인, 마케팅, 연구개발 등이 복합적으로 어우러진 창조적인 것을 만들어내야 살아남을 수 있다."[104]

그는 2007년 신년사에서도 창의성의 중요성을 재차 강조했다.

"이제까지 1등이던 기업이 경쟁력을 잃는 순간 일류의 대열에서 사라지고 새로운 시장과 고객을 창출한 후발주자가 순식간에 정상에 올라서는 시대가 된 것이다. 삼성도 예외일 수 없다. 우리만의 경쟁력을 갖추지 못하면 정상의 발치에서 주저앉을 것이나, 창조적 발상과 혁신으로 미래의 도전에 성공한다면 정상의 새 주인으로 올라설 수 있을 것이다. 그리고 세계의 인재들이 이 곳 삼성에서 마음껏 발상하고 역량을 최대한 발휘할 수 있도록 경영 시스템과 제도의 개혁은 물론, 우리가 소중하게 간직해 온 기업문화까지 시대적 변화에 맞도록 바꾼다는 각오를 해야 할 것이다. 또한 실패를 받아들이는 풍토가 조성되어야 한다. 실패와 창조는 물과 물고기 같아서 실패를 두려워하면 창조는 살 수 없다. 실패는 창조의 디딤돌이며 성공을 위한 자산이다."[105]

삼성만 창의성을 중요시하겠는가. 말은 하지 않지만, 현대, LG, SK, 두산동아, 포스코를 포함한 다른 기업들도 창의적 아이디어 개발에 혼신을 다하고 있을 것이다. 국가도 국민의 창의력 향상 방안에 고심하고 있는데 매일매일 생존의 위기를 느끼는 기업들이 자신들을 살릴 창의성에 관심을 갖지 않을 리 없다.

여기에서 이런 의구심이 생긴다.

"기업, 혹은 조직들은 조직원들이 자신의 생명과도 같은 창의성을 바닥까지 드러내고 싶은 마음이 들게 하고 있는가?"

나 같으면 국가를 위해 죽을 순 있어도 나에게 가장 중요한 것은 조직에 넘겨주지 않을 것이다. 창의성을 발휘하되 가장 결정적인 어떤 부분이나 능력은 나와 가족을 위해 남겨둘 것이다. 남겨두었다가 다 사용하지 못하고 죽을 수도 있겠지만 그래도 붙들고 있는 것이 안전하다고 생각한다.

물론 예외는 있을 수 있다. 조직이 끝까지 나와 같이 성장하고, 그 성장이 나와 가족의 안전과 성장에 직결되는 경우이다. 그처럼 조직이 나이고, 내가 조직이라면, 즉 나와 조직이 하나라면 난 얼마든지 나의 모든 것을 내놓을 수 있다. 나와 가족의 안전과 성장을 위한 최상의 방법이라면 그렇게 하지 않을 리 없다.

하지만 세상에 그럴만한 조직이나 기업은 없다. 가진 능력을 다하면 쫓겨날 위험성이 있기 때문이다. 그렇다고 조직이 무조건 평생고용을 보장할 수도 없는 노릇이다. 최선을 다하지 않는 자에게도 무조건 평생고용을 보장하면 조직전체에 나태함을 조장하여 오히려 창의적 발상에 방해가 되기도 한다. 나 같으면 평생 고용을 보장하더라도 나의 창의성의 성과를 조직에서 다 가로챈다면 가진 것 모든 것을 내놓지는 않을 것이다.

나의 한 영국인 친구는 저명한 대학의 유전공학 교수로서 어떤 약품을 개발하는데 지대한 공헌을 했다. 그는 미국으로부터 여러 번 스카우트 제의를 받았지만 고국 떠나는 것이 싫어서 거절하곤 했었다. 그러다가 대학 당국이 자신의 연구 결과를 제약회사를 통해 상품화시키는 과정에서 정작 약품을 개발한 자신이 홀대받는다는 것을 알게 된 그는 미련 없이 몇 배의 좋은 조건을 제시하는 미국 대학으로 자리를 옮겨버렸다. 이처럼 인간은 자신의 끝없는 성장의 길을 열어주지 않으면 그 조직을 떠나게 된다. 그 영국 대학에서 그에게 같이 성장할 기회를 제시했더라면 그는 결코 떠나지 않았을 것이다.

조직은 물론 조직원이 가장 중요한 것을 조직에 내놓지 않는다는 것을 알고 있다. 인간은 그리 신뢰할만한 존재가 아니라는 것도 잘 알고 있다. 어떤 환경을 제공해도 인간은 자신에게 가장 중요한 그 마지막 한 가지는 내놓지 않는다. 조직은 조직원이 자신의 능력을, 창의성을 절반만 내놓는다하더라도 감지덕지이다.

하지만 앞으로는 그런 식으로는 살아남지 못한다. 참으로 어려운 문제지만, 조직과 조직원이 하나가 되어, 자신이 가진 능력을 다 발휘하지 못하면 최일류 조직으로 성장할 수 없는 것이다. 어떻게 하면 삼성, 현대, LG 직원들이 자신의 모든 것을 다 내놓을 수 있도록 할 것인가? 이에 대해 진지한 연구가 이루어져야 한다고 본다.

신상품 개발도 중요하지만, 개인의 성장·조직의 성장·개인의 성장·조직의 성장의 순환고리를 빨리 마련해야 할 것이다. 다시 말하지만, 인간은 자신의 성장에 도움을 주는 조건을 저울질하여, 그에 맞게 기여하는 동물이다.

나는 애플과 구글에서 기업과 개인이 하나가 되려는 몸부림을 간파한다. 그들 본인들은 인식하지 못할 수도 있겠지만 그들은 분명 조직과 개인이 하나가 되는 방향으로 나가고 있다. 그 과정에서 놀라운 창의적 아이디어들이 쏟아져 나오고 있다. 한 국내 IT기업의 CEO가 애플과 구글은 단지 아이디어를 파는 기업이기 때문에 그들의 혁신적인 제품으로 제조업체인 자신의 기업은 타격을 받지 않을 것이라 자신했다. 애플이나 구글 제품에 핵심 부품을 공급하는 것으로 만족한다면 틀리지 않는 말이다. 하지만 그들을 넘어서려면 그들 못지 않게 창의성 개발에 심혈을 기울이지 않으면 안 된다. 즉 조직과 조직원이 하나가 되어야 하는 것이다.

애플은 해적의 소굴이고 스티브 잡스는 해적 두목이다

스티브 잡스는 스티브 워즈니악과 더불어 애플을 설립한 공동 창업자이자, 매킨토시의 양아버지요, Next 컴퓨터 운영체제를 시작한 선구자이다.

애플은 컴퓨터란 디지털 도구를 통해 디지털 미디어 문화에 결정적인 영향을 미쳤다. 스티브 잡스가 애플에 있을 때 만들어진 Apple Ⅱ는 IBM PC와 더불어 엄청나게 팔려나갔다. 특히 1984년부터 생산된 매킨토시는 그래픽 사용자 인터페이스와 마우스를 채용해 사용하기 쉬울 뿐만 아니라, 그래픽 성능이 뛰어나 영상을 중요시하거나 고급 문서 출력용으로는 '명령 줄' 인터페이스를 사용하는 IBM PC하고는 상대가 되지 않을 정도로 높은 인기를 구가했다. 매킨토시에 그처럼 고성능 그래픽 기능이 들어가게 된 것은 입학한 지한 학기 만에 리즈 대학을 중퇴한 후에, 자신의 전공과는 전혀 상관이 없는 서예 강의를 들은 것이 계기가 되었다. 그는 서예가 매킨토시에 미친 영향을 이렇게 평가했다.

"그때 만일 그 강의를 수강하지 않았다면 매킨토시는 결코 복수 서체 기능이나 자동 자간 맞춤 기능은 갖지 못했을 것이다."

사람들을 흥분시킬 것을 찾는다

애플은 그 후 CD롬을 탑재한 iMac 시리즈를 내놓았고, 인터넷으로 음악을 들을 수 있는 장치인 아이팟(iPod), 2007년에는 터치스크린 기반의 아이팟·카메라·모바일 인터넷 기능을 탑재한 휴대폰을 선보여 세계 휴대폰 시장에 지각 변동을 일으켰다. 포춘지는 애플은 표적시장이란 개념에 조소를 보낼 뿐만 아니라 표적집단 조사도 하지 않는다면서 그들이 창의적 아이디어를 끌어내는 방법을 다음과 같이 소개했다.

애플에선, 신상품 개발은 직관에서 시작되어 순차적인 대화를 통해 그 아이디어를 성숙시킨다. 예를 들면 이런 식이다.

우리가 증오하는 것은? 휴대폰.

우리에게 어떤 기술이 있지? 매킨토시에 휴대폰을 집어넣는 기술.

너라면 어떤 것을 갖고 싶어? 아이폰(iPhone).

잡스는 애플의 핵심은 사람들을 흥분시킬 상품을 개발하는 것이라 말한다.

애플은 그 간단한 공식으로 마이크로소프트의 콧대를 꺾었을 뿐만 아니라 새로운 비즈니스 모델을 위한 황금 표준을 제시했다. 브랜드를 창출하여 변형시키고, 생명을 불어넣어 혼돈의 시대에 번성토록 한다는 것이다.[106]

2010년 4월에 출시되어 세계 시장을 휩쓸며, 삼성, LG, 소니를 긴장시키고 있는 아이패드도 그런 과정을 통해 만들어진 것이다.

스티브 잡스가 디지털 미디어 일을 하게 된 것은 영화 〈스타워즈 Star Wars〉을 제작한 조지 루카스로부터 3D 컴퓨터 애니메이션 회사—나중에 픽사(Pixar)가 됨—를 사들이면서부터이다. 그는 픽사에 처음에는 자금만 대다가, 픽사가 컴퓨터 애니메이션 쪽으로 방향을 틀자 본격적으로 사업에 참여함으로써 디지털 기술과 문화 전반에 영향력을 행사하게 된다. 덕분에 픽사는 애니메이션 영화를 만들기 시작한 지 5년 만에 25억 달러를 벌어들이는 공룡으로 성장하게 된다.

잡스는 픽사의 성격을 이렇게 말한다.

"우리가 주인이 되기 전의 픽사의 비전은 스토리로 영화를 만드는 것이었다. 우리의 비전은 세계 최초로 컴퓨터 애니메이션 영화를 만드는 것이었다."

픽사는 〈토이 스토리 *Toy Story*〉, 〈몬스터 주식회사 *Monsters Inc*〉, 〈벅스 라이프 *Bug's Life*〉를 제작하여 컴퓨터의 놀라운 능력을 과시했다. 관측자들은 스티브 잡스의 집념과 헌신이 없었다면 애플과 픽사의 성공은 없었을 것이라 말한다.

잡스는 테크놀로지가 세상을 바꾼다는 것을 직접 몸으로 보여주고 있다. 미래에 살아남기 위해선 미래의 테크놀로지 물결을 타야 한다는 것이다.

"세상사는 매우 천천히 이루어진다. 테크놀로지라는 파도는 해변에 닿기 전에 볼 수 있다. 우리는 우리가 탈 파도를 현명하게 고르기만 하면 된다. 현명하지 못한 선택은 엄청난 에너지를 낭비케 한다. 현명한 선택을 내렸다 해도 결실을 맺으려면 오랜 시간을 필요로 한다. 수년 전 깨달은 위대한 진리가운데 하나는 인간은 자신이 소유하지 않고, 기본 테크놀로지를 컨트롤할 수 없는 비즈니스에는, 골치 아파 하지 않는 인간의 속성상, 들어가지 않으려 한다는 것이다.

우리는 미래 소비 전자와 주요 테크놀로지의 대부분은, 아마 전부는, 소프트웨어가 될 것이라 판단했다. 그래서 우리는 소프트웨어에 집중했고, 시스템 운영 소프트웨어를 만들었다. 우리는 매킨토시나 PC용

뿐만 아니라 아이튠(iTune) 응용프로그램을 제작할 수 있다. 아이팟, 아이폰과 같은 기기에도 사용할 수 있는 소프트웨어를 만들 수 있다. 우리가 아이폰에 이처럼 흥분하는 것은 우리처럼 기여하는 사람을 보지 못했기 때문이다. 휴대폰 제작사치고 소프트웨어에 강한 곳은 없다."107)

전통이나 권위는 내다 버려라!

애플의 창의성은 여기서 그치지 않는다. 이젠 게임 시장을 장악할 계획이다. 애플 아이폰 4.0에 설치된 소프트웨어 '게임 센터'로 아이팟터치, 아이패드 등과 소셜 게이밍 네트워크를 구축하여 친구를 초대하거나 자신의 수준과 맞는 이용자를 찾아서 긴장감을 유지하며 게임에 몰입할 수 있도록 한다는 것이다. 그렇게 되면 전 세계 4천만 명에 달하는 아이폰과 아이팟터치, 아이패드 사용자를 하나로 묶을 수 있다. 이에 대해 소니와 닌텐도 같은 게임 업체들이 초비상 상태에 들어가 있다. 포스톨 애플 부사장은 "소니 PSP에서 이용 가능한 게임이 2천 477개, 닌텐도DS에서는 4천 321개에 불과하지만 아이폰에서는 이보다 10배 이상의 게임을 즐길 수 있다"고 자랑한다.108)

창의적인 발상으로 태어난 아이폰과 아이패드로 기존의 막강한 전자업체들이 무너질 수 있다는 점에서 창의성이 얼마나 중요한 개념인지 새삼 이해할 수 있다.

물리학 박사이자 리더십, 혁신과 변화 연구소(Center for

Leadership, Innovation, and Change) 소장으로서 애플에 깊이 관여하고 있는 프라사드 카이파는 워싱턴 포스트 지와의 회견에서 애플의 성공 비결을 이렇게 요약했다.

"그들은 자신의 DNA에 어울리는 분명한 포코스(focus)를 가진다. 애플은 1980년대 초반에 한 건물에 해적 깃발을 걸어 자신들이 반역자, 배신자, 개척자의 브랜드라는 것을 알리려 했다. 애플은 앞서 나가는 상황에서도 상자 밖에 있는 새로운 방식대로 생각하려 한다. 디자인에 대한 뚜렷한 포코스를 유지하여 절대 타협이 없다. 스티브 잡스는 나사가 없는, 깔끔한 디자인의 아이팟을 원했다. 그 목적을 위해선 전혀 타협은 없었다."109)

애플은 해적 DNA를 가진 자들이 모인, 해적의 소굴이다. 그들에게 거칠 것이 무엇인가. 전통이나 권위 따위는 안중에도 없다. 해적은 고성능 엔진이나 돛을 장착한 작은 배로 무서운 속도로 거대한 선박에 접근하여 강도짓을* 한다. 스티브 잡스는 애플 해적단의 두목이다. 그는 세계적으로 행세깨나 한다는 사람들이 모인 자리에 동네 구멍가게 갈 때의 복장으로 등장하여 거침없는 직설을 토해낸다(나는 강연갈 때마다 제발 정장 차림으로 오라는 신신당부를 받는다). 그의 리더십은 그렇게 독창적면서도 배타적이다. 졸개 해적들은 그런 두목을 보고 배운다. 아니 그런 분위기가 좋아 찾아오는 해적 후보생이 하나둘이 아니다. 진짜로 눈치를 보지 않는 리더가 좋기 때문

이다. 그런 리더를 롤 모델로 삼아 닮고 싶기 때문이다. 해적 DNA
를 가진 자들은 해적 집단과 생사를 같이 한다.

점잖은 자들은 결코 해적을 당해내지 못한다.

구글-빛의 속도로 달리는 가벼운 천재

구글은 두 젊은이-래리 페이지와 세르게이 브린-에 의해 탄생되
었다.

래리 페이지는 미시건 대학 컴퓨터학과 교수였던 아버지 칼 빅
터 페이지와 어머니 글로리아 페이지 사이의 아들로 1973년 태어났
다. 그는 아버지 덕분에 6살 때부터 컴퓨터를 마음 놓고 사용할 수
있었다. 자율학습을 강조하는 몬테소리 학교를 다녔고, 미시간 대학
을 졸업하고 스탠포드 대학 박사 과정에 등록했다.

세르게이는 1973년 모스코바에서 출생하여 6살 때 미국으로 이
민 갔다. 아버지와 어머니는 모두 모스크바 국립대학 출신의 엘리트
였다. 그도 역시 몬테소리 교육을 받았고, 메릴랜드 대학을 졸업한
후 스탠포드 대학에서 석사학위를 받았다. 세르게이는 신입생들을
대상으로 대학캠퍼스 가이드를 하다가 그 중의 하나인 래리와 대화
를 나누곤 금방 친구가 되었다. 그로부터 얼마되지 않아 금세기 가
장 위대한 기업에 관한 아이디어를 떠올리게 된다. 구글의 모토는
"악마는 되지 말자(Don't be Evil)"는 것이다. 설립 때부터 지금까

지 이 모토를 준수하려 노력해왔다. 고객들에게 해악을 끼치지 않고 신뢰를 통해 고객으로 붙들어둔다는 것이다.

Don't be Evil!

그들의 가장 큰 특징은 검색 결과에 링크를 거는 대가로 돈을 요구하지 않는다는 것이다. 광고는 스폰서 링크로 올려지는데 그것도 검색 결과와는 뚜렷이 분리되며, 고객들의 시야에 자극을 줄 염려가 있어 오로지 텍스트 모드로만 허용된다.

구글의 철학은 비록 광고에 의한 후원금을 받아도 고객들로부터는 전혀 돈을 받지 않는다는 것이다. "악마는 되지 말자(Don't be Evil)"는 구호는 이제 구글의 대표적인 정책으로 자리 잡았다. 이 정책은 독과점으로 인해 미국 정부로부터 고소를 당한 마이크로소프트에 엄청난 타격을 주었다.

전문가들은 구글도 돈을 벌어야 유지되는 기업인데, 고객들로부터 한 푼도 받지 않고선 버틸 수 없다고 보았다. 고객들을 행복하게 해주기 위한 윤리에 초점을 맞추다간 망한다는 것이다. 하지만 구글의 위상이 나날이 높아지면서 사람들은 구글의 윤리 정책에 수긍하기 시작했다.

하지만 구글은 100% 윤리적이라고 말할 수는 없다. 술과 총기류 광고는 허락하지 않으면서도 성인 광고물은 넘쳐난다. "악마는 되지 말자(Don't be Evil)"는 구호에도 어긋난다. 뿐만 아니라 개인의 사생활을 침해한다는 비판을 받고 있다. 개인의 자료가 불법으로 올려진 사이트나 블로그를 나열하고, 또 검색창에 입력되는 단어의 빈도에 의해 개인의 성향을 분석하여, 아예 그가 원하는 사이트들을 소개해주기도 한다. 하지만 이는 고객의 취향을 예측하여 서비스한다는 보다 높은 차원의 고객 지원 시스템이라 높이 평가받는 부분이기도 하다.

구글의 근무환경은 세계 최고 수준이다. 포브스지는 2007년 세계에서 가장 뛰어난 근무 조건을 갖춘 기업으로 구글을 1위로 올려놓았다. 포춘지는 2010년 구글을 4위(1위는 SAS)에 랭크시켰다. 근무자들은 구글에서 일하는 것이 즐겁다고 말한다. 복장은 캐주얼하게 입어도 되고, 점심식사는 17개 식당에서 각자 취향에 맞는 세계 각국 음식을 먹을 수 있다. 마사지실, 비디오 게임실, 수족관 등도 갖추었다. 출산하면 여성은 18주 유급 휴가를 받으며, 남성은 7주 휴가를 받는다. 100% 건강보험을 지급하고 회사에 어린이 양육시설뿐만 아니라 애완동물 보호시설까지 운영한다. 화석연료로 인한 기후상승을 염려하여 하이브리드 전기차를 구입하거나 집에 태양열 발전시설을 설치하면 보조금을 준다.

구글은 모든 면에서 전통적인 것을 깨뜨리려 한다. 토론은 아무 때나 벌어지며 의견 개진에 다른 사람들을 일절 신경 쓰지 않는다. 고위임원진의 말이라고 해서 무게를 두는 일도 없다.

전문가들은 자유로운 의견 표출이야말로 구글이 혁신적인, 가장 일하고 싶어 하는 기업이 될 수 있었던 중요한 요인이라 지적한다.

또 구글에는 '20% 시간'이란 개념이 있다. 직원은 근무시간의

20%, 즉 일주일의 하루는 정해진 업무가 아닌, 자신이 좋아하는 일에 전념할 수 있다. 그로 인해 창의적 아이디어가 쏟아져 나오는 것은 물론이다. 일례로 구글 뉴스(Google News)는 다양한 웹사이트에 올려진 수많은 헤드라인 뉴스들을 신속하게 스캔하여 비교하고픈 엔지니어가 근무 시간의 20%를 이용하여 개발한 것이다.

구글 엔터프라이즈의 데이브 기로워즈 사장은 유연한 근무시간 정책에 대해 말한다.

"수년 전 세르게이 브린이 70/20/10이란 시간 모델을 제시했다. 근무시간의 70%는 핵심 업무에 집중하고, 20%는 우리가 개발하고자 하는 새로운 영역에 관해 연구하며, 10%는 그야말로 '미친 생각'을 하는데 쓰는 것이다. 그렇게 해서 시도된 것 중에서 엄청난 성공을 안겨준 것도 있지만 대부분은 완전 실패로 끝나는 것이 보통이다."[110]

최고의 자율성이 최고의 기업을 만든다

이에 대해 창의성 연구의 세계적인 권위자인 하버드 비즈니스 스쿨의 테레사 아마빌 교수는 인튜잇(Intuit Inc. 개인 및 중소기업의 재무관리 소프트웨어 개발사)사의 스캇 쿡 사장이 구글을 분석한 내용을 다음과 같이 소개했다.

구글의 창립자들은 자신들이 지원하는 아이디어들과 고위 임원진들의 생각에서 완전 배제된 아이디어들의 진행 상황을 추적해서, 후자의 성공률이 높다는 사실을 발견했다. 가상세계 기술 기업인 린든 랩 (Linden Lab)의 창업자이자 사장인 필립 로즈데일 역시 직원들에게 가능한 최대의 자율권을 주어서 그들로 하여금 이니셔티브를 취하게 해야 위대한 성공을 거둘 수 있다고 말했다.[111]

구글이 여러 사람의 능력, 지혜, 창의력을 끌어 모아 성공가도를 달리고 있는 것을 집단지성 유전자(Collective Intelligence geme) 결합의 성공이라 표현하는 학자도 있다. MIT 슬론 비즈니스 스쿨 교수로서 MIT 집단 지성 연구소(MIT Center for Collective Intelligence) 소장인 토마스 머른 박사는 구글을 비롯해서, 전자백과사전 위키피디아, 독특한 개념의 티셔츠 제조업체 쓰레드리스(Threadless)가 집단지성을 실행한 대표적인 기업으로 꼽았다.

구글은 웹페이지에 링크를 창출하는 수억 명의 구글 사용자들에 의한 판단에 의거해 그들로부터 집단 지식을 도출하여 우리가 검색창에 타이핑한 질문에 경이로울 정도로 지적인 대답을 창출한다. 위키피디아는 회사로부터의 간섭을 받지 않고 어떤 사람이라도 자진해서 사전 내용을 창출하거나, 보완 혹은 수정할 수 있기 때문에 지상에서 가장 분량이 많고, 가장 정확하고, 새로운 내용의 사전으로 부상할 수 있었다.

쓰레드리스는 전 세계 네티즌들을 대상으로 매주 티셔츠 디자인 공모전을 열어, 네티즌들로부터 최고 평점을 받은 작품들을 선정하여 상품화시키고, 또 수상자들에게는 로열티를 지급하는 정책을 실시하고 있다. 이 또한 집단 지성을 이끌어내는 창의적 아이디어라는 것이다.

머튼 박사는 구글, 위키피디아, 쓰레스리스처럼 '느슨하게 조직된 그룹(loosely organized group)'에서 집단 지성이 창출된다고 주장한다.[112]

느슨하게 조직된 바보같은 천재 집단

이처럼 '느슨하게 조직된 그룹'에서 보다 창의적인 아이디어가 생성된다고 해서 무조건 개인적으로 프로젝트를 추진케 할 수는 없다. 조직에서 토의 과정을 거치지 않고 정책을 결정할 수는 없는 노릇이고 또 공동작업이 아닌 개인 작업으로만 조직성과가 발생하는 것은 아니기 때문이다.

그렇다면 처음부터 끝까지 그룹으로 모여서 일하는 것이 좋을까 아니면 각자에게 시간을 주어 생각 혹은 연구하게 한 다음 한 자리에 모여 아이디어를 개진하거나 업무 결과들을 종합하는 것이 좋을까? 인시아드 비즈니스 스쿨의 카란 기로트라 교수, 와튼 비즈니스 스쿨의 크리스천 터위치 교수와 칼 울리히 교수는 시간과 공간을 공유하는 팀(team) 구조와 처음에는 개인적으로 일하다가 일정 시간이 지난 후 모여 작업하는 하이브리드(hybrid) 구조를 비교한 결과, 하이브리드 구조에서 보다 더 많은 아이디어, 보다 창의적인 아이디어, 보다 수준 높은 아이디어가 생성된다는 사실을 밝혀냈다.[113]

현대판 마키아벨리의 《군주론》이라 일컬어지는 《권력의 법칙

The 48 Laws of Power》으로 세계적인 명성을 얻고 있는 로버트 그린은 구글과 나폴레옹은 위대한 전략을 사용한다는 공통점을 갖고 있다고 지적했다. 공포에 질린 토끼를 늑대 무리가 흩어져서 쫓는 것처럼 나폴레옹은 부대를 분산시켜 적들을 혼동시키는 비선형적 전술로 어떤 상황 변화에도 신속하게 대처할 수 있도록 했는데, 구글 역시 가벼운 구조로 빛의 속도로 움직이며 급변하는 상황, 변덕스런 소비자의 욕구에 적응해나간다는 것이다. 그는 구글로 의해 세상이 바뀌고 있다고 말한다.

> "구글은 정보화시대를 겨냥한 혁명 돌격대이다. 세상을 변화시키는 기업이며, 댐의 수문같은 기업이며, 전 세계에 인터넷으로 모든 것이 가능하다는 것을 보여주는 기업이다. 구글에서 새로운 문화가 창출되고 있으며, 그곳에서 일하는 사람들은 일반 기업체 사람들보다 훨씬 더 동기부여 되어 있고 또 일에 대한 흥미를 느끼고 있기 때문에 그만큼 높은 생산성을 올리고 있다."[114]

하지만 구글에서의 창의성이 자유스런 분위기에서 비롯된다는 의견에 생각을 달리 하는 사람들도 있다. "한계가 없으면 자유스러워지는 것이 아니라 오히려 노예가 된다"[115]는 밥 가필드의 말처럼 무조건적인 자유는 창의적 아이디어 생성에 오히려 장애가 된다는 주장도 있다. 조직원을 너무 속박해도 안 되지만, 그 반대로 문제 구성이나 한도 끝도 없는 옵션의 제기에 일정한 한계를 정해놓음으로써 오히려 조직원들로 하여금 보다 독창적이고 창의적인 방법으로 일할 수 있도록 자극할 수 있다는 것이다. 창의성은 반발력이 있어서 극복할 도전과제를 앞에 두고 있을 때 최상의 성과를 올릴 수 있다는 주장이다.[116]

구글은 2009년 현재 전 세계 인터넷 유저의 30% 이상이 사용하는 제1위의 사이트로서 1백 개 이상의 데이터 센터에 1백만 개 이상의 서버를 운용하고 있다. 직원은 전 세계적으로 약 2만 명에 달한다. 2009년 매출액은 237억 달러, 순이익은 65억 달러 정도이다. 개인재산은 기술 부분 사장을 맡고 있는 래리 페이지가 약 100억 달러, 생산 부분 사장인 세르게이 브린은 약 99억 달러에 달한다. 회장 겸 CEO는 애플 임원 출신의 에릭 슈미트가 맡고 있다.

이상의 내용을 종합해보면, 구글은 바보인 척 행세하여 세계 네티즌에게 만만하게 보이게 한 다음, 그들로 하여금 자발적으로 일하도록 해서 성장하는 진짜 천재 집단이다. 전문가라는 사람들은 노골적인 광고를 하지 않을 뿐만 아니라, 하더라도 큼지막한 화면 한쪽 구석에 눈에 잘 띄지 않게 한두 개의 문자 광고 링크만을 걸어놓은 구글 운영자를 한심하다고 생각했었다. 이제 어느 쪽이 더 바보인지 드러난 것이다.

'한국 기업?' 하면 무엇이 생각나는가?

1975년에 스페인의 마르요카라는 섬에서 창립된 신발 브랜드 '캠퍼'는 과거에 대한 향수를 자극하는 단순하면서도 소박한 디자인에 19세기 농부가 추구하던 편안함을 결합한 디자인으로 세계적으로 상당한 고객을 확보하고 있다. 애플, 구글 혹은 나이키처럼 생산 시설을 갖추지 않는 캠퍼는 오직 디자인과 마케팅에만 올인한다.

캠퍼도 역시 모든 직원들이 상상력을 발휘해주길 원한다. 이들의 모토는 엉뚱하다.

"상상은 비싸지 않다."

전통적인 사고의 틀을 깨기 위해 디자인 팀을 농촌의 농가로 옮기는 가하면, 농촌 학교를 열어 유기농법을 배우도록 한다. 페레 크라벨 사장은 그 모든 것이 창의성 개발에 필요하다는 것이다.

> "우리의 아이디어는 뚜렷하면서도 색 다르다. 혁신과 창의성으로 넘쳐흐른다. 그러한 개념과 함께 디자인 면에서 강해야 한다는 점을 중요시한다. 미래 계획에 대해 말한다면 우린 결코 서두르지 않는다는 것이다. 우리는 느린 회사다. 우리는 아이디어가 성숙할 때까지 기다린다."[117]

나는 스페인 농부들이 신었던 예전의 신발을 기초로 해서 현재의 신발들을 디자인하는 캠퍼에서 한국도 예전의 것에서 창의적 아이디어를 얻을 수 있지 않을까 한다. 짚신, 상감청자, 한글, 전통의 상, 한국의 자연 환경, 항아리, 거북선, 지게… 같은 농기구 등도 상품 디자인에 이용될 수 있을 것이다(TV드라마 〈베토벤 바이러스〉를 보다가 기업체에서 외부 강사들을 초빙하여 강의를 듣는 것도 좋지만 클래식이나 국악공연을 듣도록 하는 것도 창의력 향상에 큰 도움이 될지 모른다는 생각이 들었다. 특히 삼성과 현대는 오케스트라나 국악단을 운영했으면 한다. 특히 국악은 한국의 혼을 불어넣는데 크게 기여할 것이라 생각한다).

인사동은 철저하게 500년 전 모습으로 돌아가면 세계적인 관광 명소가 될 터인데 언제까지 지금처럼 국적 불명의 이상한 동네로 남아 있을 것인가?

신라 호텔에는 언제쯤 신라가 들어설 것인가?

조선호텔에선 언제쯤 세종대왕, 이순신, 황진이, 주막집, 머슴, 선비 등을 볼 수 있을 것인가?

애플은 해적소굴이요, 구글은 가벼운 천재, 캠퍼는 농부 신발이라면 삼성, 현대, LG, 두산, SK…는?

아무리 생각해도 창업자 얼굴 밖에는 떠오르지 않는다.

그것은 삼성, 현대, LG, SK, 두산… 등의 각 조직의 정체성이 뚜렷하게, 확고하게 자리 잡지 않았다는 것을 암시한다.

홈페이지를 방문하면 거의 똑같은 말들이 쓰여 있다.

창조경영, 지속가능한 성장, 국가와 사회에 기여, 인재 중시, 환경보호….

21세기 생존에 꼭 필요한 창의성은 창의적 아이디어를 개발하지 않고선 하루를 견뎌내지 못하는 DNA를 가진 자들이 모여서, 1~4단계욕구는 이미 충족된 상태이기 때문에, 오직 자아실현을 위해 혼신을 다할 때에만 최대한 발휘될 수 있는 것이다. 조직이나 기업에 그런 환경이 조성되지 않고선, 창의성이 뛰어난 인재들이 결코 몰려오지 않는다. 오더라도 금방 가버리고 만다.

대학생들이 가장 취업하고 싶어하는 기업에 들어간 청년이 6개월 만에 때려치우면서 나에게 한 말이다.

"창의적이기는커녕 질식해서 죽을 것 같았다."

박정희, 정주영, 이병철, 구인회, 최종현 등은 '열심히 노력하면 우리도 잘 살 수 있다'는 비전을 제시했지만 창의성으로 결판날 21세기를 위해선 누가 비전을 제시하고 있는 것인가? 비전을 제시해야 같은 비전을 가진 자들이 힘을 합할 것이 아닌가?

일본의 장기 침체는 집단적 사고방식 때문이다

20년이라는 일본의 장기적인 침체와 도요타를 비롯한 일본 제조업체들의 문제점들이 일시에 노출되어 전 세계 학자들과 언론들이 그 원인을 분석하고 있지만, 사실 오래전에 일본의 폐쇄성을 지적하면서, 시정하지 않으면 심각한 문제가 발생할 수 있다고 경고한 학자들이 있었다. 하버드 비즈니스 스쿨의 크리스토퍼 바렛 교수와 고베대학의 요시하라 히데키 교수는 1980년대까지는 의견 일치를 중요시하는 중앙 관리적 사고로 수출중심 전략을 통해 큰 성공을 거둔 일본 다국적 기업들이 자신들의 성공 동력을 분해해서 새로운 동력을 준비하지 않으면 안 된다고 주장했었다. 빠르게 변하는 국제환경 속에서 지속적으로 성장하기 위해선 자신들에게 성공을 안겨다 준 중앙 관리 방식을 과감히 포기하고 대담하게 지역에 권한을 위임해서 현지에서 신속하게 결정을 내려 실행토록 하고, 자원과 능력을 분산시켜 현지 사정에 맞도록 사용토록 해야 한다고 것이었다. 하지만 그렇게 하기 위해선 집단적인 사고와 단합을 중요시하는 일본 문화를 먼저 파괴하기는 것이 선결 조건이라는 것이었다.[118]

이들은 일본이 중앙집권식 사고에서 벗어나지 못하는 증거로 마쓰시타와 미국의 3M사를 비교했다. 마쓰시타는 4만 명이 일하는 해외 공장에 무려 800여 명을 파견한 반면, 3M사는 3만 8천 명이 일하는 공장에 고작 100명을 주재시키고 있다는 것이었다. 마쓰시타가 그렇게 해서는 결코 조직 문화를 현지화시킬 수 없고, 따라서 현지 직원들로부터 현지인을 만족시킬 창의성과 동력을 끌어낼 수 없을 것이라는 지적이었다. 또한 해외지사로 파견 나가는 것을 일종의 좌천이라 생각하는 사고방식도 문제라는 것이었다. 그런 풍토에서는 우수한 직원들이 해외로부터 다양한 정보와 지식을 습득하여 조직 운영이나 상품에 적용할 수 없기 때문에 결국에 퇴보만이 기다릴 뿐이라는 것이었다.

예일대학의 정치심리학자인 어빙 제니스 교수는 《집단사고의 희생자들 *Victims of Groupthink*》라는 저서에서 미국의 네 가지 외교정책 – 피그만 진격(쿠바의 집권층과 상류층은 미국 기업과 공모하여 엄청난 부를 독차지하며 살다가 1959년 피델 카스트로가 혁명을 통해 정권을 장악하자, 미국으로 집단 망명했다. 케네디 대통령은 이들을 훈련시켜 쿠바 피그만을 공격하면 카스트로 정권을 무너뜨리고 다시 친미정권을 세울 수 있을 것이라 판단했다. 하지만 그 공격은 처참한 실패로 끝나고 카스트로 정권과 쿠바 국민은 미국에 대해 예전보다 더한 적개심을 품게 된다), 한국 전쟁 시 38선 이북 진격, 일본의 진주만 공격에 대한 대비 실패, 베트남 전쟁의 확전 – 을 통해 집단 사고의 위험성을 경고했다. 제니스는 행동할 것인지 혹은 행동하지 않을 것인지에 대한 결정이 응집력이 강한 소외된 그룹에 의해 내려진 것에 주목했다. 그룹 소속원들은 자신들만의 동질성을 유지하는 과정에서 정보에 대해 냉정하게 비판하고 의심하는 자세를 유지하지 못했다. 최상의 결정을 내리지 못했던 것은 당연하다. 제니스는 집단 사고가 발생할 수 있는 조건을 다음과 같이 요약했다.

- 자신만만하고 성공에 대해 긍정적이라서 위험을 기꺼이 감수한다.
- 집단 효과에 대한 긍정적 평가에 도전하는 경고를 깎아 내려 노력한다.
- 그룹 소속원은 그룹의 내부 도덕성에 확고한 믿음을 가진다. 자신들의 규범에 강한 충성심을 과시한다.

- 그룹 소속원은 외부인을 자신보다 비효율적인 인물이라는 고정 관념을 가진다.
- 그룹의 의견에 반대하는 소속원에게 압력을 가해 뒤로 물러나게 한다.
- 소속원은 자기 검열을 통해 집단의 것과는 다른 생각이나 의심을 떨쳐버린다.
- 소속원들은 만장일치를 합의가 아닌 다수결의 관점에서 바라본다.
- 그룹이 자신들의 자기만족에 불리한 정보를 접하지 못하도록 막아주는 마인드 가드(mind guard: 마음속 간수) 혹은 사람들이 등장한다.[119]

신동엽 연세대 경영학과 교수는 한 일간지에 실은 칼럼을 통해 《집단사고의 희생자들》을 소개하면서 금호 사태나 과거 대우 사태처럼 기업이 급성장하다가 갑자기 위기에 빠져 붕괴하는 과정을 분석해보면 집단사고 때문일 가능성이 높다고 다음과 같이 경고했다.

불확실성이 높고 격변하는 초 경쟁 환경에서 집단사고는 위험하다. 특히 리스크를 동반하는 신(新)사업이나 인수합병(M&A) 등 미래 전략을 추진할 때 일사불란한 응집력과 강력한 CEO를 가진 조직이라면 집단사고의 위험을 더욱 엄격하게 경계해야 한다. 불확실성이 높은 사업에 대해서는 설령 CEO의 의견에 문제가 있다고 느껴도 구성원들은

반대 의견을 구체적이고 자신 있게 표출하기 어렵다.[120]

우리는 흔히 일본은 남들이 개발한 지식이나 기술을 발전시키는 데에는 능하지만, 독창적 아이디어를 만드는 데에는 미숙하다고 말한다. 바렛과 히데끼는 일본의 경제력이 하늘을 찌를 듯할 때(비록 거품이 꺼지기 시작할 즈음이었지만)에 집단사고에 의한 창의성 결핍으로 언젠가 일본이 위기에 몰릴 것이라 예상했었다. 그 당시 얼마나 많은 사람들이 그 말에 귀를 기울였을까? 미래 예측의 정확도가 '과학' 이란 단어를 붙이기 민망할 정도로 낮지만, 그래도 우리가 사회계열의 학문에 관심을 기울여 공부해야 하는 것은 간혹 이런 사람들의 진실된 말을 들을 수 있기 때문이다. 잘 나갈 때는 모르지만 집단사고는 한번 어긋나면 돌이킬 수 없는 함정으로 빠져든다. 그런 함정에서 창의성이 발휘될 리 만무하다.

열린 시스템에서 창의성이 발휘된다

인간 우선적 관리의 중요한 도구인 매니지리얼 그리드(managerial grid. 억지로 번역하면 '관리망' 이라 할 수 있지만, 그냥 매니지리얼 그리드로 알아두자)를 개발한 텍사스 대학의 로버트 블랙 박사와 제인 모튼 박사는 창의성은 일치(一致)나 집단사고의 정반대 쪽에 속하는 것으로 보았다. 이들은 창의적 사고에 가장 도움이 되는 환경은 조직원들이 의견 일치와 합의를 강요하는 현상을 이해하는 것에서 시작된다면서, 조직원은 그러한 현상이 보이면 그것을 대수롭지 않게 생각하는 훈련을 받을 필요가 있다고 주장했다.[121]

다시 말해서, 기업의 회장이 무얼 개발하거나 외국 어디에 공장을 짓자고 하면 충분히 연구해보지도 않고 덩달아서 그렇게 하자고 찬성하는 노예근성을 버리라는 것이다. 지금 우리나라 기업에서 과연 회장의 지시에 이견을 제시할 배짱이 있는 사람이 얼마나 될지 의문이다. 사실 일본의 2차 대전 참전은 집단사고에 의한 것으로서, 당시에는 그 어떤 사람도 감히 이견을 제시할 수 없었다. 억압적인 상황이 지속되면 의견 교환이 일어나지 않고 창의적 아이디어가 개진되지 않는, 즉 닫힌 시스템이 되어 어느 순간 급작스런 종말을 맞게 된다.

하버드 비즈니스 스쿨의 도로시 레오나드 교수는 '가장 창의적인 환경은 누구라도 마음놓고 의견을 발표할 수 있는 곳'이라면서 "리더는 다수 의견에 반대하는 소수 사람에게 관용을 베풀고 보호해야 한다."고 주장한다. 어떤 성공한 리더들은 일부 사람들에게 악의 역할을 맡겨 그룹이 일사천리로 의견일치에 도달하지 못하도록 방해토록 한다는 것이다. 그래야만 숙성과정을 거친 가장 창의적인 아이디어가 떠오른다는 주장이다. 레오나드 교수는 또 일부 기업에선 고객이나 전문가들로부터 창의성을 끌어와 보탠다면서, 복사기를 보다 사용자 친화적으로 디자인하기 위해 고고인류학자를 참여시킨 제록스사의 예를 들었다.[122]

여기에서 "그럼 스티브 잡스가 독재자처럼 군림하고 있는 애플이 잘 나가는 이유는 무엇이냐?"고 이의를 제기할 사람도 있을 것이다. 이에 대해 하버드 비즈니스 스쿨의 로사베스 캔터 교수는 애플이 지금처럼 성공할 수 있었던 데에는 리더에 의한 과감한 시스템 변화가 있었기 때문이라고 분석했다. 잡스가 자신이 세운 애플에서 실적 부진으로 사임하고 11년 동안 절치부심하는 과정에서, 자신도 애플이란 조직도 닫힌 시스템 운영으로 외부로부터 뿐만 아니라 조직 내에서도 정보가 소통되지 않았다는 것을 깨달았다는 것이다. 그는 1997년 애플로 복귀하면서 열린 시스템을 지향하여 이 세상의 모든 사람들이 애플과 소통하고 또 기여할 수 있는 체제를 갖추었다는 것이다. 즉 외부에서 에너지를 끌어들여 애플의 생명력을 강화시켰다는 의미이다. 그 결과가 2010년 4월에 출시되어 세계 시장을 강타한 아이패드라는 것이다. 캔터는 아이패드가 열린 시스템에 의해 태어난, 역시 철저하게 열린 시스템을 지향하는 상품이라고 주장하면서 다음과 같은 사례를 들었다.

나는 도시 외곽에 살고 있는 가정주부들을 알고 있다. 그녀들이 가입되어 있는 독서클럽들은 추천도서보다는 애플에 대해 토론한다. 소프트웨어와 게임 개발업자들은 애플이 자신들에게 비즈니스 할 수 있는 최적의 기회를 주었다고 생각한다. 어떤 사람은 아이폰과 아이패드가 벤처 사업을 자극할 수 있다는 점에서 인터넷 자체보다 더 커질 수 있다고 말한다. 여담이지만, 애플(apple)이란 단어도 큰 의미를 갖는다.

간단명료함이 애플의 또 다른 장점이다. 사과를 한 입 베어 문 모양의 로고조차 뭔가를 제시한다.[123)

애플을 따라 잡아야 한다고 외치는 대한민국의 삼성, 현대, LG는 얼마나 열린 시스템을 지향하고 있는가? 잘 알지는 못하지만, 열린 시스템을 대체로 지향하고 있다고 생각한다.

구한말 폐쇄정책으로 에너지가 고갈되어 나라를 빼앗긴 경험을 한 우리는 의견일치를 하기 쉽다고, 마음이 맞은 사람들과만 운영하고 싶다고, 관리의 효율성 등등의 이유로 또다시 닫힌 시스템을 바라보는 우를 범하지 않을 것으로 보인다. 당연히 그래야 할 것이다.

사실 우리가 비교적 고품격 문화를 발전하고 유지할 수 있었던 것도 열린 시스템을 견지했기 때문이었다. 중국으로부터 한자와 문화를 받아들이지 않았다면, 불교와 기독교를 받아들이지 않았다면, 그리고 유럽이나 미국으로부터 지식을 전수받지 않았다면, 철천지 원수라고 해서 일본과는 아예 상대를 하지 않았다면 우리는 지금쯤 네팔이나 티베트 수준에 머물러 있을 것이다.

김대중 대통령은 1998년 일본에 대한 문화개방을 결정하면서 일본에 대한 두려움을 없앨 것을 당부했었다. 당시 영상관계자들은 일본의 우수한 영상물이 아무런 장벽 없이 수입되면 국내 관련 산업계가 초토화되리라 걱정했었다. 일본의 관계자들도 한국에 팔아먹을 높은 수준의 영상물을 20년 치나 쌓아두었다고 기고만장했었다. 그런데 어떻게 되었는가? 위기의식이 발동하여 치열하게 창의적인 작품을 제작하여 해외에 수출하고 있고, 그로 인해 국가의 품격마저 올라가 기업들은 수치로 계산할 수 없을 정도의 도움을 받고 있지 않은가. 일본에 전자제품 시장을 오픈할 때도 국내 전자업계가 다 망한다고 비명을 질렀었다. 그런데 지금은 일본 전자업계가 한국 업체 때문에 망할 판이다.

개인이나 조직이나 열린 시스템을 지향하지 않으면 반드시 퇴보한다. 숨을 쉬지 않고, 태양빛을 받지 않으면서 살 수 있는 것은 없다.

창의적 아이디어는 처음에는 무시당한다

나는 앞에서 창의성을 '새로운 것을 만드는 것'이라 정의했다. 이 세상에 새롭게 등장하는 것은 무엇이든지 창의적 사고의 결과이다. 나는 창의적 사고는 두 부분으로 구성된다고 생각한다.

창의적 사고 = 합리적 사고 + 직관

합리적 사고란 지금까지 축적된 인간의 경험 혹은 지식에 전적으로 의존하여 그 범위 안에서만 논리적으로 생각하는 것을 말한다. 직관은 머리에 스치는, 전혀 근거 없지만 마음에 쏠리는 그 어떤 느낌이나 생각을 말한다.

인간은 원래 변화를 무지하게 싫어하는 속성을 갖고 있어서 경험이나 지식에서 많이 벗어나면 불안해한다. 경험과 지식에 확고히 뿌리 내린 것이라야 안전하다고 생각한다. 그래서 창의적 사고에 직관의 비율이 높으면 높을수록 불안해지는 것이다. 그 결과를 예측할 수 없기 때문이다. 그래서 적극적으로 그런 제안에 반대들을 하는 것이다 특히 합리적 사고에 길들여져 있는 전문가와 학자들이 그러하다.

사실 직관의 비율이 높은 아이디어일수록 실패 가능성이 높다 (1960년대에 어떤 사람은 내가 알고 지내던 물리학 교수의 반대에도 불구하고 무동력발전기를 연구하다가 전 재산을 날리고 자살했다. 직관은 학문과 기술이 발전한 토양에서야 성과로 이어진다. 미국은 학문이 가장 잘 발달된 나라이지만, 또 직관적 아이디어를 가장 많이 현실화시킨 나라이기도 하다). 하지만 성공하면 엄청난 파급효과를 일으킨다. 이와는 반대로 합리적인 사고의 비율이 높은 아이디어는 실패의 가능성이 낮다. 영국 엑스터 대학 동물학과의 채스턴 교수는 창의성을 중요시하는 분야에 종사하는 일부 중소기업인들을 대상으로 설문조사를 실시하여 직관에 의존하는 사업주가 없는 것은 아니지만 성공적인 기업인일수록 분석적인 사고에 의해 결정을 내린다는 것을 알아냈다.[124] 하지만 그 성공의 정도가 낮은 것이 문제이다. 남들도 이미 축적된, 세상이 공유하고 있는 경험과 지식으로 그와 거의 같은 프로젝트를 이행할 수 있기 때문에 금방 따라 잡힌다.

'작가의 말'에서도 언급했듯이 이 세상을 결정적으로 변화시킨 것은 전혀 예측하지 못한 이벤트, 사건, 발명이나 발견들이었다. 즉, 합리적인 예측이나 사고의 결과가 아니라는 것이다. 전문가와 학자들은 대체로 합리적 사고의 비율이 높은 창의적 아이디어를 '안전하다, 건전하다, 성공가능성이 높다' 라고 진단한다. 직관의 비율이 높은 것은 '비합리적이다, 위험하다, 무모하다, 허황되다' 라고 진단하며 '오랜 경험을 쌓은 우리들의 의견을 존중해주는 것이 좋다' 라고 말한다.

하지만 현대와 삼성을 보라. 별로 합리적이지 않은 정주영과 이병철(정주영보다는 훨씬 합리적이었지만 큰 프로젝트에는 직관을 많이 의존했다)이 터를 닦아 놓으면 그때서야 합리적인 전문가들이 들어와 완성하고 운영해왔다. 윤종용 삼성전자 고문은 이렇게 말했다.

"정주영, 이병철 회장은 많이 배운 사람들이 아닌데도 실제로 데이터는 5%만 활용하고 나머지 95%는 직관력으로 경영을 해서 성공했다고 말했다고 하더군요. (박정희)대통령님도 그러셨던 것 같습니다."[125]

그들이 직관력을 95%나 의존했다는 것은 과장된 표현으로 보이고, 대개는 합리적 사고로 일을 하다가 남들이 해보지 않은, 불확실성이 농후한 결정적인 순간에는 직관에 의지했었을 것이다. 학자들이나 전문가들은 예전에 반복적으로 발생하여 그에 대비할 수 있는 시나리오가 충분히 준비되어 있는 아이디어를 좋아한다. 카네기 멜론 대학의 허버트 사이몬(1916~2001년) 교수와 제임스 마치

(1928년 출생) 교수는 이를 '재생산적인(reproductive)'인 것으로 분류했다. 하지만 창의성은 예전에 발생하지 않아 대비 태세가 준비되지 않을 때 필요로 하는 것이다. 이들은 대비 시나리오가 없어서 가공되지 않은 원료에서 새로운 해결책을 수립하는 것을 '생산적인(productive)'인 것으로 분류했다.[126]

이처럼 세상은 안전의 길을 택하는 합리적 사고자보다는 성공 가능성이 아주 희박한 위험한 길을 택하는 무모한 직관 의존자에게 개척자, 선도자라는 타이틀을 붙여왔다.

예일대학의 로버트 스턴버그 교수 팀은 창의적인 사고자와 뛰어난 투자가 사이에는 한 가지 공통점이 있다고 주장한다. 뛰어난 투자가는 싸게 사서 높은 가격에 파는데, 창의적 사고자는 아이디어 세계에서 투자가처럼 행동한다는 것이다. 창의적인 지도자는 저평가된 주식처럼 좋은 결과를 안겨줄 아이디어를 창출하여 조직원들에게 알리는 역할을 한다. 창의적 아이디어들은 흔히 처음에는 비정상적인, 쓸모없는, 어리석은 것으로 비쳐져서 무시당하기 일쑤이다. 그런 아이디어들을 제시하는 사람들은 의심을 받거나 조롱의 대상이 되기도 한다는 것이다. 그는 이렇게 말했다.

문학예술세계라고 해서 다를 바 없다. 노벨문학상을 받은 토니 모리슨은 《타르 베이비 *Tar Baby*》를 출간했을 때 부정적인 평가를 받았다. 노르웨이의 화가 에드바르 뭉크는 뮌헨에서 개인전을 여는 날 비평가들의 혹독한 비판을 견디지 못해 하루를 넘기지 못하고 그날로 전시회를 중단했다. 마르셀 프로스트는 20세기 최고의 걸작 《잃어버린 시간을 찾아서》를 출간하기 위해 여러 출판사의 문을 두드렸으나 퇴짜를 맞고 자비로 출판할 수밖에 없었다. 조지 오웰의 소설 《동물 농장》역시 수많은 미국과 영국 출판사들로부터 거절 편지를 받았다. 소설 《바람과 함께 사라지다》를 영화화 한다고 했을 때, 대부분의 제작자들과 배우들은 조롱했었다. 세계 최대 음반사인 데카 레코드는 버디 할리와 비틀즈를 무시하여 계약하지 않았다.[127]

나는 여기에 가난한 미혼모 J. K. 롤링의 사례를 보태고자 한다. 그녀는 레스토랑 종업원으로 일하며 틈틈이 쓴 소설 원고를 16군데 출판사에 보냈다가 퇴짜를 맞았다. 그 후에 구멍가게 수준의 출판사에서 나온 《해리 포터》는 4억 권 이상 팔려나갔고, 그녀에게 10억 달러의 수입을 안겨주었다. 앞에서도 언급했지만 우리와 관련한 몇 가지 사례들을 다시 나열해보도록 하자.

- 정부에서 경부고속도로 건설안을 내놓자 반대자들은 그 돈으로 가난한 사람들을 돕는 것이 바람직하다면서 극력하게 저항했다(결과적으로 어느 쪽이 더 가난한 사람들을 돕게 되었는지 자명하다).
- 포항제철(POSCO)을 건설한다고 하자 세계적인 전문가들은 한국에는 그만한 능력이 없다고 단언했다. 포스코는 지금 세계 1, 2위를 다투는 제철소이다.

- 현대자동차가 미국제 모델을 도입하여 조립 생산하는 것을 포기하고 독자 모델을 개발한다고 했을 때, 자동차 전문가들은 결코 성공할 수 없다고 확신했다. 현대는 지금 세계 5위 자동차 메이커이다.
- 삼성이 반도체 사업에 뛰어들 때 세계적인 전문가들은 콧방귀를 뀌었다. 삼성은 세계 1위의 반도체 메이커이다.
- 인천공항을 건설할 때 전문가들은 기반이 주저앉는다, 안개가 많이 끼어 비행기 이착륙에 지장을 받는다, 서울과 거리가 멀어 국제공항으로서의 기능을 하지 못할 것이다, 일본과 중국에서 인천공항이 아시아 허브 공항으로 부상하는 것을 내버려둘 리 없다…등의 별의별 부정적인 의견을 제시하며 반대했었다. 지금 인천공항은 세계 최우수 공항이다.
- 청계천 복구공사를 하자고 했을 때, 전문가들을 포함한 일부 정치권은 서울교통이 마비된다, 물이 썩는다, 관리비가 엄청나다, 관광효과가 없다…등의 온갖 반대 의견을 제시했었다. 지금은 하버드 대학원에서 도시설계를 전공하는 학생들이 청계천을 보기 위해 한국을 방문한다.

어디 한국의 삼성, 현대뿐이겠는가. 마이크로소프트, 애플, 도요타, 소니…모두 처음에는 허황되다는 소리를 들을 정도로 직관에 의한 창의적 아이디어를 밀어붙였다.

이처럼 국가, 기업, 개인에게 직관은 결정적인 전환점을 제공하고, 때로는 엄청난 성공을 가져다주지만 대체로 무시되어져 왔다. 즉, 합리적인 사고만이 살길이라는 것이었다. 그래야 똑똑하다는 평가를 받는다는 것이다. 비즈니스 세계에선 말할 나위가 없다. 하지만 지나친 합리주의는 오히려 사고의 폐쇄성을 가져다줄 수 있다고 생각한다.

노벨경제학상 수상자로서, 제한적 합리주의 이론을 제시한 허버트 사이몬 교수는 합리주의 사고에만 근거하여 실제 행동으로 옮길 수 없는 세 가지 이유를 다음처럼 들었다.

① 합리성은 각 선택이 실행된 후의 결과에 대한 완벽한 지식과 예측을 필요로 한다.
② 선택의 결과가 미래에 발생하기 때문에, 그 결과들에 가치를 부여하는데 있어서 부족한 경험적 느낌은 상상력으로 채워넣어야 한다. 하지만 그 가치들은 불완전하게 예측될 수 있을 뿐이다.
③ 합리성은 모든 가능한 대안적 행동 중에서 한 가지만의 선택을 요구한다. 가능한 대안들 중에서 실제 행동으로 나타나는 것은 극히 소수에 불과하다.[128]

따라서 우리는 합리적 사고에만 의존해선 참다운 창의적 아이디어를 생성할 수 없다. 하버드 대학의 하워드 가드너 교수는 이렇게 말했다.

"창조자는 자신의 직관을 믿어야 하고, 아무 보상도 없는 반복적인 실패에도 꿋꿋이 버텨야 한다."[129)

나는 인간에게 '창조자'라는 명사를 붙이는 것에 동의하지 않는다. 창조자는 무에서 유를 만들어야 자격이 있다. 인간의 능력은 이미 있는 것에 상상을 결합하여 새로운 것을 만드는 것으로 제한된다. 하지만 현재로선 창조를 대체할 적당한 단어가 없어 인간이 새로운 무엇을 만드는 것에도 그냥 '창조'라 쓰지 않을 수 없다.

직관적 예지의 중요성

세상은 직관적 창의능력을 가진 인재 개발에 혈안이 되어 있다. 어려서부터 전문가들이 개발한 프로그램을 이수토록 하고, 직장에서는 인력개발원을 두어 창의성을 향상시키도록 한다. 나는 이러한 방법들이 큰 도움이 된다고 생각한다. 어떤 상황에서도 위기에서 벗어날, 아니면 크게 도약할 방법을 생각할 용기를 준다고 생각한다.

하지만 이 세상을 흔들, 시대의 흐름을 바꿀만한 창의적 아이디어들은 그런 방법을 통해서 나오리라 생각하지 않는다. 예를 들어보도록 하자.

■ 역사상 가장 창의성이 뛰어난 인물로 평가받고 있는 레오나

르도 다빈치가 '창의적으로 생각하는 법'을 따로 공부하거나 훈련했다는 증거가 없다. 1980년대 초반에 뉴욕의 한 헌책방에 들어갔다가 펼쳐든 레오나르도 다빈치에 관한 어느 책에는 그가 잉크를 적신 스펀지(걸레가 아니었을까?)를 벽에 던져, 벽에 묻은 흔적을 보고 영감을 얻었다는 글귀가 있었다.

■ 아인슈타인이 상대성 이론을 개발한 것은 창의적 사고법을 이수했기 때문은 아니다.

■ 발명왕 토마스 에디슨은 창의적으로 생각하는 법을 공부하기는커녕 초등학교도 나오지 못했다. 그는 어렸을 적에 암탉처럼 알을 품으면 병아리를 부화시킬 수 있다고 생각했다. 나는 그런 유치한 발상이 에디슨을 평생 따라 다녔다고 본다. 나는 한 권의 책에서 에디슨의 유치함과 관련된 문장을 발견했다.

"천재는 큰 아이이다. 우리는 예외적인 존재들이 성인이 되어서도 얼마나 어린 시절의 유희적인 신선함이나 자발성·창조성, 매 순간 세계를 혁신하고 창조하는 대단한 호기심을 간직하고 있는지 주목하게 된다."130)

■ 에디슨 밑에서 일했고, 그보다 더 뛰어난 천재라는 소리를 들었던 비운의 발명가 니콜라 테스라(1856~1943년)는 공중으로 전기를 발사하면, 비행기, 기차, 자동차 등이 그 전기를 받아서 돌아다닐 수 있다고 주장하였고, 또 일부 실험에서 성공

했다. 그 역시 창의적 사고법을 배운 바 없으며 에디슨 못지 않게 유치하게 살았다.

■ 라이트 형제는 1903년 중등 학력으로 세계적인 공학자들을 제치고 세계 최초로 비행기를 발명했는데, 그로부터 10일 전에 뉴욕타임스는 "언젠가 유인 비행이 가능해지겠지만 그러려면 과학자와 수학자가 향후 백만 년에서 천만 년 동안 24시간 쉬지 않고 일해야 할 것이라고 예언했다"[131] 단언하건데 이들도 역시 창의적으로 생각하는 법을 배우지 않았다.

■ 내가 장담하는데 한국에서는 가장 창의적인 기업인이란 평가를 받는 정주영은 결코 창의적 사고법 같은 것을 공부한 적이 없다. 그는 자신의 피를 빨기 위해 벽을 타고 천장에 올라가 자신의 몸으로 떨어지는 벼룩의 피눈물나는 노력에 감동했다. 정주영 홈페이지 자료실에는 한국경영사학회가 1년간 정주영의 경영사상과 기업가 정신을 연구한 논문이 올려져 있다. 그 안에는 다음과 같은 내용이 들어있다.

"현대는 '창조적 예지란 미래지향적(未來指向的)인 사고(思考)로 고객(顧客) 및 사회(社會)가 원하는 바에 부응하기 위하여 항상 새롭고 신선함을 추구하는 지혜(智慧)를 말한다'라고 정의한다. 미래지향적인 사고와 항상 새롭고 신선함을 추구하는 자세가 서로 융합되고 조화되어 창조적 예지의 기본 틀을 형성하는 것이다. 따라서 이 미래지향적인 사고와 신선함을 추구하는 자세(姿勢)는 현대(現代) 발전(發展)의 핵심(核心)이라고 할 수 있다. 현대(現代) 그룹의 모기업(母企業)이 세계적인 건설사(建設史)로 성장(成長)할 수 있는 것은 정주영(鄭周永)의 미래지향적인 사고와 신선함을 추구하는 결과라고 본다."

박정웅은 또 정주영이 1977년 10월 한국을 찾은 세계적인 경영학자 피터 드러커를 만나 나눈 대화 내용을 기억한다. 그때 드러커 박사는 이렇게 말했다고 한다.

"제가 한국경제와 정주영 회장을 통해서 깨닫게 된 것은 경영은 머리로 하는 것이 아니라는 것입니다. 이론과 머리는 극히 일부분에 불과해요. 참 기업가의 정신은 머리가 아니라 거트(gut)에서 나오는 것 같습니다.… 많은 불확실성과 위험요소들 가운데서도 예지력을 가지고 사업 기회를 간파하고 이를 강력히 실천하는 이론 이전의 직관력 같은 걸 정 회장님은 타고난 분이고 저는 한낱 이론가일 뿐이죠."[132)]

■ 이건희가 창의적으로 생각하려 노력한다는 것은 사실인 것 같다. 하지만 그는 진짜 창의적인 인간은 교육을 통해서 육성되지 않는다는 것을 간파했다. 그런 인물은 태어나면서 정해진다는 것이다. 이건희는 교육을 통한 창의적 인물을 '수재', 태생적 창의적 인물을 '천재'로 분류한다. 우생학의 창시자인 프란시스 골톤(Francis Galton)은 연구를 통해 창의성은 타고난 것이라는 결론에 도달했다. 또 어떤 학자들은 창의성은 하

늘로부터 주어지는 능력이라 생각했다.[133]

이건희는 아버지보다 직관적이다. 그가 자주 언급하는 위기 의식도 창의성과 관련 있는 것으로 보인다. 현대 오스트리아 경제학파를 대표하는 이즈리얼 커즈너 뉴욕대 교수는 "성공적인 기업가 정신은 경제발전, 성장, 번영된 경제를 성취하는 데 엄청나게 중요한 역할을 한다"면서 창의성에 대해 다음과 같이 주장했다.

"확실히, 창의성은 경계(alertness: 주의해야 할만한 것을 치밀하고도 지속적으로 주목하여 위험이나 비상사태를 예상하고, 신속하게 인지하여 반응할 수 있는 상태) 수준 이상이다. 하지만 이익을 산출하는 기업가적 행태를 야기하는 창의성은 역시 경계 – 현재와 미래의 가격 패턴, 새로운 기술 가능성에 대한 경계, 미래의 수요 요구 패턴에 대한 경계 – 를 포함하는 창의성이다. 경계를 촉진하는 공공정책은 창의성을 촉진하는 정책이다."[134]

하워드 가드너는 창의성은 완벽한 조화에서 생성되지 않는다고 주장했다.[135] 위기상황은 평정(equilibrium)이 유지되는 조화로운 상태가 아니다. 사이먼 교수에 말대로 창의성은 예전에 발생하지 않아, 대비 시나리오가 준비되지 않는 상태에서 해결책을 모색하는 것이다.

■ 수학괴물 라마나준은 대여섯 살 때부터 힌두교 사원에 들어
가 혼자 수학 문제를 풀었다. 어른들이 "놀랍군! 너 같은 어
린애가 그렇게 어려운 수학을 풀다니. 누가 그런 것을 가르쳐
주던?"하고 물으면 그는 이렇게 대답했다. "저를 지켜주시는
신이 가르쳐주시지요."

직관은 영어로 intuition 혹은 gut feeling이라고 한다. gut
feeling에서 gut이란 '창자', '내장' 혹은 '배짱' 등을 의미한다. 따
라서 머리나 심장을 스치는 직관을 토대로 한 아이디어를 구체화하
여 현실로 옮기기 위해선 상당한 리스크를 각오할 배짱(gut)이 필요
하다는 뜻으로도 해석할 수 있다.

위대한 리더들은 거의 모두 직관을 경시하지 않았다. 그렇다고
합리적 사고를 도외시하는 것은 아니다. 합리적 사고와 직관이 균형
적으로 결합되어야 하는 것이다. 그래야만 위험할 수도 있는 직관의
함정에 빠지지 않을 수 있다. 앞에서도 말했지만, 직관에 의한 아이
디어는 실패 가능성이 아주 높다. 하지만 성공하면 사회에 큰 영향
력을 행사한다.

혼돈의 시기나 시스템에선 합리적 사고보다는 직관에 더 의지
하고, 안정적인 경우에는 합리적 사고를 우선시하는 것이 바람직하
다고 한다. 혼돈의 시기에 전문가들과 학자들이 담대하지 못한 것은
그에 대응할 시나리오가 없기 때문이다. 시나리오에만 의존하는 습
관이 들은 사람들은 혼돈의 와중에선 슬며시 뒤로 물러나 관조하는

창의성 발휘의 장애요인[136]

부정적인 태도	상황에서 기회를 모색하기보다는, 문제의 부정적인 면에 초점을 맞추다보니 걱정 근심으로 에너지를 낭비한다.
실패에 대한 두려움	미련한 사람으로 취급받거나 조롱받는 것을 두려워한다. 실패는 성공을 향한 필수 조건이다.
직무 스트레스	창의적으로 생각할 시간이 없다. 과도한 스트레스는 객관적 사고에 방해가 되고, 정신활동의 수준을 떨어뜨린다.
규칙 준수	어떤 사람에게는 규칙이 필요하지만, 어떤 사람들은 규칙 때문에 정신적으로 나태해진다. 기존의 믿음과 사고 체계 - 현재의 규칙과 한계 - 에 무조건 순응하는 태도는 창의적 혁신에 장애요인이다.
사전 판단(가정)	다른 사람들이 새로운 아이디어 창출에 반대하지 않을 것이라는 가정을 재확인해볼 필요가 있다. 무의식적인 가정으로 생각에 제한을 받기도 한다.
논리에 대한 과도한 의존	상상력, 직관, 감각과 유모를 배제한 체, 모든 지적 자산을 논리적이고 분석적인 사고 방법에 몽땅 투입하는 경우.

(By permission of Mr. Aynampudi Subbarao Rao)

습성이 있다.

합리주의를 맹신하면 시스템의 퇴보 혹은 붕괴를 가져올 수 있다. 지나친 합리주의는 직관적 창의성을 막기 때문이다.

창의성의 근원은 일에 대한 보람과 재미

나는 앞에서 여러 권위 있는 학자들의 말을 빌려, 자진해서 일하고자 하는 열정, 자신의 성장과 사회에 기여하고픈 욕구에서 창의성이 생성될 수 있다고 주장한 바 있다. 그래서 조직은 자아실현욕구, 내적 동기 추구자를 찾고 있는 것이다. 영국 리즈 대학의 페이지 모로 교수와 그의 동료들은 창의성을 극도로 필요로 하는 신상품 개발팀이 소비자의 취향에 맞는 상품을 디자인하는데 있어서 가장 필요한 요인은 상품의 독창성과 유용성이라고 지적했다. 그들은 또 그러한 결과를 산출하기 위해선 일에 대한 즐거움과 노력이 수반되어야 하는데, 즐거움과 노력은 내적 동기 요인이 충족되는 상황에서 생성된다고 주장했다.[137] 이는 내적 동기를 추구하는 사람들로 신상품 개발팀을 구성해야 만족할만한 결과를 산출할 수 있음을 암시하는 것이다.

컨설팅 기업(Creativity at Work)의 사장이자 '예술기반 학습이 리더십, 팀 개발, 창의성, 혁신을 위한 환경 조성의 촉매' 라는 이론을 개발한 린다 나이만은 미주 대륙에서 기업 연금술사로 잘 알려진 인물이다. 다 아는 상식이지만, 그녀도 역시 일에 대한 의미를 느낄 때만이 창의성이 생성된다고 주장한다. 상당수 공공기관과 기업들이 그녀의 이론을 적용하여 효과를 본 것으로 알려져 있다. 여러 전문가들에 의해 업무에 관한 창의성 개발법이 제시되었지만 그 주장들을 단편적으로 소개하기보다는 한국에 적용할 수 있는 나만의 창의성 사이클 이론을 세밀하게 소개하는 것이 좋겠다고 생각한다. 각 조직이나 기업체 인력의 창의성 개발에 도움이 되었으면 하는 바람이다.

일에 대한 의미와 창의성

하나의 사회로서의 우리는 일에 대한 사고방식에서 급격한 변화를 겪고 있다. 삶에서의 의미와 목적을 간절히 찾고 있는 상황에서, 직업 안정성의 붕괴로 일과 가치를 더 이상 분리시킬 수 없는 입장이다. 우리들의 삶의 질에 보탬이 된다면 일은 의미가 있다. 창의성의 본질과 창의성 개발의 방법을 개인적으로 또 조직적으로 이해한다면 우리가 원하는 세상을 창출할 수 있다. 창의성 사이클을 이해한다면 변화를 두려워하기보다는 성공적으로 변화할 수 있다. 일은 역사적으로 직업으로 간주되어 왔다. '직업'의 어원은 'jobbe'인데 이는 'mouthful(한 입 가득한)'을 의미한다.

우리는 도피의 꿈을 꾸면서 먹기 위해 일한다. 참다운 삶은 주말에나 누릴 수 있을 뿐이다. 대부분의 사람들은 일하는 것을 질병이나 감옥에 갇힌 것쯤으로 생각한다. 역사적으로 사람들의 90%는 소작농으로 일하면서 살았다. 기계가 본격적으로 사용되기 시작한 200년 전부터는 시간과 업무에 쫓기며 살아왔다. 인간을 업무에서 해방시킬 목적으로 시작된 산업혁명은 영혼을 고갈시켰다. 근로자는 에너지, 꿈과 상상력뿐만 아니라 생각할 수 있는 능력마저 빼앗겼다. 대부분의 사람들에게 일은 사망의 지역이다.

산업혁명은 정보 시대를 낳았다. 전지전능한 기술이 우리를 과로에서 해방시켜 주어서 보다 레저를 즐길 수 있는 시간을 허락해 줄 것이라 기대했었다. 하지만 일은 여전히 논리, 선형적 시간(linear time), 선형적 사고(linear thinking)같은 진부한 남성적 가치관에서 벗어나지 못했다. 일은 소비, 안전, 위치, 지배, 통제에 관한 것이었다. 두려움을 기반으로 하는 것이었다. 인간의 마음, 혼, 가치와 관련이 없는 것이었다.

일본의 노무라연구소에 의하면 우리는 정보화 시대에서 '브레인웨어(brainware: 인적자원의 중요성을 강조하는 단어)' 시대로 옮겨가고 있다. 마이크로소프트사는 창의성을 현실화시키고 있는 대표적인 사례이다. 정보화 시대에 태어난 수많은 기업들과 마찬가지로, 마이크로소프트는 쉬지 않고 혁신하고, 낡은 아이디어들을 털어내면서, 새로운 모델을 창출하고 있다. 1991년 뉴욕타임스에 실은 광고에서 자신들의 자산은 인간의 상상력 뿐이라 선언하기도 했었다.

창의성의 문제 중의 하나는 혼돈스럽고 번잡스럽게 보인다는 것이다. 창의성은 잘 정돈된 고위 임원진의 방을 불쑥 찾아온 예의 없는 방문자처럼 비선형적(non-linear)으로 자란다. 그 창의적 아이디어를 피할 수 없다는 점에서 우리는 혼돈상황에서 생각하고 일하는 법을 배울 필요가 있다.

혼돈은 변이(transition)와 그에 따른 변화의 사이클의 한 부분이다. 혼돈 속에 높은 단계로 올라갈 수 있는 열쇠가 숨겨져 있다. 우리는 시간은 선형적이고, 그 끝에는 혼돈이 있다는 생각 때문에 변화를 두려워한다.

우리는 현대화된 세상을 살면서 시간이 순환적이요, 변화를 통해 우리의 삶을 바꿀 수 있다는 사실을 망각해왔다. 자연이야말로 지속적인 탄생, 성장, 죽음, 그리고 갱신을 가르쳐주는 스승이다. 이 사이클을 이해하면 우리는 두려움을 극복하고 발전할 수 있다.

창의성 사이클

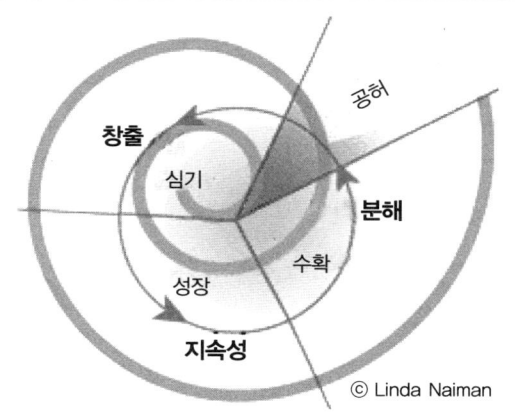

© Linda Naiman

사망의 지역에 처한 삶에서 생명에 처한 삶으로 일을 변화시키는 것은 무용가이자 음악가인 가브리엘 로스(Gabrielle Roth)의 '의식의 진화' 모델과 닮았다. 그녀는 비활동, 모방, 직관, 상상, 영감이란 사이클을 만들어냈다. 수년간에 걸쳐 실험한 결과, 나는 그녀의 모델이 창의성 사이클을 이해하는데 도움을 준다고 생각한다. 사실 우리는 비활동에서 영감 사이를 줄기차게 왔다

갔다 한다. 어느 고객을 위해 디자인을 구상할 때였다. 마감일은 코앞으로 닥쳐왔는데 새로운 아이디어가 떠오르지 않았다. 죽음의 지역에 서 있었던 것이다. 일을 그만둘 핑계를 찾던 중, 혹시 다른 사람들의 아이디어는 어떤가 알아볼 양으로 잡지를 넘겼다. 모방의 단계로 올라선 것이다. 그때 어떤 아이디어가 떠올랐는데 그것이 무엇인지 분명하게 감을 잡을 순 없었다.

나는 직관적으로 스케치하기 시작했다. 압박감이 증가하면서 미지의 지역으로 넘어와 있었던 것이다. '고객이 이걸 좋아할까?' 혹은 '나는 이걸 좋아하고 있는 것인가?' 라는 사고에서 무의식 상태로 넘어가면서 창의성 과정이 펼쳐졌다. 생각의 끈을 붙들고 늘어지자 긴장감이 상쾌함으로 변화되었고, 창의적인 횃불에 불꽃이 당겨졌다.

나는 직관 모드에서 상상 모드로 넘어갔다. 포기하지 않고 달

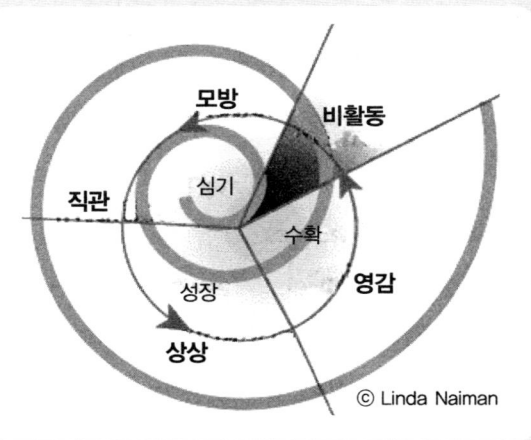

© Linda Naiman

라붙었더니 마침내 아이디어를 얻을 수 있었다. 나는 영감 모드로 넘어갔다. 창의성 과정은 더 이상 어렵지 않았고, 즐거웠다. 나는 마음을 열면서 활력을 느꼈고, 창의적인 예술의 완성을 통한 만족감에서 내가 올바른 길로 들어섰다는 것을 알았다. 창의성이란 선물은 아이디어를 얻는 것에 국한되지 않는다. 그 아이디어에 따라 행동해야 하는 것이다. 행동을 마치고 나서야 비로소 휴식할 자격을 얻게 된다. 들판을 보면 식물이 자라서 열매를 맺고, 그 다음에는 휴식을 취한다는 것을 알 수 있다. 비활동은 새로운 사이클을 시작하기 전에 회복하기 위한 시간이다.

비활동 창의성의 첫 번째 단계는 비활동이다. 비활동은 긍정적인 힘과 부정적인 힘을 동시에 갖는다. 비활동은 행동하기 전에 휴식을 취하는 비활성 에너지이다. 농토에 비유하자면 농식물이 자라지 않는 기간이다. 그 공허한 기간은 모든 생명체가 태어난 고향이요, 모든 생명체가 분해될 무덤 같은 신비이다.

비활동의 부정적인 힘은 전통을 진실이라 확신하고 변화를 거부하며 두려움에 떨며 살 때 발생한다. 돈이나 안전 문제에만 신경 쓰면 직업의 노예이다. 그만두거나 새로운 것을 찾는 것이 두려워 성장하거나 배우는 것을 중단한다면 발전이 없다.

비활동의 단계는 순수한 가능성의 원천이다. 농토가 그렇듯이 우리는 침묵과 고요함의 그 안으로 들어가야 한다. 그러다보면 어느 순간 당신에게 꿈을 심어주는 마음의 소리를 듣게 될 것이다.

모방 흙을 뚫고 나오는 씨앗처럼, 우리는 누군가 혹은 무엇인가로부터 '배우라' 혹은 '성장하라' 는 말을 들으며 잠에서 깨어난다. 처음에는 부모, 선생님, 영웅, 언론으로부터 세상을 배운다. 모방은 성장의 중요한 부분이다.

우리는 비즈니스, 예술, 철학 혹은 과학의 거장들로부터 배운다. 비즈니스를 할 때는 누군가의 아이디어가 좋아서 그걸 복제하여 사용하기도 한다. 모방은 안전하게 새로운 아이디어를 개발할 수 있는 중요한 단계이다.

나는 미술을 공부할 때 존경하는 예술가들의 스타일을 복제하며 배웠다. 비즈니스를 하면서는 내 고객들이 어떻게 커뮤니케이션, 마케팅, 관리 문제들을 해결하는지 지켜보며 배웠다. 나는 문제가 생길 때마다 존경하는 고위 임원들에게 나의 사정을 얘기하고 조언을 구했다. 모방단계에 있을 때의 나의 모토는 거장들을 흉내 내자는 것이었다.

직관 창의성 사이클에서 직관은 혼돈과 두려움의 시간이다. 이 세상의 모든 것이 혼돈스럽게 느껴진다. 죽음의 영역 같았던 직장에서 해고되었거나, 중요한 고객을 잃었거나, 인간관계가 종결되었거나, 금융거래가 실패했다. 정부, 학교, 가정, 금융기관들이 위기에 몰린다면 새로운 해결책을 창출해야 한다.

기존의 것이 붕괴되었다는 것은 새로운 것이 들어찰 공간이 생겼다는 것을 의미한다. 이때는 내면으로 들어가서, 과거를 홀려보내고, 내면적인 일을 해야 한다. 깨어나야 하는 것이다. 인습적인 속박을 깨뜨려야 하는 것이다. 우리는 미지의 것을 두려워하기 보다는 직관을 신뢰해야 하고, 그 직관이 우리를 깊은 수렁에서 구해내도록 맡겨야 한다.

우리는 지금까지 직관을 믿어선 안 되며, 논리와 통제를 따라야 한다고 배웠다. 학교에서 가르쳐주는 대로 배워야 한다는 것을 배웠고, 경제는 위태로운데 말 잘 듣는 근로자가 되어야 한다고 배웠다. 우리는 수업 시간에 딴 생각을 하면 야단을 맞았다. 창의적으로 상상하는 법을 배우기보다는 오히려 그렇게 하지 않도록 배웠다. 용기와 인내가 없이는 통제를 흘려보내고 직관을 신뢰할 수 없는 법이다.

창의적인 사람이 되고 싶다면 직관에 귀를 기울어야 한다. '나는 왜 이 세상에 태어난 것인가? 내 일의 의미와 목적은 무엇인가? 나는 이 세상에서 어떤 존재인가? 내가 하고 싶어하는 일은 무엇인가?' 라는 질문을 자신에게 던져보라. 비전이 떠오를 것이다.

직관과의 관계를 강화시키려면 우선 작은 것들부터 실천해야 한다. 직관에 의해 생각이 떠오르면 논리적으로 생각해보라. 그런 과정을 거쳐 자신감이 증폭되어진다.

나는 직관에 의해 다음에 할 일을 결정하기도 한다. 일해야 할 시간에 산책같은 비합리적인 행동을 하기도 한다. 마감일이 코앞으로 닥쳐왔는데 정원에서 잡초를 뽑기도 한다. 그런 식으로

쉬면서 머리에 생각할 시간을 주면 나에게 필요한 아이디어들이 파도처럼 밀려들기도 한다. 일이 보다 빠르게, 쉽게 끝나는 것은 물론이다.

직관은 당신으로 하여금 빠르게 아이디어와 해결책을 마련토록 하는 능력이다. 새로운 경제 시스템에선 거의 모든 비즈니스 결정이 30일 이내에 내려져야 한다. 긴 시간에 걸쳐 세밀하게 분석할 여유가 없다. 그래서 직관에 의존해야 하는 것이다. 직관은 최소의 노력으로 최대의 결과를 거두도록 도와준다.

상상 상상과 창의성은 우리를 한 단계 높은 의식의 상태로 인도한다. 분해과정을 통해 새로운 형식과 구성을 창출하는 예술성이 생성된다. 영성과 물질이 통합되는 시점이다. 직관과 상상은 창의적인 변화를 위한 새로운 사고로 인도한다. 일을 위한 새로운 모델이 창출되는 과정이다. 양육, 학습, 의미, 성취, 그리고 인류 및 지구와 관계를 맺는 단계이다. 이 모델은 직관, 혼돈, 통합, 완전성, 균형 같은 여성적 가치를 포용한다. 일은 두렵고 반응적인 것에서 창의성과 비전의 표현으로 변화된다. 우리는 창의적인 일을 통해 의미, 목적, 그리고 성취를 발견한다.

일터에서의 창의성은 보다 성숙되어질 수 있도록 육성, 배양되어야 한다. 이는 신뢰 문화의 창출을 의미하고, 조롱받지 않고 새로운 아이디어를 표현할 자유를 의미하고, 실수를 허용받는 것을 의미하고, 예상치 못한 환경에서 기회를 포착하기 위한 레이더를 개발하는 것을 의미한다. 3M사의 '포스트 잇' 역시 실수를 통해 얻은 혁명적인 발명품이다.

일은 더 이상 상상과 창의성으로부터 분리되지 않는다. 상상은 세상을 위한 선물이다. 당신의 일에 예술적 요인을 끌어들여라. 당신을 즐겁게 하고 세상에 기쁨을 주어라. 마음껏 공상을 하고 무한정 생각에 빠져라. 무한한 생각은 상상력을 자극하고 창의성과 가능성을 높여준다. 확대된 가능성은 위대한 비전과 무한 잠재력으로 인도한다.

영국 수상 윈스턴 처칠은 국정으로 분주하면서도 일부러 시간을 내어 시골로 내려가 그림을 그렸다. 과학자들은 뇌 속의 신경망이 활발하게 움직일 때 창의성이 향상된다는 것을 밝혀냈다.

영감 창의성 사이클의 마지막 단계는 영감이다. 이제 내면의 비판자의 목소리는 잠잠하다. 의식적 사고는 멈추었다. 나를 순간의 광대함에 떠다니도록 내버려두면 창의성의 기적이 발생한다. 생각과 시간은 사라진다. 우리는 창조와 하나가 된다. 인간의 혼, 순수 에너지, 생명 에너지와 완벽한 일체를 이룬다. T.S. 엘리엇은 이 순간을 '지구를 돌아가게 하는 정지점' 이라 불렀다.

미시간 대학의 철학과 교수 프리쵸프 버그먼은 일의 미래를 양극선으로 설명했다. 한쪽 끝은 죽음의 지역, 그 반대편은 목적을 가지고 일을 하면 힘이 생기는 무아지경의 지역. 1993년에 발생한 미시시피 강 범람을 막기 위해 모래주머니를 쌓는 일을 하건, 수천 명의 관중 앞에서 연설을 하건 목적을 가지고 있느냐에 따라 어느 쪽에 서게 되는지 정해진다는 것이다.

버그만은 목적을 부름에 대한 응답과 동일시했다. 부름은 우리의 재능을 키워서 이용하고, 가능하리라 생각하지 않았던 것을 할 수 있도록 인도하는 힘이다. 우리의 부름은 다른 사람들을 돕는 것이고 기여하는 것이다. 일의 미래에 대한 버그만의 비전은 조직원들이 내면의 능력을 끄집어내어 사용할 수 있도록 조직이 재정적으로 지원하는 토대를 구축하는 것이다.

버그만은 디트로이트의 실업문제를 해결하기 위해 이 모델을 만들었다. 자동차 회사들은 대량 해고보다는 직원들에게 수개월간의 휴가를 줌으로써 그동안에 내면의 소리를 듣는 시간을 갖도록 하자는 것이었다. 이 얼마나 놀라운 혁신 방안인가?

목적과의 연결은 파워, 사랑, 신뢰와 연결되는 것이고, 다른 사람들로 하여금 팀을 만들도록 영감을 불어넣는 것이다. 파워는 말이 아닌 사랑에서 나온다. 파워는 끌어당기고, 이용할 수 있는 에너지이다.

창의성은 당신을 비활동 단계에서 영감적인 창의성 단계로 인도하는 과정이다. 창의성은 음악, 미술, 댄스, 디자인, 혁신 그어떤 분야에서건 창의적인 표현 과정에서 영적인 것을 이용해야만 생성되어진다. 이 사이클을 알게 되면 다음 단계로 올라가는 것에 대한 이해와 통찰력을 얻는데 도움이 된다.[138]

(By permission of Linda Naiman)

나는 고객을 위한 프로젝트의 마감이 코앞으로 닥쳐왔는데 적절한 아이디어가 떠오르지 않는 상황에서 엉뚱하게 잡지를 들추다가 기발한 해결책을 찾았다는 부분에 주목한다. 이건 이미 전문지식과 경험을 갖춘 사람들에게 발생하는 경우이다. 아이디어만 있고 지식이나 경험이 없다면 형극의 길을 가야 하는 것이다. 20세기 가장 위대한 물리학 발견이라 불리는 슈뢰딩거 방정식(이 방정식이 없었다면 핵분열(원자탄), 핵융합, 트랜지스터, 레이저 등도 없었다)도 사실은 엉뚱한 짓을 하다가 얻어진 것이었다. 이 방정식은 에르빈 슈뢰딩거가 1925년 친구의 소유인 알프스 산장에서 크리스마스 휴가를 보내다가 머리를 스치는 아이디어에서 비롯된 것이다. 그때 그 별장에는 그 외에도 한 여인이 있었는데, 그녀는 그의 정식 부인이 아니었다는 것이다(이 사례를 핑계 삼아 나쁜 쪽으로 용기를 내는 사람은 없으리라 생각한다).

니콜라 테슬라 — 세상은 이 천재를 더욱 주목하게 될 것이다!

창의성 개발을 위한 어느 대기업 세미나에 참석했다가 담당자에게 니콜라 테슬라를 연구하면 창의성 연구에 도움을 받을 수 있을 것이라 말했더니 실망스럽게도 그는 "테슬라가 뭐 하는 사람인데요?"라고 반문했다. 조선일보는 데일리 텔레그래프 지를 인용하여 니콜라 테슬라(Nikola Tesla)가 미래의 과학기술로 블랙베리 폰의 기초적인 아이디어를 언급했다고 보도했다[139]. 또 미국 해군은 2010년 6월 레이저로 무인 비행기를 격추하는 실험에 성공했다. 이것도 역시 테슬라의 아이디어이다. 나는 그 밖의 그의 다른 이론들이 현실화되는 놀라운 장면을 목격하게 되리라 예상한다. 그는 에디슨 못지않은, 아니 그보다 더 뛰어난 발명가로 창의성이 무엇인지, 그 한계가 어디까지 인지를 알려준 인물이다. 그에 대해서 반드시 알아둬야 한다는 뜻에서 그를 소개하고자 한다.

사람들은 나를 시인이자 몽상가라고 한다.[140]

니콜라 테스라는 1856년 발칸반도의 리카라 불리는 산악지역에서 태어났다. 아버지 미루틴과 어머니 드쥬카는 공히 세르비아 혈통이었다. 아버지는 엄하면서도 자상한 정교회 성직자이면서 천부적인 재능을 가진 작가이자 시인으로도 활약했다. 어머니는 매우 근면한 성격으로 여성답지 않게 발명가 기질을 발휘하여 각종 부엌용품과 농기구를 만들어 사용했는데, 그중에는 달걀거품기도 들어있다고 한다. 따라서 니콜라의 발명가적 재질은 어머니에게서 물려받았다고 볼 수 있다. 니콜라는 어려서부터 아버지의 서재에 틀어박혀 책 읽기를 좋아했다.

니콜라는 가정에서 먼저 교육을 받은 후 칼스타트에 위치한 중고등학교 과정의 김나지움에 다니면서 탁월한 학업성적을 과시했다. 그의 천재성은 적분을 암산으로 풀었다는 점만으로도 미루어 짐작할 수 있다. 그때 선생님은 그가 속임수를 쓴다고 오해했었다.

어느 날 니콜라는 철판에 새겨진 나이아가라 폭포를 보고 강력한 폭포수에 의해 돌아가는 거대한 물레바퀴를 상상하면서, 언젠가는 미국에 가서 폭포수가 발생시키는 에너지의 사용방법을 발명해낼 것을 다짐했다.

니콜라는 수학과 과학과목들을 너무나 좋아했고, 따라서 장래의 희망으로 엔지니어를 마음에 두고 있었다. 하지만 아버지는 그에게 성직자의 길을 가야한다고 압박했다. 니콜라는 17살에 콜레라에 걸려 사경을 헤매게 되었다. 그때 아버지는 아들에게 만일 살아난다면 신학교가 아닌 공과대학에 진학해도 된다고 허락했다. 니콜라는 병상을 털고 일어난 후 명문 오스트리안 폴리테크닉 스쿨(Austrian Polytechnic School)에 진학하여 엔지니어링을 전공하기 시작했다.

하루는 물리학 교수가 수업시간에 직류전기를 이용하여 모터 겸 발전기로 사용되어질 수 있는 신형 그램(Gramme) 발전기를 보여주었다. 니콜라는 그 발전기를 유심히 관찰하고는 정류기(commutator)라 알려진 비효율적인 스파크 연결 장치를 제거하는 것이 가능하다는 의견을 제시했다. 그의 주장을 어처구니없는 환상으로 받아들인 교수는 만일 그럴 수만 있다면 영구적으로 저절로 작동하는 기계를 만들어낼 수 있을 것이라고 조롱했다. 하지만 니콜라는 자신의 아이디어에 대해 확신했다.

그는 부다페스트의 중앙전화교환소(Central Telephone Exchange)에서 일하던 어느 날 공원을 산책하면서 괴테의 파우스트를 암송하다가 느닷없이 떠오른 아이디어를 막대기를 주워 땅에 그렸다. 그는 그 아이디어를 발전시켜, 그 결과를 그가 30살이 되던 6년 후 미국전기엔지니어협회(American Institute of Electrical Engineers)에 제출하게 된다. 세상에 극적인 변화를 일으키게 되는 유도전동기가 그렇게 해서 발명된 것이었다.

니콜라는 교류(AC) 모터에 대한 자신의 개념을 발전시키기 위해 투자자들을 찾다가 실패하자, 당시 지상에서 가장 위대한 전기 엔지니어인 토마스 알바 에디슨을 만나야 자신의 문제가 해결되리라는 결론에 도달했다.

그는 28살에 현금 4센트, 비행물체에 대한 설계도, 그리고 유럽에서 에디슨을 대신하여 활동하는 찰즈 배철러가 써준 소개장만을 몸에 지닌 채 뉴욕에 도착했다, 그는 그때 미국의 실상에 적잖이 충격을 받았다.

"내가 살고 일하던 유럽은 아름답고, 예술적이며, 모든 면에서 매혹적이었다. 하지만 여기는 기계적이고, 거칠며, 또 무미건조하기만 하다. 미국은 유럽에 비해 100년은 낙후되어 있다."

뉴욕에 전기가 처음으로 소개된 것은 1870년대 후반이었다. 에디슨의 백열전등으로 전력에 대한 가공할만한 수요가 창출되던 시점이었다. 에디슨이 맨해튼 남부의 펄 스트리트에 세운 DC

용 발전소는 빠르게 독점체제로 들어서고 있었다. 길거리에 세워져있는 전주 한 개에 수십여 개의 버팀대를 부착하여 늘어진 전선들을 바치게 하고, 또 전선들이 그대로 노출되어 있어 이만저만 위험한 것이 아니었다. 전기의 위험성을 모르는 아이들이 전주에 올랐다가 감전사하는 사고가 다반사로 발생하고 있었지만 부자들은 개의치 않고 앞을 다투어 집에 전기를 가설했다.

니콜라는 에디슨을 찾아가 찰즈가 써준, 다음과 같이 시작되는 소개장을 내밀었다.

친애하는 에디슨 선생님,
제가 아는 위대한 인물은 2명뿐입니다. 그중 한 사람은 에디슨 당신이고, 나머지 한 사람은 이 편지를 가지고 가는 젊은이입니다.

니콜라는 그에게 자신이 해온 전기연구와 AC용 모터에 대해 설명했다. 하지만 에디슨은 AC 전기에 대해 아는 것이 거의 없었고, 또 알려고 하지도 않았다. 그는 AC를 경쟁품목으로만 생각했을 뿐이었다. 그러나 에디슨은 니콜라가 비범한 인물임을 간파하고 자신이 발명해낸 DC의 개량화에 성공한다면 그에게 5만 달러를 주겠다고 약속했다. 당시 에디슨은 니콜라가 그 일을 해내지 못할 것이라는 지레 짐작으로 그런 거금을 제시했던 것이었다. 하지만 니콜라는 그 상상할 수도 없는 거금이 정말 자신의 수중에 들어온다는 꿈에 사로잡혔다.

니콜라와 에디슨은 천재로서의 한 가지 특성을 공유하고 있었다. 그것은 잠을 잘 자지 않는다는 것이었다. 에디슨은 소파에 누워 잠시 잠깐 눈을 붙이는 것 외에는 며칠씩 밤을 세워 일했다. 니콜라는 오전 10시 30분에 연구실에 출근하여 다음날 새벽 5시까지 일했다. 잠자는 시간은 하루에 2~3시간 정도에 불과했다.

그 외에는 공통점이 하나도 없었다. 니콜라는 발명에 대한 영감이 분명해지기 전에는 절대로 다음 단계로 나가지 않는 반면, 에디슨은 '발명은 5퍼센트의 영감과 95퍼센트의 땀으로 이루어진다'는 자신의 말을 뒷받침하듯 수많은 시행착오를 당연시하였다. 또한 니콜라는 정식으로 유럽의 교육과정을 이수했지만, 에디슨은 혼자서 공부하고 연구해왔다.

에디슨의 회사에 취직을 한 지 몇 개월 만에 니콜라는 에디슨이 지시한 연구 프로젝트를 성공적으로 완료했다고 선언했다. 그리고는 에디슨에게 약속한대로 5만 달러를 달라고 요구했다. 크게 놀란 에디슨은 이렇게 둘러댔다.

"자네도 완전히 미국문화에 동화되면 그때의 내말이 농담이었다는 것을 알게 될 걸세."

니콜라는 그 말에 배신감을 느껴 그 자리에서 사표를 제출했다.

비상한 능력을 가진 외국출신의 가난한 청년이 살기위해 몸부림친다는 소문이 돌면서 투자자들이 니콜라에게 접근해왔다. 니콜라의 이름을 붙여 '테슬라 전등회사(Tesla Electric Light Company)'를 세워줄 테니 대신 아크 램프(arc lighting)를 개량해 달라는 것이었다. 비록 원하던 기회는 아니었지만 니콜라는 그들의 제시를 수용하였고, 결국 아름다운 디자인에 효율성마저 뛰어난 새로운 아크 램프를 만들어주었다. 하지만 그 램프로 벌어들인 돈은 모두 투자자들의 주머니로 들어갔다. 니콜라에게는 하등 쓸모없는 증권 증서만 주어졌을 뿐이었다.

그렇다고 해서 그에게 불운만 찾아오는 것은 아니었다. 웨스턴 유니온사(Western Union Company)의 A. K. 브라운이 AC 모터에 관한 니콜라의 아이디어에 투자를 결정했다. 니콜라는 짧은 기간에, 아주 협소한 연구실에서 오늘날 널리 사용되고 있는 AC 발전 시스템과 트랜스미션 시스템을 개발해낸 것이었다. 그는 이렇게 말했다.

"내가 여기서 만들어낸 모터들은 내가 머릿속으로 그렸던 것들과 한 치의 오차도 없이 일치한다. 난 원래의 디자인을 개량할 의사가 추호도 없었고, 그저 내가 꿈꾸었던 것을 현실에서 재생시켰을 뿐이다."

니콜라의 발명품이 장거리 전력송출상의 제반 문제에 대한 해결책이 될 수 있다고 생각한 사업가 조지 웨스팅하우스가 연구실로 찾아왔다. 그는 철도용 공기제어기의 발명가이기도 했다. 그는 니콜라에게 그의 발명품에 대한 특허권을 6만 달러에 사고 싶은데, 5천 달러는 현금으로 나머지는 주식으로 주겠고, 전력을 팔 때마다 1마력 당 2달러 50센트씩의 로열티를 지급하겠고 제의했다. 니콜라는 돈이 없어 다른 연구들을 진행시키지 못하던 실정이었던지라 조지 웨스팅하우스의 제의를 덥석 받아들였고, 특허권 판매 대금으로 받은 돈의 절반을 새로운 연구실에 쏟아 부었다.

니콜라 테슬라의 특허권이 도화선이 되어 미국에서는 전면적인 산업 전쟁이 발발하게 되었다. 웨스팅하우스의 AC와 에디슨의 DC가 치열한 싸움을 치르게 된 것이었다. 에디슨은 AC의 단점을 알리기 위한 선전을 대대적으로 시작했다. 웨스팅하우스는 그때의 일을 이렇게 회고했다:

"에디슨은 DC가 평화스럽게 바다로 흘러가는 강물과 유사하다고 비유한 반면, AC는 절벽에서 떨어지는 거친 급류와 같다고 주장했다. 그는 심지어 해롤드 브라운 교수를 시켜서 전국을 순회하면서 강연회를 열어 AC의 위험성을 떠들도록 했고, 무대 위에 개와 늙은 말들을 끌고 나와 AC로 죽이는 시범까지 보였다. 마침 뉴욕의 어번 교도소에서 살인자를 전기의자에 앉혀 사형시킬 예정이었다. 이때 브라운 교수는 AC가 매우 위험하다고 선전하기 위해 불법적으로 중고 웨스팅하우스 발전기를 구입하여 사형수에게 사용토록 하였다. 도끼 살인범 윌리암 켐믈러는 교수형보다 훨씬 끔직한 방법으로 처형되었다. 그 후에 사람들은 전기의자에 의한 사형방법을 '웨스팅하우스'라 불렀다."

부정적인 언론 보도에도 불구하고, 웨스팅하우스와 니콜라는 역사상 최초의 전기 박람회인 시카고 세계 박람회의 조명 설치를 위한 입찰에서 제너럴 일렉트릭(지금의 GE. 에디슨 컴퍼니를 개명한 이름)이 제출한 입찰가의 반값으로 일을 따내는데 성공하였다. 1893년 5월 1일 박람회가 개장되는 날 밤, 그로버 클리브랜드 대통령이 버튼을 누르자, 수십만 개의 백열전등에 불이 들어와 신고전주의적인 건물들을 환하게 밝혔다. 기계박람회장(Hall of Machinery)에 수천 마력짜리 AC 발전기 12대로 설치하여 전기를 공급하는 방법을 썼던 것이었다. 니콜라 테슬라의 AC 발전기와 트랜스미션이 전기 박람회장에 자랑스럽게 전시되었다. 그때로부터 미국에서 주문되어지는 모든 전기기구의 80퍼센트 이상이 AC용으로 자리 잡게 된 것이었다.

나이아가라 폭포 전력 프로젝트(The Niagara Falls Power Project)는 전적으로 기술적 낙관론에 의한 행동이었다. 니콜라는 어려서부터 나이아가라 폭포수가 떨어지는 힘을 이용하여 발전하겠다는 꿈을 간직해오고 있었는데, 그 일을 웨스팅하우스가 맡게 된 것이었다. 하지만 그 과정은 순탄치 않았다. 이 프로젝트를 총괄하는 나이아가라 폭포 위원회(Niagara Falls Commission)가 노골적으로 에디슨의 DC를 선호했고, 또 전 세계의 전문가들로부터 AC에 관한 부정적인 의견자료를 모아서 축적해왔기 때문이었다. 사태가 역전된 것은 이 위원회의 회장인 영국의 저명한 물리학자 로드 켈빈이 시카고 박람회를 방문하고는 하루아침에 AC 쪽으로 생각을 바꾸면서였다.

공사는 진행되었지만 투자자를 비롯한 전문가들을 과연 나이아가라 폭포에서 전기가 생산되어질 수 있는지에 대해선 회의적이었다. 천문학적인 자금을 투자하고 실패를 거두고 말 것이라는 부정적인 사고가 팽배했다. 5년이라는 공사기간이 완료되는 시점에서도 투자자들은 발전 가능성을 확신하지 못했다.

1896년 11월 16일, 자정, 스위치가 올려지면서 동시에 버펄로에 전기가 들어왔다. 그로부터 몇 년 지나지 않아 나이아가라에서 보내는 전기로 전차를 움직이게 할 수 있었고, 더 나아가 뉴욕 브로드웨이의 야광을 휘황찬란한 명소로 바꾸어 놓을 수 있었다. 에디슨도 결국에는 DC로 모든 시스템을 전환시켰다.

나이아가라 폭포 프로젝트의 성공에도 불구하고 웨스팅하우스는 심각한 자금난으로 존폐의 위기에 몰렸다. 제너럴 일렉트릭과의 지리한 법정다툼으로 엄청난 에너지를 소비하고, 기업 흡수 및 합병을 통해 덩치를 키워가는 제너럴 일렉트릭에 지지 않기 위해 수입의 상당 부분을 기업 합병에 쏟아 부었기 때문이었다. 게다가 투자의 귀재 J.P 모건은 미국의 모든 수력발전을 자신의 뜻대로 조종하기 위해 관련 주식을 사들이고. 니콜라 테슬라의 특허권마저 매입하려 하였다. 위기의식을 느낀 웨스팅하우스는 니콜라에게 도움을 요청했고, 니콜라는 그 뜻을 받아들여 자신의 특허권을 모건에게 팔지 않기로 결정함으로써 웨스팅하우스는 생존할 수 있었다. 니콜라는 모건에게 특허권을 팔지 않더라도 다른 것들을 발명함으로써 얼마든지 부를 얻을 수 있다고 자신했던 것이었다.

니콜라는 고주파 현상에 관심을 기울이기 시작했다. 이미 1873년 영국의 제임스 클럭 맥스웰은 빛이 극단적인 고주파에서 진동하는 전기라는 설을 수학적으로 증명한 바 있었다. 1888년에는 독일의 하인리히 허츠가 전기 쇼크로 전자기복사파를 우주에 보낼 수 있다는 것을 실험을 통해 밝혔다. 니콜라는 전기를 전파처럼 인간의 몸과 물체를 통과시켜 흐르게 할 수 있다는 가설을 내세웠다. 가설이 증명되면, 배, 기차, 자동차 같은 운송기구들은 연료를 장착하지 않고서도 공중에 떠도는 전기를 잡아채서 사용할 수 있다는 것이었다. 무수한 시행착오를 거듭한 끝에 그는 일반 가정용 전류가 1초 흐를 때 발생하는 60 사이클의 주파수를 수십만 사이클로 증폭시킬 수 있는 테슬라 코일을 발명해서 특허를 받았다. 그는 이 발명품을 사용하면 엄청난 전압을 발생할 수 있다고 믿었다. 1890년에는 전선을 사용하지 않고서도 공중으로 에너지를 쏘아 진공 튜브에 불이 들어오게 하는 실험에 성공했다.

니콜라는 테슬라 코일을 사용하여 동일한 주파수대에서 강력한 라디오 시그널을 주고 받을 수 있다는 사실을 새롭게 발견하고 1895년 초, 자신의 연구실에서 50마일 떨어진 웨스트포인트에 라디오 시그널을 송신할 예정이었다. 그러나 화재 발생으로 그의 연구실이 완전히 파괴되는 바람에 그 실험은 수포로 돌아갔다.

설상가상으로 같은 시기에 이탈리아 출신의 구그리엘모 마르코니가 무선전신기를 발명하여 1896년 영국에서 특허를 받았다. 하지만 그의 발명품은 투-서키트(two-circuit) 시스템만을 갖춘 것으로서 무선을 호수 너머로 보낼 수 없을 만큼 초보적인 것이었다. 나중에 그는 테슬라 코일을 이용하여 영국 해협을 가로질러 무선을 송신하게 된다. 니콜라는 1897년 자신의 무선 기술을 미국특허청에 신청하여 1900년에 특허를 부여받았다. 마르코니도 나중에 미국에 특허를 신청했지만 니콜라가 먼저 특허를 받았던 관계로 번번이 거부되었다. 그러던 것이 마르코니에게 영국과 미국의 거부들이 거금을 투자하고, 또 에디슨이 그의 자문 역할을 맡으면서 한순간에 사태가 반전되기 시작했다. 사태의 심각성을 깨달은 니콜라의 엔지니어가 그에게 충고했다.

"마르코니가 당신을 찍어 누를 기세입니다. 조심하십시오."

"미국에서는 내가 특허를 받았는걸. 마르코니는 훌륭한 젊은이야. 나는 그가 내 특허를 사용할 수 있도록 허용할 예정이라고."

한치 앞을 예측할 수 없는 것이 인생사라고, 니콜라에게 상상도 할 수 없는 일이 벌어졌다. 1904년 그의 특허가 무효가 되면서, 대신 마르코니에게 특허가 부여된 것이었다. 그 이유는 지금까지 밝혀지지 않고 있다. 다만 미국의 거부들이 마르코니에게 거금을 투자했다는 것에서 희미하게나마 유추해볼 뿐이다.

니콜라는 완전히 뒤로 밀리게 되었고, 더군다나 연구비조차 조달할 수 없는 신세로 전락하고 말았다. 1911년 마르코니에게 노벨상이 주어졌을 때 니콜라는 자신의 기술이 그의 수상에 크게 일조했다는 사실에 정신이 혼미할 정도로 낙담했다. 그는 소송을 걸고 싶었지만 그에게는 그만한 여력이 남아있지 않았다.

하지만 니콜라 테슬라는 끈질기게 물고 늘어졌고, 마침내 1943년 미국 최고법원은 니콜라 테슬라의 라디오 특허를 복원시킨다는 판결을 내렸다. 그때까지 니콜라는 마르코니, 그리고 자신을 매장시키기 위해 안달해온 사람들을 증오하기보다는 광선을 쏘아 사람을 죽일 수 있다는 살인광선 무기 연구에 매진했다. 하지만 그는 특허 복원 판결로 어떠한 혜택을 누릴 여유도 없이, 그리고 살인광선 무기 제작을 실현시키지 못하고, 판결이 있은 지 몇 개월 후 87세를 일기로 돈 한 푼 없이 이 세상을 떠났다.

니콜라 테슬라의 발명과 가설들에 대해 전문가들은 두 패로 갈라진다. 하나는 허공에 에너지를 쏘아 세상 어디에서도 포착하여 쓸 수 있다는 그의 가설은 허무맹랑하다는 것이고, 또 하나는 러시아를 비롯한 일부 국가에서, 아니 미국에서조차 그의 가설을 연구하여 상당한 결과를 축적했다는 것이다. 전기를 아무데서나 사용할 수 있다면 이 세상은 어떻게 변할 지 상상하기 힘들 것이다.

니콜라 테스라는 20세기 가장 위대한 발명가의 한 사람이었다. 당장에 허황된 것처럼 보이는 가설에 집착하여 아까운 자금과 에너지를 쏟아붓지 않았다면 그는 에디슨 못지않은 발명품들을 많이 만들어냈을 것이다. 발명가 중에서 가장 인간적이라는 평을 받고 있는 니콜라 테스라는 앞으로도 오랫동안 세상 사람들의 관심에서 멀어지지 않을 것이다. 그는 재정적으로 극도로 어렵고, 또 나이가 들어 체력이 달리는 상황에서도 죽을 때까지 연구의 끈을 놓지 않았다.

변화를 위한 리더십

"자신의 능력을 감추는 것은 위대한 능력이다."   - 라 로슈푸코(작가)

"이 나라의 위대한 기업들은 보통 사람들에 의해 세워지지 않았다. 비범한 에너지, 지성, 야망, 공격성을 가진 사람들에 의해 세워졌다."   - D. M. 모이니한(전 미국 유엔대사)

"사람이 뭔가를 하는 것에는 위험이 따른다. 하지만, 아무것도 하지 않을 때는 그보다 훨씬 큰 위험을 피할 수 없다."   - 셜리 윌리암스(영국 상원의원)

"차분하고 합리적으로 행동하는 것은 불가능하다. 이곳에서는 과격한 극단주의자가 되어야 한다."   - 잭 웰치(전 GE 회장)

"좋은 예술가는 베끼지만, 위대한 예술가는 훔친다."   - 파블로 피카소(화가)

환경은 쉬지 않고 변한다. 인간도 쉬지 않고 변한다. 어린이는 매 순간 키가 자라고, 성인은 매 순간 늙어간다. 세상에 변하지 않는 것은 없다. 하지만, 우리는 변해야 할 만큼 변하지 않는 것을 '정체되어 있다', 혹은 '변화를 거부한다' 고 말한다. 지구상에서 가장 변하지 않는 국가 북한도 사실 변하고 있다. 다만 변해야 할 만큼 변하지 않기 때문에, 바람직하지 못한 상황으로 변하기 때문에 문제가 생기는 것이요, 변하지 않는 국가라는 소리를 듣는 것이다.

우리가 다른 나라들보다 긍정적으로, 빨리 변한 것은 리더가 우리의 상대적 상황을 객관적으로 평가하여, 국민이 성장하도록 자극했기 때문이다. 인간은 자극이 없으면 성장하지 못한다. 운동을 하지 않으면 건강해질 수 없고 병에 걸리는 이치와 마찬가지이다. 리더가 조직원을 자극하지 않는다는 것은 조직원들이 성장하는 것을 두려워하기 때문이다. 즉, 자신의 안전을 위해 조직의 발전을 원하지 않는다는 것이다.

마키아벨리는 "변화를 추구하면 따르는 자가 없다(Change has no constituency)"라고 말했다. 그만큼 변화를 싫어한다는 것이다. 사람이 운동, 공부, 일하기를 싫어하는 것처럼 말이다. GE의 전 CEO였던 잭 웰치 역시 이렇게 말했다.

"사람들은 현상 유지를 좋아한다. 당신이 변화를 꾀하면 과거가 훨씬 좋아 보이는 법이다. 리더는 (조직원들로부터) 대대적인 반발에 대비하지 않으면 안 된다."

강력한, 지적인, 비전적 리더십이 없는 상황에서 조직 실행에 변화가 발생할 가능성은 거의 없다.[141] 비전적 리더는 비판을 듣더라도 조직원을 움직이게 하는 것이다. 보다 높은 욕구충족을 위해 운동하고, 일하고, 공부하는 것이 좋아지도록 인도하는 것이다. 박정희는 그렇게 했다. 정주영과 이병철은 안된다고 주저 앉을 상황에서 '된다'고 자극하여 목적을 성취토록 하였다. 그 과정에서 우리들이 얼마나 성장하고, 또 자신감을 얻었는지 모른다. 그런 점에서 그들은 훌륭하게 변화를 성취한 리더들이다.

실패를 각오하고 변화한다

비전적 리더는 실패는 성공으로 가는 과정이라 생각한다. 모든 성공에는 반드시 여러 번의 실패가 동반된다는 사실을 알고 있어야 한다. 야구 선수에게 3할 3푼의 타율은 가공할 정도의 성공률이지만 이는 100번 타석에 들어서면 67번 실패한다는 것을 의미한다. 미국 같으면 이런 정도의 선수는 매년 수천만 달러를 벌어들인다. 반면에 타율이 2할 5푼의 선수는 연봉이 겨우 수십만 달러에 머무는 것이 보통이다. 10번 타석에 들어서 한 번 더 안타를 치느냐의 여부로 연봉은 하늘과 땅처럼 차이가 난다. 하지만 실패는 성공을 낳는다. 장애 극복의 길이 실패에서 얻어지는 경우가 흔하다. 일류 기업은 실패를 용인할 뿐 아니라 그것들로부터 배운다. 그렇지 않으면 사람들이 모험적으로 창의적 아이디어를 내놓으려 하지 않거나 프로젝트에 에너지를 쏟지 않을 것이고, 그로 인해 조직은 망한다는 것이다.

비즈니스위크는 〈실패가 성공을 낳는다〉[142]라는 제목의 기사에서 모든 사람들이 실패를 두려워하지만 실패에서 교훈을 얻으면 오히려 혁신적인 돌파구를 찾을 수 있다고 보도했다. 1886년에 창립된 세계 최대 음료회사 코카콜라는 1994년 젊은 세대를 겨냥한 오케이소다(OK Soda), 2002년 초콜릿 밀크인 초그릿(Choglit) 등의 신상품을 출시했지만, 판매 부진으로 폐기처분하였다. 하지만 네빌 이스델 회장은 회사의 전통적인 위험회피 문화를 바꾸기 위해서라면 보다 큰 위험도 감수해야 한다면서 오히려 직원들을 독려했다. 대부분의 기업들이 실패를 경험하면 몸을 움츠리지만 지혜로운 기업은 실패를 통해 실패의 과정과 성공을 가로막는 장애를 극복하는 방법을 배운다. 리더는 조직원들이 위험한 일을 하다가 실패를 한다 해도 안전이 보장된다는 사실을 인식시켜야 하고, 또 실수나 실패의 경험담을 자연스럽게 공유하는 환경을 조성할 수 있어야 한다. 특수 유리 및 세라믹 제품의 세계적 선두기업 코닝사는 100억 달러를 투자한 광섬유 가격의 폭락으로 110달러에 이르던 주가가 1달러로 추락하는 등 부도위기까지 몰렸었다가 간신히 회복되었다. 당시 제임스 호튼 회장은 기술 담당 부사장에게 코닝 사의 150년 발명 역사에서 성공과 실례 사례를 심층 연구할 것을 지시했다. 대표적인 실패에는 1998년에 MIT와 공동으로 개발을 시작한 DNA칩도 포함되었다. 2만 8천여 개의 인간 유전자를 한 세트의 슬라이드에 모두 프린트하여 연구의 편리를 도모키 위한 상품이었다. 하지만 아퍼메트릭스

(Affymetrix)사가 한발 앞서 보다 뛰어난 상품을 출시하자, 코닝사는 2001년에 1억 달러나 쏟아 부은 DNA칩 개발을 미련 없이 포기한다. 하지만 그 경험으로 신약 개발 시장에 눈을 뜨게 되고, 형광염료 대신 광파(light waves)로 약을 실험하는 에픽(Epic)이란 기술을 만들어낸다. 이로 인해 코닝사는 매년 1억에서 3억 달러를 더 벌어들일 것으로 예상하고 있다.

스탠포드 비즈니스 스쿨의 저커 덴렐 교수는 실패 사례를 도외시한 성공 사례 연구는 아무런 의미가 없다고 말한다. 예를 들어서 수많은 전문가들이 예전에는 코닥과 제록스가 오직 하나의 상품에만 집중했기 때문에 성공할 수 있었다고 주장하더니, 지금은 그 반대로 그로 인해 오히려 망했다고 말한다는 것이다. 성공한 기업들처럼 실행했어도 망한 수많은 사례를 도외시해선 참다운 성공 사례 연구가 될 수 없다는 것이다. 매우 위험한 프로젝트를 밀어붙여 엄청난 성공을 거둔 사례가 있다고 해서, 따라 하다간 참담한 실패를 경험할 수 있다는 경고이다. "우리는 결과가 나쁜 결정은 무모한 행동이었다고 몰아붙이면서 결과가 좋은 결정은 비전적 관리의 증거라는 식으로 주장하는 경향이 있다. 하지만 기업의 성과는 매니저들의 관리를 뛰어넘은 예측 불가능한 수많은 이벤트가 서로 작용한 결과이다." 어떠한 행동과 조건이 성공과 밀접한 관계가 있다는 식으로 단정 짓기보다는, 실패했어도 그에 관한 정보를 축적하여 연구해야 미래의 성공에 도움을 받을 수 있다는 것이다.[143]

문화 변화에 대한 저항

문화 변화에 대한 저항은 예상치 못한 상황 변화에 위기를 초래한다. 그 대표적인 예가 바로 GM이다. GM의 수석 경제학자를 역임하고 지금은 미시간 로스 비즈니스 스쿨의 교수인 마리나 휘트먼은 GM의 몰락에는 변화에 대한 저항이 큰 요인으로 작용했다고 진단한다.

"기업 문화에 대해 언급하자면, GM은 이만저만 저항적인 것이 아니다. 오래전부터 CEO들은 그런 문화를 바꾸기 위해 엄청난 노력을 기울여왔다. 악역을 맡았던 로저 스미스(반평생을 GM에서 보내다가 회장(1981∼1990년)으로 있으면서 미국 내 공장의 15%%에 해당되는 20여 개 공장을 폐쇄하고, 전체 직원의 25%에 달하는 16만 명을 해고하는 등 가차 없는 구조조정을 단행)도 엄청난 저항에 부딪혀 문화를 바꾸는 데 실패했다. 그런 문화가 지금처럼(2009년의 금융위기) 강한 충격을 경험한 적은 없었다. 어쩌면 이 위기로 변할 수도 있을 것이다. 경영진과 근로자 사이에는 배다른 형제라는 묵계가 있었다. 경영진은 모든 특혜를 누렸고, 근로자는 믿기 힘든 독점적 임금과 혜택을 즐겼다. 그들은 그런 것을 권리라 생각했다. 이제 경영진이든 근로자든 그러한 기대를 버려야 한다고 생각한다. GM 문화로 인해서만 이와 같은 위기에 몰렸다고 말하는 것은 아니다. 저항적인 문화에 경제 후퇴와 금융시장의 동결이라는 그 누구도 예상치 못한 폭풍의 결합에 의한 것이다."[144]

나는 이들의 말을 종합하면, 이렇게 줄일 수 있다고 본다.

"그저 일하라."

일하면 변화가 일어나게 되어있다. 운동하면 몸에 긍정적 변화가 일어나고, 공부하면 밝은 미래가 열릴 가능성이 높아지는 이치이다. 변화는 바로 움직이는 것이다. 리더는 조직원으로 하여금 움직이도록 하는 것이다. 우리는 이 세상의 어느 민족보다 더 열심히 일했다. 가장 가난한 나라에서 세계 12권의 경제 강국으로 부상한 원인은 열심히 일했기 때문이다. 그렇게 자극을 준 이가 바로 박정희, 정주영, 이병철 같은 리더들이다.

변화는 수고요 고통이다

환경의 변화에 따라 변하는 것에는 수고와 고통이 따른다. 우리도 수고와 고통의 과정을 걸어왔고, 앞으로도 그래야 한다. 수고와 고통이 싫다고 해서 변화를 거부하면 더 큰 고통이 따른다. 상황에 따라선 팔 다리를 잘라내는 대수술을 받는 것 같은 혁신을 단행해야 한다. 홀로 등산하다가 바위틈에 손이 낀 애론 리 랠스톤이 스스로 팔을 잘라내지 않았다면, 십중팔구 죽었을 것이다. 팔이 바위틈에 끼어 옴짝달싹하지 못하는 급격한 환경의 변화에 살기 위해 팔을 잘라내는 것이 바로 급격한 변화 조치인 혁신이다. 정경유착으로 대기업에 자금을 퍼주고, 외환관리를 대충하다가 1997년 외환고갈이라는 단군 이래 최대의 국가위기를 맞고 나서 우리는 대혁신을 단행했다. 랠스톤이 팔을 자른 것 이상의 혁신이었다. 당시에는 고통스러웠지만 지금은 조직의 투명성, 보다 공정하고 효율적인 선택과 결정을 추구하게 되었고, 또 다양하게 지식을 취해야 한다는 것을 깨달았다. 즉, 개인이나 조직이나 열린 시스템을 지향하지 않으면 조금씩 질식해서 천수를 다하기 전에 병에 걸려 죽게 된다는 진리를 몸으로 깨달은 것이다.

물리학 박사로서 미국의 저명한 연구소에 근무하는 친구가 고국을 찾아왔다가 나에게 이렇게 말했다. "미국이 지금처럼 어려운 것은 미국이 변해야 한다고 말은 하면서도 정작 자신들은 변하지 않으려는 이기주의 때문이다. 노조가 피눈물을 흘리는 희생을 단행하지 않고선 미국의 미래는 없다고 본다. 특히 공공노조 문제는 심각하다. 이 사람들은 자꾸만 달라고 하고 열심히 일을 하지 않는다. 그렇다고 노조를 부인할 수도 없다. 노조가 힘을 잃으면 사측이 노동자를 착취하려 하고, 노조가 지금처럼 지나치게 힘을 얻으면 그 반대로 사측의 목을 조른다. 그 균형을 맞추는 것이 중요한데 서로 자신들은 양보할 수 없다는 것이다. 예전에는 소수가 다수를 착취했지만, 지금은 다수가 세금을 많이 내는 소수를 착취하는 세상이다. 이런 세상에서 누가 열심히 일을 하려 하겠는가. 한국도 정말 정신 차려야 한다. 툭하면 복지국가, 복지국가 하는데, 일을 하지 않아도 먹고 사는데 지장이 없고, 자녀들을 학교 보내는데 지장이 없다면 사회주의 국가와 다를 바 없다. 풍요한 복지 제도를 자랑하던 나라치고 어렵게 되지 않은 나라가 어디 있는가? 나는 정말 국가에서 뭐 좀 할라치면 그 돈으로 가난한 사람부터 돕자고 선한 사마리아 행세 하는 사람들 말 들으면 구역질난다. 그런 소리 하려면 자신부터 그 렇게 하든지. 사지 놀려 일할 수 있는 사람에겐 복지 혜택을 제공해 선 안 된다."

우리 아버지, 어머니 세대는 당신들은 배를 곯으면서 자식들을 교육시켰다. 우리 정부도 아르헨티나처럼 어렵다는 사람들을 위해 예산을 막 퍼주어 인기를 끌었다면 우린 지금도 가난의 수치를 면하 지 못하고 있었을 것이다. 정부는 가난한 사람을 변화시킬 필요가 있다. 18세기 유럽에서 가장 가난하고 나태했던 덴마크가 지금처럼 잘 사는 나라로 성장할 수 있었던 것은 그룬티비 같은 위대한 리더 가 대대적으로 농촌운동을 일으켰기 때문이었다. 덴마크는 세계에 서 가장 뛰어난 국가 학습조직이다. 그들은 우리 이상으로 엄청난 수고와 고통을 아끼지 않았고, 지금은 지상에서 가장 잘 사는 나라 가 되었다. 그들에 비하면 우리의 수고와 고통은 아직도 멀었다.

변화의 기본은 겸손이다

2008년에 본격화된 글로벌 금융위기를 통해 세상에 본받을만한 나라가 그리 많지 않다는 것이 드러났다. 미국이나 일본은 이제 초 일류국가라는 타이틀을 자진 반납한 상태이고, 스위스를 그렇게들

부러워했었는데, 요즘 접하는 언론 보도에 의하면 스위스도 사고의 폐쇄성으로 문제가 보통 심각한 것이 아니다. 프랑스에 사는 사람도, 스웨덴에 사는 사람도 살기 힘들다고 비명을 지른다. 아일랜드가 잘 나가는 국가라 해서 아일랜드 사람과 공동으로 책을 쓰기로 하고 준비하는 과정에서 아일랜드의 문제점들이 속속 드러나는 바람에 그만 두었다. 두바이에 관한 책을 쓰고 강연도 다녔는데, 두바이가 자금 부족으로 건설을 멈춰버렸다(두바이는 20세기 초에 국가 최대 생산품인 진주의 가격이 90%나 폭락하여 상당수 국민들이 자살하거나 외국으로 도피하는 등 지금과는 상대가 되지 않을 정도의 고통을 겪었다. 이곳의 리더는 1800년대 초반 국가 수립 후부터 줄기차게 열린 시스템을 추구해왔다. 두바이의 모험은 앞으로도 계속될 것이다. 그들은 그런 DNA를 갖고 있다). 이제 우리가 따라야 할 롤 모델을 찾기 힘든 형편이다. 모든 방법과 전략들을 재점검해봐야 할 때인 것이다. 인간이 터무니없이 똑똑한 척 해왔다는 사실에 반성해야 하는 것이다.

그런 점에서 우린 겸손하지 않을 수 없다. 세계적인 경제위기 도래를 정확히 맞추었다고 해서 유명해진 학자가 그 뒤에는 전혀 맞추지 못하는 것에서 세런디퍼티(serendipity : 뜻밖의 발견; 운 좋게 발견한 것)의 장난을 감지한다. A라는 리더가 욕을 먹으면서 시스템을 혁신시키다가 오히려 조직이 망할 위기에 몰렸다고 가정해보자. 조직은 그를 무능력자라는 딱지를 붙여 내 쫓은 후, B를 새 리더로 선택했다. 그러자 시스템이 아주 잘 돌아가는 것이다. 사람들은 B가

유능하기 때문이라 생각하겠지만, 사실은 초등학생을 리더로 앉혀 놓더라도 잘 돌아갈 수 있을 만큼 조직 안팎의 환경이 좋아졌거나, 아니면 A의 노력의 결실이 B에게 돌아갔을 가능성이 높을 수도 있는 것이다. 이럴 때 우리는 B를 세런디퍼티 도움을 받는 리더라 부른다. 비록 조직을 이끈 지 오래되었지만 이건희, 정몽구, 구본무, 최태원 같은 기업인, 그리고 이명박 같은 정치인들은 이전의 리더들이 뿌린 씨의 열매를 먹고 있지 않은가, 세런디퍼티 혜택을 누리고 있지 않은가 하고 겸손하게 뒤돌아볼 필요가 있다.

다시 강조하거니와 우린 겸손해야 한다.

그리고 이 세상에 확고한 진리는 없다는 것을 새삼 인식해야 한다. 하버드, 아니라 하버드 할아버지급 대학 교수의 말이라고 해도 귀는 기울이되 자신에게 적용하는 데에는 신중을 기해야 한다. 학자들은 장사하는 사람들이 걱정근심으로 잠을 자지 못하고, 새벽에는 피오줌을 눈다는 것을 알면서도 그걸 몸으로 체험한 사람들이 아니다. 관찰과 사고만으로 뼛속을 타고 흐르는 혼과 어찌 대화를 나눌 수 있단 말인가. 하지만 노파심으로 부언하는데, 조직의 리더는 이들의 말을 무시하면 안 된다. 조직 운영으로 노심초사하는 리더는 때로는 말도 안 되는 소리를 하기도 하는 학자들이나 전문가의 말을 빠뜨리지 않고 들어두어야 한다. 학자나 전문가들이 컨센서스를 이룬 의견이나 주장은 틀리기보다는 맞을 확률이 높다. 그들을 통해 세상 돌아가는 것을 알 수 있다. 또 그들을 통해 얻어들은 지식들이 어느 순간 갑자기 조직을 구하는데 소중하게 사용될 수 있을 것이다. 세계적인 구루들은 세계적인 기업들을 잘 알고 있는 사람들이다.

나는 또 우리 인간들이 자연을 통해서 변화를 배워 변화를 실행할 수 있다고 생각한다. 앞에서 자연의 사이클에서 창의적 사고방식을 깨달은 린다 나이만의 글을 소개한 것도 바로 그런 이유에서이다. 계절이 바뀌는 것에서, 꽃이 피고 지는 것에서, 비가 내리면서 동물과 식물의 목을 축여주고는 강물이 되었다가 바다로 흘러들어가 다시 하늘로 올라가는 이치에서 조직의 운영, 그리고 변화의 원리를 깨달았으면 한다.

비전적 리더는 정체를 경계한다

성장하는 조직과 정체되었거나 퇴보하는 조직을 비교해보면, 한 가지 뚜렷한 차이를 발견할 수 있다. 성장하는 조직의 리더는 강력한 비전을 가지고 있고, 그렇지 못한 조직의 리더는 비전은커녕 하루하루 무사히 넘기기만을 바랄 뿐이다. 극단적인 예로 북한 정권을 다시 들어보자. 삼척동자라도 알아챌 만한 것이지만 김정일 정권은 오직 자기 집안의 안전만 추구할 뿐이다. 그를 둘러싼 권력층은 그 목적을 달성하기 위한 도구 혹은 보호막이다. 단언하건데 김정일 정권은 국민이 다 굶어죽는 한이 있더라도 절대로 열린 시스템으로 가지 않는다. 열린 시스템은 정권교체를 불러오게 되는데, 이는 자기 집안의 안전(2단계 욕구) 혹은 생명 유지(1단계 욕구)와는 배치되는 것이다. 김정일이 진심으로 북한을 잘 사는 나라로 발전시키고 싶다는 비전이 있다면 지금과 같은 시스템을 유지할 리 없다. 자신이 물러나는 한이 있더라도 나라를 개방할 것이고, 국민에게 자유를 줄 것이다. 인간의 동기(motivation)는 그리 쉽게 변하지 않는다.[145] 성공한 사람들을 조사해보면 어려서부터 어른들에게서 '싹수가 있다'는 말을 자주 들었다는 것을 알 수 있는데, 상당히 설득력이 있는 말이다.

김정일은 반세기가 넘도록 국민을 괴롭힌 죄의 대가를 치러야한다는 점에서 국민의 저항으로 무너지기 전에는 설사 온 세상과 전쟁을 치루는 한이 있더라도 순순히 열린 시스템으로 가지 않을 것으로 예상되어진다. 닫힌 시스템과의 거래는 당연히 손실을 발생시킨다.

이번에는 정체된 조직에 대해 생각해보자. 이 책을 쓰면서 동네 구멍가게, 그리고 여러 소매점 주인들에게 물었다.

"이걸 발판으로 해서 큰 사업하셔야죠."

돌아온 답변들을 종합하여 한 줄로 표현하면 이렇다.

"대출금이나 다 갚고, 애들 대학 졸업시키고 나면 장사 그만 접을랍니다."

미래에 대한 비전은 아예 없고 자녀들이 학업을 마칠 때까지만, 자녀들이 결혼할 때까지 만이라도 장사를 했으면 한다는 것이다. 대기업 중에서도 현상유지를 추구하다가 몰락한 사례는 얼마든지 있다. 폴라로이드는 디지털 시대가 도래한다는 것을 뻔히 알고 있으면서도 세계 1위의 즉석카메라업체라는 지위를 유지하는 것만으로 만족해 하다가 급작스럽게 몰락했다. 소니는 사람들에게 필요한 것을 제공해주고 싶다는 비전도 없이 높은 수준의 기술로 무엇이라도 만들어내면 세상 사람들이 덥석 사줄 줄 알았다. 소니 창업자인 모리타 아키오는 국가 발전에 기여할 목적으로 사업에 뛰어든 사람이었다. 이제 소니에게는 그런 목적이 없다.

포드 자동차 창립자 헨리 포드는 소시민들에게 자동차를 공급하고 싶다는 열망에 가득 차 있었다. 하지만 지금 미국 자동차 업계는 사람들에게 안전하고, 저렴하며, 고장이 나지 않는 자동차를 제공해주고 싶다는 비전은 아예 포기한 상태이다. 자신들만 안전을 유지하며 살 수 있다면 족하다고 생각한다. 미국 사람들은 미국 자동차는 구매한 지 5~6년쯤 지나면 의당 망가지기 시작하는 것으로 알고 있다.

박정희는 대통령으로 재임하는 동안 성장 엔진을 꾸리고, 달릴 수 있는 체제를 확고히 구축했다. 그는 국민이 성장하길 바랐다. 그와 더불어 정주영, 이병철, 구인회 같은 걸쭉한 장사꾼들이 등장하여 사업을 크게 일으켰다. 이 장사꾼들은 자동차 수리 공장, 양조장, 화장품 공장이나 하며 밥을 배불리 먹는 것에 만족해하지 않았다. 크게 사업을 일으켜 사람들을 고용하면 나라 경제에 도움이 되지 않겠냐는 비전을 품었다. 이 장사꾼들도 역시 종업원들이 발전하고 성장하길 원했다.

하지만 지금 우리도 그런 비전을 서서히 상실하고 있다는 느낌을 받는다. 정상도 오르지 못해 지금 수준으로만 유지되어도, 즉 선진국 문턱 정도의 수준(3단계욕구)만 충족해도 다행이라고 생각하는 원리가 팽배하다. 세계적인 교육기관에서 공부한 사람들은 많은데, 박정희나 정주영 같은 패기가 없다. 예리하게 분석하여 '안될' 이유는 찾아내는데, 그들이 하라는 대로 하면 다른 기업들도 다 그렇게 한다.

배불리 먹는 것에서 만족해하면 절단 나게 되어 있다. 현실에 안주하면 파탄이란 짐승에게 잡아먹히게 되어 있다.

리더십은 혁신을 위한 것이다

인간은 변하는 것이 숙명이다. 역사는 인간이 줄기차게 변해왔다는 것을 가르쳐준다. 그런데 그 변화가 날이 갈수록 더욱 빨라진다는 것에서 우리 인간은 그만큼 힘들다. 환경의 변화에 따라 가지 않으면, 아니 우리가 주도하지 않으면 뒤쳐져서, 그만큼 손실을 초래하고, 자존감에 상처를 받을 뿐만 아니라 경우에 따라선 생명을 위협받는 사태를 불러오기도 한다. 변하지 않으면 임진왜란, 병자호란, 한일합병 같은 불행이 다시 반복된다. 그것도 요즘에는 점차적인 변화 아닌 급격한 변화이다.

리더는 변화를 주도하는 사람이다. 박정희는 변화를 성공적으로 이끌었다. 정주영, 이병철, 구인회 등도 한국 사람들에게 사업가

정신과 기질을 심어주어 사업을 천대시하는 문화에 변화가 일어나도록 했다. 지금은 명문대학 교수, 변호사, 의사도 사업을 하겠다고 나서는 판이다. 그러고 보면 위험을 끝까지 감내하며 성공적으로 변화를 일으킨 사람들이 이 땅에 얼마나 많았는지 모른다. 버지니아 대학 다든 비즈니스 스쿨의 제임스 클로손 교수는 리더를 변화를 주도하는 사람이라 정의내렸다.

> 변화에 관한 리더십이 아니라면 리더십은 아무것도 아니다. 변화가 없다면 리더십도 없는 것이다. 현상을 위한 리더십, 유지를 위한 리더십이란 말은 존재하지 않는다. 변화, 그리고 그와 관련된 개념과 원리들은 리더십 및 그 개념들과 본질적으로 얽혀져 있다. 빠르게 변하는 세상에서, 효율적인 리더는 변화 과정의 장인들이다. 그들은 변화를 이해하고, 포용하고, 또 선도한다. 비효율적인 리더들은 변화에 거부하려 싸우다가 변화 관리에 실패하고 만다. 따라서 열정적인 리더라면 변화를 지향하는 자신의 태도를 간파해야 하고, 변화와 그것을 관리하는 마스터가 될 의무를 지닌다.[146]

현재 우리나라와 기업들은 또 다른 변화를 통한 한 단계 업그레이드를 시도하고 있다. 일취월장하여 미국, 독일, 일본, 프랑스 같은 참다운 선진국 대열로 올라설 욕심이다. 하지만 이 대열에 끼기 위해선 남을 모방하는 것만으로는 많이 부족하다. 즉, 우리만의 창의성이 있어야 하는 것이다. 창의성을 필요로 하는 변화를 우린 혁신

(innovation)이라 한다(경제학에서는 가치 창출을 포함한 변화를 혁신이라 한다). 이 책에서 사용할 혁신의 의미를 지금 밝혔지만 혁신에 대한 다양한 정의를 알아두는 것이 좋다고 생각한다. 나는 위키피디아에서 잘 정리된 내용을 발견했다.

> 혁신은 쓸모 있을 어떤 행동을 하거나 새로운 것을 위한 사고 과정 (thought process)에서의 변화이다.[147] 사고, 결과(상품), 프로세스, 혹은 조직에서 자연스럽게 불쑥 나타나는 것(incremental emergent) 혹은 과격하거나 혁명적인 변화를 의미하기도 한다.

우리가 애플, 구글을 혁신적인 기업이라 부르는 것은 매우 창의적인 기업이기 때문이다. 삼성, LG, 현대 · 기아 같은 한국 기업들이 혁신적인 기업의 대열에 끼지 못하는 것은 그만큼 창의력이 모자라기 때문이다. 그래서 개발도상국이나 후발업체에서 혁신이 더 많이 이루어져야 할 것 같은데 선진지역과 기업에서 더 자주, 대담하게 실행되고 있는 것이다.

혁신은 국가 정책에서부터 프로젝트 수립, 혹은 상품 개발과 마케팅 분야 등 안 미치는 곳이 없다. 이젠 기발한 아이디어, 과감한 실행이 없으면 신생업체, 후발업체, 개발도상국이 앞서가는 업체, 국가를 영원히 추격할 수 없을지 모른다. 사실 지난 100여 년 동안에 개발도상국이 선진국 문턱을 넘어선 케이스도 가뭄에 콩 나듯 했다. 변화도 그렇게 힘든데 하물며 창의성이 뒷받침되어야 할 혁신은 더 말할 나위가 없다. 이제 우리에게 절실한 것은 혁신을 위한 리더이다. 일부 전문가와 학자들은 리더의 역할을 과소평가하기도 하지만 혼돈의 시기에 리더에 의해 국가와 조직이 번영 혹은 망한 사례는 수를 셀 수 없을 정도로 많다.

다음은 스리랑카의 한 교수가 세계은행의 지원으로 완성한 연구 논문 중에서 혁신에 관한 부분을 인용한 것이다. 혁신과 리더의 관계를 쉽게 파악할 수 있는 글이다.

지금의 모든 나라들과 조직들은 기술의 빠른 변화, 짧아지는 제품의 수명 사이클, 글로벌화라는 역동적인 환경에 직면해 있다. 이제 모든 조직, 특히 기술 중심의 조직들은 생존을 위해, 경쟁에서 승리하기 위해, 성장하고 또 선도하기 위해 보다 창의적이고 혁신적인 아이디어와 행동을 필요로 하고 있는 것이다. 21세기에서 조직의 경쟁우위를 확보하고 강력한 경제를 구축하기 위해선 창의성을 통한 혁신이 절대적으로 필요하다.

혁신은 조직 내부에서 창의적인 아이디어를 성공적으로 실행하는 것을 말한다. 그중에서 리더십은 혁신의 가장 중요한 요인이다. 리더는 문화, 전략, 구조, 보상제도, 자원 같은 조직의 특성에 영향을 미치고, 조직원의 동기와 창의성과도 깊은 연관관계를 가진다.

리더는 조직원들이 업무에서 높은 수준의 창의성을 발휘하도록 인도할 수 있으며, 창의성을 장려하는 업무 환경을 확립할 수 있다. 뿐만 아니라, 리더는 조직 내의 혁신뿐만 아니라 혁신적인 상품을 마케팅 하는데도 영향을 미친다. 일례로 혁신적인 상품을 내놓고 나서 리더들이 판매에 직접 뛰어든다면 고객들로부터의 저항이 줄어든다는 것이다.

혁신은 테크놀로지의 채택과 창조의 열쇠이다. 혁신적인 기업은 혁신적인 오너를 두고 있다.

리더십은 혁신에 영향을 미치는 중요한 요인이다. 변혁적 리더십은 조직의 혁신에 긍정적으로 작용한다. 조직의 혁신은 새롭거나 개량된 제품 혹은 서비스를 개발하여 성공적으로 시장에 제공하고자 하는 성향으로 정의 내려진다(우리가 대표적인 사례이다. 지난 반세기 동안 우리나라는 대대적인 혁신으로 빈곤국에서 초보 선진국으로 성장할 수 있었고, 원자력발전소, 최신 선박, 최첨단 IT 제품을 수출하는 기술 강국으로 발전한 것이다. 그것은 혁신이 조직의 전 부분에서 이행되었기 때문이다). 조직의 혁신은 다음 네 가지 부분에서 발생한다:

1) 제품혁신(Product innovation): 새롭거나 지속적으로 개량된 상품 혹은 서비스의 도입

2) 업무혁신(Process innovation): 새롭거나 지속적으로 개량된 상품 혹은 배송 업무의 도입

3) 마케팅혁신(Marketing innovation): 제품 디자인, 포장, 상품 홍보 및 가격 결정 등에 관련하여 새로운 마케팅 방법의 실행

4) 조직혁신(Organizational innovation): 비즈니스 실행의 창출
   과 개조, 사업자 정비(workplace organization) 혹은 외부와
   의 관계 등과 관련된 혁신[148]

여기에서 한국이 얼마나 혁신을 위한 노력을 기울여왔는지 알
아보는 것도 흥미로울 것이다. 세계적인 컨설팅기업 BCG(The
Boston Consulting Group), 미국제조업자협회(NAM: The National
Association of Manufacturers), 미국제조업연구소(MI: The
Manufacturing Institute (MI)는 세계 주요국가들을 대상으로 혁신투
입(innovation input. 정부의 재정정책, 교육정책, 혁신환경 포함)과
혁신산출(innovation output. 특허, 기술이전, R&D, 비즈니스 성과,
노동생산성, 총주주수익률, 경제성장률 포함)을 계산하여 다음과 같이
국가별 순위를 매겼다.[149]

이 자료를 통해 우리 정부가 혁신을 위해 얼마나 심혈을 기울이
고 있는지 짐작할 수 있다. 각 기업과 조직이 동참해준다면 우리나
라는 지상에서 가장 창의성이 뛰어난, 가장 혁신적인 국가로 부상할
수 있을 것이다. 이를 위해선 전 국가와 조직이 국민과 조직원이 성
장할 수 있도록 인도해야 할 것이다. 하지만 그 길은 형극의 과정일
것이다.

순위	국가	전체평점	혁신투입	혁신성과
1	한국	2.26	1.75	2.55
2	미국	1.80	1.28	2.16
3	일본	1.79	1.16	2.25
4	스웨덴	1.64	1.25	1.88
5	네덜란드	1.55	1.40	1.55
6	캐나다	1.42	1.39	1.32
7	영국	1.42	1.33	1.37
8	독일	1.12	1.05	1.09
9	프랑스	1.12	1.17	0.96
10	오스트레일리아	1.02	0.89	1.05
11	스페인	0.93	0.83	0.95
12	벨기에	0.86	0.85	0.79
13	중국	0.73	0.07	1.32
14	이탈리아	0.21	0.16	0.24
15	인도	0.06	0.14	−0.02
16	러시아	−0.09	−0.02	−0.16
17	멕시코	−0.16	0.11	−0.42
18	터키	−0.21	0.15	−0.55
19	인도네시아	−0.57	−0.63	−0.46
20	브라질	−0.59	−0.62	−0.51

리더는 자신의 모든 것을 다 주고 가는 사람이다

지속가능한
성장을 위한 리더십

비전적 리더와
미래 비전의 공유

"기업의 중심부에 몽상가가 있어야 한다."　　　　　－ 델런 닷슨(PH413의 설립자이자 CEO)

"인간의 참된 모습은 무엇을 얼마나 아느냐가 아니라 할 바를 모를 때 어떻게 행동하느냐로 판가름 난다."　　　　　　　　　　　　　　　　　　　　　－ 존 홀트(교육자)

"리더십의 핵심은 비전을 가져야 한다는 것이다. 불확실한 트럼펫을 불 수는 없는 것이다."　　　　　　　　　　　　　　　　－ 데오도르 헤스버그(전 미국 노트르담 대학교 총장)

"세상은 자기 갈 바를 아는 사람에게 길을 비켜주는 법이다."　　　　　　　　　　－ 미상

"혁신과 창의성 분야에서의 세계적 리더는 모든 분야에서 세계적 리더이다."

　　　　　　　　　　　　　　　　　　　　　　　　　　－ 해롤드 맥앨린돈(기업가)

인간이 배우며 성장하고, 성장하면서 배우는 것처럼 조직도 역시 배우면서 성장하고, 성장하면서 배운다. 그렇지 않고선 지속가능한 성장은 불가능하다. 앞에서도 언급한 것처럼 가족부양만을 목적으로 하는 사람은 좌판이나 구멍가게 이상으로의 성장을 원하지 않는다. 즉, 그 이상의 비전이 없기 때문이다. 조직의 리더는 자신들의 조직이 앞으로도 더 성장할 수 있다는, 그 성장을 통해 각 조직원도 비전을 성취할 수 있다는 비전을 심어주어야 한다. 다 같이 성장할 것을 역설해야 하는 것이다.

그렇게 하는 과정을 우린 조직의 학습화라 한다. 물론 세세한 운영방법, 전략, 기술 등을 배우는 것도 그 안에 포함되지만 가장 중요한 것은 비전을 공유하고, 또 키워나가는 것이다. 그래야만 끊임없이 변화를 추구하게 된다. 변화를 멈추면 바로 사망이다.

일본 최고 부자인 손정의는 미국 유학에서 돌아와 소프트웨어 전문점을 오픈하면서 20대에 깃발을 올리고, 30대에 1,000억 엔의 자금을 마련하며, 40대에 큰 승부를 벌여, 50대에 완성시키고, 60대에 후계자에 계승시킨다는 '인생 50년 계획'을 선언했었다. 그때 직원 2명은 사장이 약간 모자란 사람인 줄 알고 그 다음날 출근하지 않았다. 이는 조직이 아직 학습화되지 않았기 때문이었다. 손정의가 그 구멍가게를 운영하고 나서 수년이 흐른 후 같은 말을 했더라면 직원들은 아마 주먹을 불끈 쥐고 그 비전에 동참했을 것이다.

비전을 가진 리더는 조직원의 성장을 기뻐한다

비전을 가진 리더만이 변화를 추구한다는 점에서 비전적 리더십은 바로 변혁적 리더십과 같은 의미를 지닌다. 변혁적 리더는 변화를 추구한다. 변혁적 리더십은 조직 혁신의 중요한 결정요소로서 매니저들이 변혁적 리더십 행동을 실행하여 조직 혁신을 촉진하도록 장려한다. 변혁적 리더는 조직원들의 개인적인 가치와 자아개념을 변화시킨 다음, 보다 높은 단계의 욕구와 열망을 품도록 해서, 보다 높은 업무 기대치를 가지도록 인도한다. 하지만 이는 쉬운 일이 아니다. 하이머 에스카란테는 불같은 열정으로 열등생을 우등생으로 변화시켰지만, 돈 받은 만큼만 일하겠다는 동료 교사들에게는 자신의 그 비전을 심어주지 못했다. 희생을 각오할 동반자를 찾는다는 것이 그만큼 힘들다.

하지만 박정희, 정주영, 이병철, 구인회 등은 비전 공유에 성공한 사람들이다. 그만큼 비전이 뚜렷했고, 또 열정이 있었으며, 때로는 자아실현적인 동기를 발휘했기 때문이다. 우리는 그런 경우를 '카리스마가 있다'라고 말한다.

변혁적 리더는 카리스마를 이용하여 칭찬, 존경, 충성심을 퍼트리고, 집단적인 사명감의 중요성을 강조한다. 각 조직원의 욕구와 전문성을 존중하면서, 미래에 대한 비전과 목적을 성취하는 방법 등을 제시하고, '할 수 있다'는 적극적인 자세로 기존의 문제들을 창의적 사고로 해결해나갈 것을 장려한다.

변혁적 리더는 조직 혁신에 절대적으로 중요한 영적 동기와 지적 자극을 이용한다. 영감이 없는 사람은 큰일을 해내지 못한다. 합리주의 틀 안에서만 맴돌 뿐이다.

변혁적 리더는 그러면서도 지식 습득을 권유한다. 지식과 영감이 합쳐져야 창의적 아이디어가 생성되기 때문이다. 변혁적 리더는 창의적 아이디어를 장려하고 창의력 증진을 위한 방안을 실행한다. 그래서 각 기업은 각종 연수기관을 설립하여 조직원들을 수시로 불러들여 새로운 지식과 전혀 다른 세상의 이야기를 들려주기도 하고, 몇 사람씩 그룹을 지어 강제로 해외여행을 갔다 오게도 한다. 두바이 사막에서 은행의 강요로 배낭여행 중인 두 명의 대리를 만난 적이 있었다. 그들은 "오기를 참 잘했다!"라고 말했다.

그러한 리더의 노력에 의해 조직원들은 자신감, 자기효능성, 자존감을 개발하게 된다.

이는 죽을 때까지 학습해야 한다는 것을 의미한다. 학교에서만, 전문가 혹은 학자들에게서만 배우는 것이 아닌 일을 성취하는 과정에서, 동료들과 소통하면서, 환경과 교통하면서, 영적 동기와 지적 자극을 받아 어떤 환경에서라도 배우는 것을 의미한다. 정주영은 자기의 피를 빠는 벼룩을 통해, 몇 번의 불행과 실패를 통해 창의성, 신뢰의 중요성을 배웠다. 이병철은 조직원을 자신의 몸처럼 사랑하면 그들도 역시 자신을 그처럼 사랑하게 된다는 것, 그리고 환경의 변화에 합리적이면서도 신중하게 대처해야 한다는 것을 배웠다(이에 대해 동의하지 않을 사람도 있을 것이다. 록펠러는 말할 것도 없고,

스티브 잡스는 욕먹는 것에 면역된 사람이고, 착한 천사 빌 게이츠도 비난을 받는다. 완벽한 인간은 없다!). 국민은 이들처럼 행동하면 성공할 수 있다는 자신감을 얻었고, 사업가는 이들로부터 조직 운영법을 배웠다.

비전적 리더는 위험에 맞서라고 말한다

리더는 비전을 제시함으로써 조직원들에게 동기를 부여하고, 기대 이상의 성과를 올리고 싶다는 의욕이 생기도록 하며, 자신의 업무에 혁신적인 방법을 도입하고 싶다는 도전의식을 가질 수 있도록 한다. 냉정하게 말해서 한국 사람처럼 도전의식이 강한 민족도 없다. 일본에서 수십 년 째 사업을 하는 한국 교포로부터 이런 말을 들었다.

"저 언덕 위에 농구 골대가 있고, 그곳에 공을 누가 먼저 집어넣느냐 시합을 한다고 칩시다. 일본 사람은 힘들게 언덕에 올라 골대 앞으로 진출하려 할 것입니다. 그래야 100% 성공할 수 있으니까요. 그럼 한국 사람은? 내 생각으로는 그냥 밑에서 공을 던질 것입니다. 성공률을 낮지만 들어가면 일본 사람보다 훨씬 빨리 공을 넣을 수 있으니까요."

그 말에, 급변하는 상황에서 어쩌면 우리의 기질이 더 경쟁력이 있을지 모른다고 생각했었다. 하지만 안정적인 상황에서는 일본이 훨씬 뛰어난 성과를 올릴 것이다.

　동기와 자존감이 올라간 조직원들은 조직 혁신에 더욱 적극적인 자세를 취하기 마련이다. 조직은 인적자원, 자금, 시간 같은 자원을 충분히 제공하고, 창의성에 대한 격려, 인정, 보상을 실시함으로써 내부적으로 혁신을 지원할 수 있다.

　테레사 아마빌 교수는 조직원이 조직으로부터 지원을 받는다고 인식하게 되면 창의성을 발휘하고픈 욕구가 생기고, 조직원은 그로 인해 혁신적인 행동을 하게 될 가능성이 높다고 주장한다. 하지만 우리 기업들이 간과하는 아주 중요한 사실 하나가 있다. 그것은 조직의 틀 안에서만 개인의 성장을 바라본다는 것이다. 개인이 특출나서 외부에서 인정받는 꼴을 보지 않으려 한다는 것이다. 외국에서 박사학위를 받은 어떤 사람은 뛰어난 능력이 있음에도 불구하고 책을 썼다고 해서 퇴출되었다. 연구를 해도 반드시 상품과 직접적으로 연결될 수 있는 것으로만 국한되기도 한다. 그래서 실력 있고, 창의성 있는 인재들이 기업에 들어가길 기피하는 것이다. 다시 강조하지만, 국가를 위해 죽을 사람은 있어도 기업을 위해 죽을 사람은 없다. 기업을 위해 죽을 사람을 끌어들이려면, 기업은 일정한 범위 안에서 개인적으로도 이름을 날릴 수 있는 기회를 열어주어야 한다. 그래야 글로벌 인재들이 더 많이 몰려든다.

　조직 혁신에 또 다른 중요요인은 외부환경으로부터 습득한 지식이다. 외부로부터의 자원 유입은 조직혁신에 절대적이다. 이를 위해 직원들을 비즈니스 스쿨이나 대학 혹은 대학원에 에 진학시키는 것도 바람직하다. 그럴 수 없는 경우엔 경영 구루들이 쓴 책을 보거나 강의를 듣도록 권유한다. 그러다가 자신 혹은 조직에 결정적으로 중요한 지식을 만나기도 한다. 그렇지 않더라도 세상이 어떻게 돌아가는지 파악하는 것만으로도 그만한 가치가 있다.

조직들은 다양한 외부 조직들과의 관계를 새로 맺거나 유지하려고 한다. 전문지식과 기술, 자금, 결과를 공유하기 위해 전략적 제휴를 맺기도 한다. 대학과 공동 연구를 하거나, 컨설팅 회사로부터 조직 평가를 받도록 하는 것도 포함된다. 혁신 프로젝트를 위해 공공 혹은 개인 조직으로부터 자금 및 기술 지원을 받기도 한다.

지금의 조직은 조직원들에게 자꾸만 위험을 감수해볼 것을 권유한다. 실패를 해도 좋으니 생각나는 아이디어가 있으면 실험해 보라고 하고, 좋은 세미나가 열리면 경비를 대주면서 가보라고 한다. 그래야만 결과적으로 조직의 위험을 낮출 수 있고, 또 성장의 길을 개척할 수 있는 방법이나 전력을 구상할 수 있다고 생각하기 때문이다. 수년 전만 해도 리더의 최대 관심사는 우수한 인재 확보였다. 하지만 최근에는 급변하는 환경 속에서 위험완화(Risk mitigation)에 가장 큰 관심을 기울이고 있다. 그러면서도 그에 대한 대응책은 제대로 마련하고 있지 못하고 있는 실정이다. 글로벌 경영 컨설턴트 기업 엑션추어(Accenture)의 매니저인 커다히는 "작금의 환경에서 기획은 여전히 중요하지만 그보다는 가시성, 적응성, 탄력성이 훨씬 더 중요하다고 말한다."150)

가시성, 적응성, 탄력성이 있어야만 지속적인 성장이 가능하다는 것이다. 하지만 이러한 요인들은 저절로 생성되는 것이 아니다.

리더는 혁신의 DNA를 배양하지 않으면 안 된다

우리가 이만큼 성장할 수 있었던 것은 변혁적 리더, 비전적 리더들의 혁신의 정신, 즉 혁신의 혼을 우리에게 심어주었기 때문이다. 다시 말해서 우리나라는 만족스럽지는 않지만 그들에 의해 바람직한 학습 조직으로 발전해왔고, 그 조직을 위해 혁신의 정신을 공유하고 실행에 옮기고 있다고 해도 무리가 아니다. 이를 혁신의 DNA를 심어주었다고 표현한 학자들도 있다. 그만큼 혁신의 정신이 온 세포에 파고들어야 한다는 의미이기도 하다.

인시아드 비즈니스 스쿨의 할 그레거슨, 브리감영 대학의 제프리 다이어, 파괴적 혁신 전문가인 하버드 대학의 크레이튼 크리스천 교수는 3,500여 명의 혁신적, 창의적 경영자들을 대상으로 6년간에 걸쳐 그들이 어떻게 해서 파괴적 혁신에 나설 수 있었는지를 연구한 결과, 그들에게 다섯 가지 관찰 기술이 있다는 사실을 발견했다.[151]

■ 연합의 기술(Associating): 창의적인 기업인은 분리되어 있는 점들을 연결하여 기대하지 않은 혁신적인 결과를 얻어낸다. 애플의 스티브 잡스는 대학에서 서예를 수강한 덕분에 '보는 대로 얻는다(what you see is what you get)'를 의미하는 WYSIWG기법을 적용

하여 사용자 친화적인 그래픽 기반의 매킨토시 컴퓨터를 만들어낼 수 있었다. IT기기뿐만 아니라 요즘 등장하는 거의 모든 상품은 연합의 기술에 의한 것이다. 심지어 학문도 다른 분야와의 연합을 당연시한다. 경영학이 대표적이다. 경제, 심리, 사회, 정치, 행정, 수학, 문화와 예술, 종교 등을 끌어들인다. 그래서 경영학의 아버지라 불리는 피터 드러커가 '경영은 과학이 아닌 예술'이라고 말했던 것이다.

■ 관찰의 기술(Observing): 대부분의 혁신적인 기업가들은 집중적인 관찰자들이다. 인츄잇(Intuit)의 창설자인 스캇 쿡은 아내가 재정관리 소프트웨어로도 가계부를 작성할 때 힘들어하는 것을 보고 아내를 돕기 위해 소프트웨어를 개발한 것이 계기가 되어 기업을 창설하게 된다. 그가 개발한 퀴큰(Quicken)은 미국에서 가장 인기 있는 금전관리 프로그램이다. 퍼시 스펜서는 초등학교 중퇴자였지만 세계적인 방위산업체 레이시온 사를 대표하는 과학자였다. 그는 어느 날 마그네트론이 설치된 실험실에 들어갔다가 주머니에 넣어든 캔디가 녹았다는 것을 발견하고는 순간적으로 전자파에서 생성된 에너지로 음식을 조리할 수 있지 않을까라는 생각을 가지게 된다. 그렇게 해서 그가 만들어낸 것이 전자레인지다. 앞에서 언급했지만 LG그룹의 허신구는 태국을 방문했다가 그곳 사람들이 가루를 풀어 빨래를 하는 것을 보고 '하이타이'라는 가루 세제를 상품화시킬 수 있었다.

■ 실험의 기술(Experimenting): 세계 최대 인터넷 상점 아마존

을 창설한 제프 베조스는 여름철이면 할아버지 농장에서 지내며 할아버지와 같이 고장 난 농기구를 고치는 과정에서 수많은 실험을 할 수 있었다. 그레거슨은 그때 제프가 실험적인 사고와 태도를 몸에 익힌 덕분으로 처음에는 책이나 팔던 아마존을 지금처럼 백화점식 인터넷 대형 상점으로 혁신할 수 있었다고 판단한다. 현대그룹은 실험의 기술의 혜택을 톡톡히 본 대표적인 기업이다. 현대건설이 세계적인 건설기업으로 성장할 수 있었던 것은 수많은 실험을 거쳤기 때문이었다. 자동차는 말할 것도 없다. 실험을 거치지 않은 결과는 있을 수 없다. 국가나 기업은 실험을 무서워하지 않아야 한다. 국민과 조직원에게 실험에 도전하도록 용기를 불어넣어 주어야 한다.

■ 질문의 기술(Questioning): 질문은 모든 일의 핵심이다. 그레거슨은 창의적인 기업가들이 지나칠 정도로 많이 의문을 품고, 또 생각하는 자세를 갖고 있음을 발견했다. 그레거슨은 프록터 앤드 갬블(P&G)사의 회장이었던 앨런 라플리와 인터뷰를 하던 과정에서 오히려 그로부터 더 많은 질문을 받았다고 한다. 우리 한국인에게 가장 모자라는 기술이기도 하다. 개선될 기미가 보이지 않는다. 토론에 참여하지 않을 것이면 뭐 하러 비싼 돈 들여 미국이나 유럽 대학으로 유학을 가나? 책을 사서 보면 된다. 하버드에서 책을 보나, 무인도에 들어가 책 보나 마찬가지이다. 하버드 비즈니스 스쿨에 가서 책만 보다가 오려면 차라리 세계적인 경영 구루들의 저서를 독파하는 것이 경제적으로도 실력 면으로도 유리하다. 우리나라는 토론식으로 수업방식을 바꾸지 않으면 안 된다. 정말 시급한 문제이다.

■ 네트워킹의 기술(Networking): 혁신가들은 일부러 아주 다양한 사람들을 만나는데 자신들과는 정반대의 사람들과도 자신들의 문제점들에 대해 의견을 나누기도 한다. 그러다보면 전혀 기대하지 않았던 창의적인 해결책이 생각난다는 것이다. 제트블루 항공사의 창설자로서 지금은 브라질 아줄 항공사의 CEO인 데이빗 닐먼은 종이 탑승권이 떨어져서 우왕좌왕하는 중에 한 직원과 해결책을 논의하다가 종이 없는 티케팅, 즉 e-티케팅을 생각하게 되었다. 지금은 거의 모든 항공사가 e-티케팅을 이용한다.

앞에서도 말했지만 난 우리나라 기업들이 우리 문화와 네트워킹을 시도했으면 한다. 특히 국악(나이가 들어가면서 점점 더 대단한 음악이라 생각되어진다)에서 세상 사람들에게 크게 어필할 수 있는 뭔가를 찾을 수 있을 것이라 생각한다. 우린 니콜라 테슬라 같은 이단아를 필요로 한다. 그는 머릿속에 떠오른 모든 것과 네트워킹을 시도했다. 지금으로부터 100여 년 전에 어떻게 광선총, 전기선 없는 송전(送電)을 생각했는지 모른다. 이단아는 네트워킹 대상을 가리지 않는다. 삼성전자 직원들은 우주 안의 또 다른 삼성전자가 있다는 평행우주론을 생각해본 적이 있는가? 거기에도 이명박, 이건희, 정몽구, 구본무가 있다면 연결을 시도해볼 의사는 없는가? 또 다른 별에 있는 삼성, 현대, LG에는 보다 뛰어난 프로젝트를 완성했다는 소리가 들린다. 연락해서 달라고 해야 할 것이 아닌가?

■ 파괴적 혁신(Disruptive innovation): 그레거슨과 크리스천은 '가장 혁신적인 기업'의 리더들을 관찰하여, 그들이 프로젝트 초기

부터 조직 안팎의 거의 모든 사람들로부터 피드백을 받는, 실험 기반의 360도 설문조사를 실시한다는 것을 밝혀냈다. 혁신적인 기업가들은 현상 유지를 싫어하며 세상을 바꾸기 위해 실패를 두려워하지 않는다는 것이다.

■ 기술과 실행과 개발(Practising and developing the skills): 그레거슨은 이 다섯 가지 발견 기술이 '직관적'인 것처럼 보이지만 막상 실행할 때는 반직관적인 것으로 보이는데, 그 이유는 우리가 다섯 가지 행동을 가치 있게 보지 않는 성인(成人)의 세상에 살고 있기 때문이라는 것이다. 그는 우리에게 어린아이처럼 행동할 것을 조언한다. 비즈니스를 하면서 항상 그럴 수는 없겠지만, 이 다섯 가지 기술이 4살짜리 어린이의 행동이라는 점에서 성인들은 시간의 20~25%는 4살짜리처럼 행동할 필요가 있다는 것이다. 어린이는 지치지도 않고 줄기차게 '왜 그런 거야?' 혹은 "왜 안 그래?'하고 묻는다. 그레거슨은 혁신은 습관이라면서 혁신적인 기업가들은 이 다섯 가지의 습관을 갖고 있다고 말한다.

조직의 학습화

켄 브랜차드와 공동으로 상황적 리더십 이론(Situational Leadership Theory)을 개발한 폴 허시는 말했다.

"나는 리더들을 다른 사람으로 교체할 필요가 없을 정도로 그들이 행위를 바꾸는 방법을 배우도록 도울 수 있다고 믿는다. 나는 리더들이 다양한 상황에서 영향력을 행사하는 방법을 배울 수 있다고 생각한다. 훈련을 통해 사람들은 다양한 상황에 대처하는 보다 효율적인 리더들이 될 것이다."152)

사람이 배우고 훈련하는 것은 성장하기 위해서이다. 인생 목표가 기업에서 과장이나 부장이 되는 것이라면 그 정도밖에 노력을 하지 않는다. 하지만 어떻게든 기업에 보탬이 되는 기술을 개발하여 전체 조직원뿐만 아니라 국가 경제에도 보탬을 주고 싶다는 욕구를 가진 사람은 역시 그에 걸맞는 교육이나 훈련을 받으려 한다. 지금은 창의성의 시대이다. 창의성은 자아실현욕구를 추구하는 사람들에 의해 많이 발휘된다는 점에서 우리는 자아실현적인 동기, 즉 내적동기를 가져야 한다. 인간의 동기가 쉽게 바뀌는 것이 아니라면 그런 동기를 가진 사람이 리더가 되는 것이 바람직하다. 조직이 지속적으로 성장하려면 전체 조직원, 최소한 리더들만이라도 자아실현욕구를 추구해야 한다. 그렇지 않았다가 조직에 치명타를 가할 수 있다(리더였다가 기업의 비밀을 빼내어 거액을 받고 해외로 누출시키는 사람의 동기가 처음에는 5단계였다가 2단계로 낮아진 것이라 보기 어렵다. '어려서부터 싹수가 있었다'는 말은 근거 없는 것이 아니다).

조직의 학습화는 지속가능한 성장을 위한 것이다. 그렇지 않다면 조직의 학습화를 시도할 필요가 없다.

캠브리지 대학의 웨인 비써 교수와 요크 대학의 앤드류 크레인 교수는 지속가능성 전문가는 돈을 벌어 안락하게 살거나 안전을 도모하기보다는 삶과 일에 대한 의미를 중요시하여 변화 주도자(change agent)로 나서는 경향이 있다고 주장하면서 지속가능성 전문가를 네 가지 유형으로 분류했다.[153)

전문가(Expert) 프로젝트나 시스템에 관여함으로써 자신의 동기를 찾고, 전문적인 투입을 실행하며, 기술적 탁월성에 초점을 맞추고, 전문성을 통한 독창성을 추구하며, 문제해결에서 자긍심을 느낀다. 당연히 품질 향상에도 기여한다.

촉진자(Facilitator) 자신의 지식과 기술을 전수하고, 인력 개발에 초점을 맞추며, 직원들을 위한 기회를 창출하고, 개인들의 태도와 인식에 변화를 인도하며, 팀 빌딩에 관심을 기울이는 것에서 동기를 찾는다.

촉매자(Catalyst) 변화를 주도하고, 전략적 방향을 제시하며, 리더십에 영향을 미치고, 조직성과를 추구하며, 큰 비전의 미래를 그리는 것에서 동기를 찾는다. 즉, 조직이 나갈 바를 알려주는 것에서 보람을 느낀다.

실행가(Activist) 보다 넓은 의미로서의 사회와 환경 문제를 인식하고, 자신이 속한 조직이 공동체의 일부라는 느낌을 가지며, 빈곤 추방에 기여하고, 정의를 위해 투쟁하며, 보다 살기 좋은 환경을 유산으로 남겨주는 것에서 동기를 찾는다.

비써 교수와 크레인 교수는 연구 참가자들의 말에서 지속가능성의 개념을 역동적, 복합적, 도전적인 개념으로 인식하게 되었다고 말했다.

"어느 지속가능성 매니저는 '직장에 들어설 때마다 같은 날이 반복될 수 없다는 점 때문에 만족감이 참으로 크다'고 말했다. 또 다른 사람은 '우리가 원하는 만큼 포괄적이고 전체적인 그림을 그려준다는 점에서, 그리고 원대한 비전을 필요로 한다는 점에서 지속가능성은 의미있는 일의 핵심'이라고 결론지었다."

이는 조직이 성장하기 위해선 리더뿐만 아니라 조직원도 내적동기를 가져야 한다는 것을 의미한다. 박정희, 정주영, 이병철, 박태준 같은 리더들은 혼자만의 힘으로 자신의 비전을 성취한 것이 아니었다. 비전을 공유한 사람들을 변화주도자로 내세워 조직원을 이끌었기 때문이었다. 그들의 행태를 보고 또 얼마나 많은 사람들이 내적동기를 가지게 되고, 높은 비전을 품고 열심히 달려왔던가. 이는 대한민국이란 나라에, 또 삼성, 현대, 포스코라는 조직에 학습 과정이 진행되어왔다는 것을 의미한다. 학자들이 요즘 들어 학습 조직이니 뭐니 하고 떠들지만 사실 세상의 모든 조직은 태생적으로 학습조직이다. 가정도 학습조직이다.

비써와 크레인은 또 이렇게 말했다.

"그것(학습조직)은 실험, 분석, 문제해결, 피드백 과정에 전통적 경계를 초월하여 내부와 외부의 다양한 이해관계자들을 개입시킴으로써,

지속적인 학습과 적응에 순응하는 생명력 있게 진화하는 존재이다. 다시 말해서, 그것은 다양한 소스들로 인해 변화가 일어날 수 있도록 학습과 변화를 지속시키는 문화를 창출하고 육성하는 존재이다.…조직의 변화는 끝이 있는 것이 아니라 조직이 지속적인 성장을 위한 기회를 지속적으로 가질 수 있도록 유도하기 위한 과정 혹은 사고방식이다."154)

즉, 학습은 지속가능한 성장에 절대적인 요인이라는 것이다. 지금 성장하는 조직이 있다면 학습화가 잘 이루어져왔다는 것을 암시한다. 발전하는 나라가 있다면 아마 국민이 잘 학습화되고 있을 것이다. 슬로베니아 류블랴냐 대학의 스케르라바즈, 숙명여대의 이영민, 펜실베이니아 주립대학의 이영민 교수는 30명 이상의 직원을 둔 243개 한국 기업을 대상으로 한 연구 조사에서 학습문화가 잘 조성된 기업일수록 신기술과 통찰을 반영하여 행동을 잘 수정할 뿐만 아니라 지식을 창출하거나 습득하여 전달하는데도 능하다는 사실을 밝혀냈다. 이들은 비즈니스와 기술의 변화가 조직의 지속가능성에 지대한 영향을 미치는 상황에서 혁신은 필수적이며, 혁신을 위해선 조직원들이 학습할 수 있는 유연한 분위기를 조성할 필요가 있다고 주장했다.155)

조직 내 학습은 연수원 같은 독립 학습기관뿐만 아니라 일터 현장에서도 이루어진다. 요즘 웬만한 규모의 기업치고 연수원이나 인력개발원 같은 교육기관을 갖고 있지 않은 곳이 없다. 삼성그룹의 예를 든다면, 삼성인력개발원이나 삼성대학에서만 학습이 이루어지는 것이 아니고 반도체 연구소, TV조립공장, 심지어 판매처에서도 이루어진다는 것이다. 오히려 일터에서의 학습이 더 중요하다. 일이 학습이고, 학습이 바로 일인 것이다.

통계적 방법을 응용하여 1950년대부터 일본산업계에 디자인, 제품품질, 테스팅, 글로벌 마케팅을 전수하여 일본의 발전에 크게 기여한 윌리엄 에드워즈 데밍(1900~1993년)박사는 지식을 국가적 자원으로 불러 그 중요성을 극대화시켰다.

어느 나라에서건 지식은 국가 자원이다. 진귀한 금속은 다른 것으로 대체될 수 없지만, 분야에 관계없이 지식은 교육을 통해 배양될 수 있다. 교육은 학교에서 정규교육을 통해, 집이나 직장에서 비정규적인 교육을 통해 받을 수 있는 것이다. 지식은 일을 통해 보충되거나 다듬어지고 직장상사에 의해 평가되어진다. 기업은 생존을 위해 기업에 존재하는 지식의 창고를 사용해야 하고, 필요할 때마다 외부의 도움을 받는 방법을 배워야 한다.[156]

피터 셍게의 제5경영

학습조직이란 개념이 등장한 것은 MIT 피터 셍게 교수가 1990년 《제5경영 The Fifth Discipline : The Art and Practice of the

Learning Organization》[157]이란 저서를 출간하면서부터이다. 이 책은 1997년 하버드 비즈니스 리뷰에 의해 지난 75년 동안 발간된 출판물 중에서 가장 창의적인 비즈니스 서적의 한 권으로, 피터 생게는 1999년 권위 있는 학술지(Journal of Business Strategy)에 의해 현대 비즈니스에 가장 큰 영향력을 끼친 24명의 구루의 한 명으로 선정되었다. 그는 그룹의 문제는 일시적인 처방이 아닌, 그룹을 학습조직으로 전환하는 시스템적 사고, 즉 5번째 분과학(discipline)을 통해 해결하도록 하는 것이 바람직하다고 주장했다. 팀을 구축하기 위해선 변화과정이 필요한데, 변화가 바로 학습이라는 것이다. 그는 학습 조직을 다음과 같이 정의했다.

"사람들이 진심으로 원하는 결과를 창출하는 능력을 지속적으로 확대해나가는, 사고(思考)의 새롭고 확장적인 패턴들이 장려되는, 집단적 열망이 자유롭게 표출되는, 전체를 볼 수 있도록 지속적으로 배워나가는 조직."[158]

다시 말해서 인간의 욕구를 충족시키기 위한 것을 목적으로 하는 조직, 그 목적을 위해 능력을 키워나가는 조직, 능력을 키우기 위해 자유로운 사고가 장려되는 조직이 학습조직이라는 것이다. 이런 조직은 국내에 그리 많지 않을 것이다. 삼성, 현대, LG도 이런 조직을 지향하겠지만 얼마나 참다운 학습조직에 근접해 있는지 의문이 아닐 수 없다. 앞에서도 말했지만, 어떤 기업에선 개인이 자유롭게 의견을 표출하지 못하고 있다는 말이 들린다.

센게는 이어서 학습 조직의 이론적 토대를 다음과 같이 제시했다.

"그러한 조직을 위한 기본적인 원리를 제시하자면, 빠르게 변하는 상황에서는 유연하고, 적응적이며 생산적인 조직들이 뛰어난 성과를 올린다는 것이다. 그런 결과가 발생토록 하려면, 조직은 모든 레벨에서 사람들의 배움에 대한 헌신과 능력을 끌어내는 방법을 터득할 필요가 있다."159)

자신의 미래를 창출할 능력을 지속적으로 확대해나가는 조직이 되려면 조직원들의 생각에 근본적인 변화가 필요하다는 것이다. 리더가 자극을 주어 그렇게 하도록 해야 한다는 것이다. 이는 리더의 솔선수범이 없다면 불가능한 일이다. 인간에 불과한 리더가 항상 잘 할 수는 없지만 혹시라도 조직원들이 각자의 미래를 창출하는 것을 조직에 해가 된다고 판단하는 우를 범하기도 한다. 창의성을 중요시한다는 어느 기업에서 그런 일이 자주 벌어진다는 말을 듣고 있다. 이런 일이 장기적으로 지속된다면, 창의성이 정말로 중요해지는 아주 가까운 미래의 어느 순간 크게 후회하게 될지 모른다.

센게는 이어서 세상의 모든 것이 서로 연결되어 있기 때문에 독립된 존재에서 새로운 것이 창조될 수 있다는 환상에서 벗어나야 참다운 학습조직 구축이 가능하며, 그래야 조직의 목표 달성을 위해 조직원들 스스로 능력을 키워나갈 수 있다고 주장했다. 즉, 열린 시스템(open system)이 되어야 한다는 것이다. 그는 학습조직의 실천을 위해선 다섯 가지의 구성 요소를 조화롭게 발전시켜 나가야 한다고 주장했다.

1. 개인적 숙련(Personal Mastery): 개인적인 숙련은 우리의 비전을 지속적으로 명확히 하고 그 깊이를 더해가는, 우리의 에너지에 집중하는, 인내심을 개발하는, 현실을 객관적으로 바라보는 분과학(discipline)이다. 조직원들은 자신들의 행동이 세상에 영향을 미친다는 것에서 동기부여를 받는다.

2. 정신적 모델(Mental Models): 정신적 모델은 우리가 세상을 이해하고 행동하는 방법에 영향을 미치는 뿌리가 깊은 가정, 개념, 혹은 이미지이다.

3. 공유비전 구축(Building Shared Vision): 공유비전 구축은 순종보다는 진심에서 우러난 헌신과 참여를 촉진하는, 미래에 대한 공유된 비전을 발굴하는 과정이다. 비전이 진실한 것이라면 조직원은 의무가 아닌 필요에 따라 학습에 참여한다.

4. 팀 학습(Team Learning): 팀 학습은 대화, 각자의 가정(假定)을 중지하고 다 함께 사고하는 능력에서 시작된다. 대화는 자연스러워야 하며, 다양한 시각에서 문제에 접근할 수 있도록 하고, 서로의 관점을 연결함으로써 접근방법을 찾는다.

5. 시스템 사고(Systems Thinking): 다른 4가지 규율을 통합해주고, 하나의 이론과 실무 체계로 융합시켜준다.

그는 조직원은 자신이 속한 구조와 시스템에 작용할 수 있는 에이전트(agent)라고 덧붙이면서, 이 다섯 가지 구성 요소들은 부분에서 전체를 보는, 사람을 희망 없는 반응자에서 현실 참여자로 생각하는, 현실에 대한 반응에서 미래를 창출하는 사고의 전환과 관련이 있다고 강조했다. 그러기 위해선 시스템 사고가 필요하다는 것이다. 그 이유는, 첫째로 시스템 사고가 복합적 정책과 전략적 이슈를 이해할 수 있는 비판적 도구를 제시해주기 때문이라는 것이다. 사람들은 세상이 빠르게 변하고 있으며, 그 변화가 날이 갈수록 속도감을 더하고 있다고 말은 하면서도, 날로 연결성이 더해가는 세상을 이해하고 또 그 안에서 경영을 하기 위해 사고방식을 바꿔야 한다는 것에는 신경을 쓰지 않는다는 주장이다. 둘째는 시스템 사고가 모든 학습 구성 요건들을 통합하는 철학이자 원리의 핵심이라는 것이다. 따라서 시스템 원리를 잘 이해하면 할수록, 그만큼 더 다른 학습 요인들을 잘 실행할 수 있다는 의미이다.

그는 학습 조직에서 리더는 조직원들을 지시하는 전통적인 리더가 아닌, 디자이너이자, 봉사하는 집사이자, 선생이 되어야 한다고 주장했다. 조직원들이 복합성을 이해하고, 비전을 명확하게 인식하며, 공유된 정신 모델을 개선할 능력을 갖추도록 인도해야 한다는 것이다.[160]

다시 말해서 변혁적 리더, 비전적 리더가 학습조직을 지향한다는 것이다. 사실 요즘 세상에서 리더가 변혁적 리더, 비전적 리더가 아닌 경우는 거의 없다. 정보가 자유롭게 흐르는, 모든 조직원이 같이 성장하는 것을 목표로 하는 완전 열린 시스템에서 리더는 자연스럽게 변혁적 리더가 되지 않을 수 없는 것이다. 요즘에는 군(軍)의 리더들도 변혁적 리더를 지향한다. 그것도 자신의 조직을 넘어 사회 전체에 영향을 미친다. 즉, 한 조직의 리더는 다른 조직들, 사회의 리더인 세상이다. 예를 들어서, 이건희가 1993년 6월 7일 200여 명의 삼성 그룹 수뇌부를 독일 프랑크푸르트로 불러 놓고 "마누라와 자식 빼고 모든 걸 바꾸라"고 지시한 '신경영선언'은 삼성뿐만 아니라 다른 조직들에 대한 신경영선언이었다. 그 선언으로 삼성만 변했다고 생각한다면 큰 오산이다. 사회전체가 학습조직이기 때문이다. 그런 점에서 학습조직을 따로 예로 드는 것은 적합하지 않을 수 있다. 그리고 국내 정부와 기업들의 학습기관이나 조직학습화에 대해 별로 설명할만한 것이 없다. 주요 기업들의 사례를 살펴보았더니 거의 전부 제너럴 일렉트릭의 GE 글로벌 러닝센터(GE Global Learning Center. 일명 크로톤빌)를 벤치마킹했거나 그런 쪽을 지향하는 흔적이 뚜렷하다. 그 외에도 설립된 지 얼마 되지 않은 애플 유니버시티(Appple University)가 유명하다. 모든 조직이 자신의 문화에 맞는 학습조직을 지향해야 하지만, 대표적인 기업 학습기관에 대해선 상식적으로 알아둘 필요가 있다고 생각한다.

GE 글로벌 러닝 센터(GE Global Learning Center)

GE(제너럴 일렉트릭)는 2009년 현재 미국 최대기업의 하나로 가장 존경받는 기업 9위에 올라있다(1위는 애플). 2009년 매출액은 1,570억 달러, 이익은 약 110억 달러. 직원의 수는 32만 3천여 명. 1878년 발명왕 토마스 에디슨에 의해 설립되었고 100여 나라에서 6개 글로벌 사업을 펼치고 있다.

GE는 1956년 매니저들이 새로운 비즈니스 환경에 적응하는 데 도움을 줄 목적으로 뉴욕주 크로톤빌의 53에이커의 부지에 'GE 글로벌 러닝 센터'를 설립했다. 통상적으로 '크로톤빌 센터'로 불리며 비즈니스 리더와 매니저들을 가장 많이 배출한 연수원이란 평판을 듣고 있다. 세계 최고의 사내 교육기관으로 전 세계로부터 매해 수천 명의 기업인들이 방문하여 교육을 받고 있다. 한국에서도 많이 찾아간다.

이 기관이 본격적으로 주목을 받기 시작한 것은 잭 웰치가 1981년 GE의 회장으로 부임하면서부터이다(그는 2001년 제프리 임멜트에게 회장직을 물려주었다). 그는 크로톤빌을 통해 GE 개혁을 모색했다. 다음은 인도의 자동차 재벌기업 마힌드라 그룹(Mahindra Group)이 발간하는 잡지에 실린 크로톤빌에 관한 요약기사이다.[161]

성장

크로톤빌은 시대적 비즈니스 요구(business requirement)에 부응하는 과정에서. 세계 수준의 연수원으로 진화를 거듭해왔다.

1970년대(1980년대 이전) 매니저들에겐 관리훈련(management training), 능력있는 내부 직원들에게는 문화변화·기업 가치를 커뮤니케이션하고 실행하는 방법을 교육시켰다.

1981~1987년 잭 웰치의 시대로 문화변화·리더십·소통·팀 스킬(Team Skills), 우수 사례를 교육시켰다.

1987~1992년 프로세스 개선(process improvement)·실행학습(action learning)을 가르쳤다.

1992~2000년 경계선 없는 캠퍼스(boundaryless campus) 시대로 변화 주도·6 시그마 주도·고객 및 공급업자 프로그램·미래 리더들을 위한 글로벌 교육을 실시했고, 실행학습(action learning)·성장형 마인드(growth mentality)·혁신실험(innovation lab)·GE 가치·통합 및 고객참여회의(Customer Dreaming sessions)를 제공했다.

특히 함정을 의미하는 '피트(pit : 사회자가 가장 낮은 자리에 위치하고 참가자들은 상단에 앉는다)'라 불리는 시설에선 12곳 GE 계열사 대표들이 모여 자유롭게 토론을 벌인다. 그들은 이곳에서 다음과 같은 개념(접근방법)에 의해 이슈들을 개진한다.[162]

■ GE 워크아웃(Workout) 관료주의와 형식주의처럼 생산성에 도움이 되지 않는 요인들을 배제한다. 잭 웰치는 이렇게 말했다.

"워크아웃은 우리 회사의 모든 직원들이 자신들이 매일 하는 일이 어떻게 시장에서 성공으로 이어져서 자신들의 직업 안전에 연결되는 지를 확인하고 느낄 수 있는 환경을 조성하기 위한 것이다."

■ 리더십 개발 리더십은 신입사원과 중간급 매니저를 거쳐 최고경영자로 승진하는 과정에서 4 단계를 거쳐 개발된다.

역량(competency) → 숙달(mastery) → 기능적 리더십 (functional leadership) → 비즈니스 리더십(business leadership)

■ 총알기차(Bullet Train) 지속적인 생산성 향상을 위해 리엔지니어링(re-engineering: 품질관리나 품질경영 같은 일개 부서의 업무를 혁신하는 것을 초월하여 프로세스 전 부문에 대하여 경영혁신을 시도하는 것), 프로세스 매핑(process mapping: 비즈니스 실체 (business entity), 책임자, 프로세스의 표준, 비즈니스 프로세스의 성공 기준을 정확하게 정의내리는 것), 고객 욕구 매핑(customer needs mapping), 벤치마킹, 물고기도표 분석(fishbone analysis), 리스크 평가를 포함한다.

■ 변화 가속화 프로세스(Change Acceleration Process) 문화혁명의 일환으로 모든 직원에게 속도감, 단순함, 자신감을 심어준다. GE가 지상에서 가장 생산성이 높은 조직이라는 목표의 달성을 지향한다.

■ 최고 사례의 공유(Sharing Best Practices) 잭 웰치는 자신의 근무 시간의 40%를 최고 사례의 공유에 할당했다. GE 연간 보고서에는, 다른 기업들의 보고서들과는 달리, GE의 성과에 기여한 다른 기업들에 대한 감사의 말이 반드시 기록되어 있다.

■ 원거리 교육(Distance Learning) 크로톤빌을 방문하지 않더라도 세계 어느 곳에서라도 공부할 수 있는 자료를 관련 사이트에 올려놓았다.

사명

크로톤빌의 사명은 GE의 성장과 세계 속의 경쟁력을 향상시키기 위해 조직학습을 창출, 공감, 전달하는 것이다. 리더 개발에 있어서 훈련은 하나의 요인에 불과하지만 아주 중요하다.

리더십 생태계(eco-system)는 - 리더십 훈련, 조직 가치 공유, 강력한 비즈니스 프로세스, 명확한 운영 메커니즘, 최고위 리더십의 개입, 단순하면서도 지속적인 이니셔티브, 개인적인 책임감, 사회적 책임감, 엘리트 교육 - 같은 요인들로 구성된다.

리더십 철학

GE 출신으로 미국의 주요 기업의 CEO나 대표로 있는 사람의 수가 200여 명을 헤아린다고 한다. 리더십 철학은 매우 탄탄해서 오랜 세월에 걸쳐 발전, 또 실행되어 왔다.

① 다음 세 가지 전통을 준수할 것:
- 성과, 반듯함(integrity), 변화

② 리더는 두 가지 핵심 역할을 가진다:
- 성장 · 변화 · GE 가치를 주도하는 것
- 다른 리더들을 육성하는 것

③ 리더십 개입 – CEO의 신념:
- GE CEO와 최고 경영진은 근무 시간의 절반을 리더십 부분에 할당한다.
- 1년 중 30일은 섹션 C(Session C: 최고 경영자가 될 예정인 사람들을 위한 평가 프로그램)에 할당한다.

GE 회장을 비롯한 최고경영진은 크로톤빌에서 가르치고자 하는 열정으로 넘쳐흐른다. 제프리 임멜트 회장부터 한 달에 3~4일은 직접 강사로 나선다. 강사로 초빙된 다른 조직의 리더들은 현재 혹은 미래 리더들과 함께 교류하며 밤을 보낸다. 그들은 정상을 향해 나가던 자신들의 경험담을 들려주면서 '가르치는 것이 바로 자신을 성장시키는 것'이라는 진리를 새삼 확인하게 된다.

리더십 단계

떠오르는 리더들뿐만 아니라 최정상에 있는 리더들을 위한 다양한 프로그램이 제공된다. 참가자의 성장·발전 사이클에 맞추어 그에 적합한 모듈(module)이 실시된다. 조직으로부터 추천받은 받은 자만이 참여할 수 있으며, 그중 30%는 다양성 확보를 위해 외국에 할당된다. 리더십 개발의 핵심 규칙은 다음과 같다.
① 도전적 업무(stretch assignment) – 대부분의 최고경영진은 GE 비즈니스 업무를 복수적으로 맡는다.
② 다양한 역할들을 담당해야 하는 제너럴 매니저가 되기 위한

기술을 개발한다.

③ 핵심 인재(high-potential)를 위한 훈련 – 팀을 기반으로 하는 리더십 개발에 초점을 맞춘다.

④ 모든 코스에는 목적, 기능, 그리고 교육 이수자의 특성을 고려한다.

실행학습

최고경영자가 될 예정인 사람들이 참여하는 프로그램의 마지막 날에는, 생동감 있는 비즈니스 이슈들이 직접 회장이나 경영진들에게 제기되어진다. 회장을 비롯한 최고경영자들은 업무현장의 문제점을 파악하기 위해 시간을 내어 확고한 업무 후계자 결정 프로그램인 섹션 C에 참석한다.

가치와 특성

참가자는 성과와 가치 실행에 따라 보상을 받는다. 360도 피드백은 개발의 중요 요인이다.

조직의 핵심 – 엘리트 확보

- 최고 능력자 – 20%
- 상위 중간 평가자 – 70%
- 하위 평가자 – 10%

20%의 최고 능력자에겐 포상을 베풀고, 70%의 중간 능력자는

지원하며, 10%의 하위 능력자는 능력을 개발시키거나 퇴출시킨다.

　잭 웰치에 이어 제프리 임멜트 역시 모든 직원을 리더로 성장시 킨다는 목표 하에 인력 개발에 지대한 노력을 기울여왔다. 그 사이 크로톤빌은 더욱 유명한 사내 교육 기관으로 자리를 잡았다. 하지만 GE는 지난 10년 사이 그 가치가 절반으로 줄어들었다. 이에 대해 전 문가들은 매해 10억 달러 이상을 쏟아 붓는 크로톤빌 연수원을 통한 인력 개발이 과연 성과가 있는 것이냐에 의문을 품고 있다. 예를 들 어서 구글은 이런 식의 사내 교육기관은 없지만 뛰어난 성과를 올리 고 있다는 것이다. 저명한 리더십 전략가인 스캇 벨스키는 "간결성, 평균성, 생산성 기준으로 본다면 GE 프로세스들은 훌륭하다. 하지 만 신속성과 혁신성 면에선 이러한 프로세서들이 오히려 장애가 될 수 있다"고 말한다.[163] 또 이름을 밝히지 않는 사람들은 회장을 비롯 한 최고경영진이 크로톤빌 연수원에서 지나치게 많은 시간을 보내 고 있다면서, GE는 수익을 내는 기업이지 교육기관은 아니지 않느 냐고 반문한다.

　하지만 사내 교육, 더 나아가 조직 전체를 통해 직원이 하루하 루 성장해 나가야 한다. 경영 구루들의 저서를 읽거나 강연을 듣지 않고서라도 일에서 보람을 느끼고, 자신의 창의성을 발휘하고픈 욕 구가 생긴다면 더 이상의 학습 조직은 필요 없으리라 생각한다. 하 지만 리더는 조직원들이 개인적으로라도 세계적인 기업들을 연구하 는 학자 혹은 전문가들의 말이나 글에 신경을 쓰도록 권유할 필요가 있으며, 또 개인적으로 조직에 기여할 방안을 강구하여 자유롭게 의견을 표출한 분위기를 조성할 필요가 있다고 본다.

GE 리더십에 대해 결론을 내리자면, 잭 웰치와 제프리 임멜트는 전체 조직원이 자신과 더불어 성장하는 것에서 보람을 느끼는 변혁적 리더이다. 하지만 기업의 비전이 지나치게 인력개발에 초점을 맞추고 있다는 느낌이 든다. 앞에서도 언급했지만 GE는 이익을 창출하는 기업이지 대학이 아니다. 나는 기업이 자신의 사명에 혼란을 일으킬 때 결코 바람직하지 않은 결과가 도출될 수 있음을 발견한다. 요즘 우리나라 기업들은 크로톤빌 센터에서 교육받는 것을, 그리고 그와 같은 연수원 갖기를 고대하고 있다. 하지만 우리나라 기업들은 크로톤빌의 단점을 보완하고, 보다 창의적인 인재를 키우는 새로운 방식의 인력개발의 필요성에 눈을 떠야 할 것이다.

그런 점에서 가장 효율적인 기업으로 부상한 애플의 사내 교육 기관 애플 유니버시티(Apple University)가 주목을 받고 있다. 아직 애플 유니버시티에 대해 상세하게 알려진 바는 없지만 예일 비즈니스 스쿨의 원장이었던 조엘 포돌니가 2008년 사임을 하고, 2009년 1월에 애플 유니버시티 학장으로 취임한 것으로 봐서 비즈니스 스쿨 형식의 사내 교육기관이 되지 않겠는가 하는 관측이 있다. 독창성을 중요시하는 애플의 성격상, 혁신적인 교육 기관이 될 것이라 예상한다.

물리학자인 프라사드 카이파 박사는 애플, 시스코, 디즈니, 모빌, 보잉 등 세계적인 기업에 컨설팅을 하면서, 피터 셍게를 포함한 경영 구루들과 친교를 맺고 있다. 애플 유니버시티(Apple University) 커리큘럼 구성에 관여하고 있는 그는 이미 학습조직을 디자인한 바 있다. 다음은 그 논문이다. 혹시라도 이 글에서 애플 유니버시티의 교육 환경을 조금이라도 엿볼 수 있으리라 기대해본다.

학습하는 조직 디자인 : 리더의 새 역할[164]

지식화 시대에 리더의 새로운 역할은 사람들로 하여금 머리로 생각하여 창의성을 풀어내도록, 가슴으로 느껴 자신과 주변 사람들을 양육하는 문화를 창출하도록, 솔선수범으로 리더십을 보이는 배짱으로 일하도록, 다른 사람들에게 영감을 불어넣어주기 위한 능력과 평가 방법에 초점을 맞추는 정신을 매사에 적용하는 것이다. 이 통합적이고 순환적인 접근방법에는 지적 자산이라는 새로운 조직의 부를 창출할 잠재력을 내포하면서, 조직원들의 내적 동기를 이끌어내고, 일에 대한 성취감을 느끼도록 하며, 인터넷 시대에 경쟁우위를 확보할 조직의 혼을 개발할 수 있도록 자극한다.

그렇다면 학습하는 조직을 어떻게 디자인해야 하는 것인가? 조직원들의 자질과 능력 개발에 초점을 맞추는 학습 환경을 조성하면 되는 것이다. 그렇게 되면 조직원들은 그 학습 환경을 통해 조직의 전략, 구조, 계량을 고안해낼 것이고, 학습하는 환경을 창출하는 동시에 고객, 공급업자, 파트너들과의 살아있는 생태계를 창출하게 될 것이다.

1.0 학습 환경의 디자인 지식이나 기술만이 아닌, 자질과 능력을 개발하는 학습 환경은 어떻게 창출되는 것인가? 그 열쇠는 학습하는 조직을 창출하는 것이다. 개인의 배움은 그룹, 팀, 조직, 공동체의 배경과 분리되어 진행되지 않는다. 모든 배움은 문화 혹은 환경이란 테두리 안에서 발생한다. 리더십은 본질적으로 배움과 연결되어 있다. 배움은 인간에게 4가지 면에서 성장을 가져다준다. 육체적 성장, 정서적 성장, 지적 성장, 창의적·생산적 성장. 지적 성장에 초점을 맞추면 훌륭한 플레이어가 될 수 있다. 정서적 성장은 인간관계의 증진과 감성지수(EQ) 향상으로 이어진다. 지적 성장은 우리가 학습이라 생각하는 바로 그것과 관련이 있다. 창의적 혹은 생산적 성장은 발명의 뿌리로써 혁신과 지적 자산을 산출한다.

학습하는 조직은 육체적 웰빙과 발전을 지원하고, 지력의 한계에 도전하여 그 범위를 넓히고, 정서적 지원을 제공하여 소속감이나 심리적 건강을 높이도록 하고, 생산·프로세스·서비스를 통해 신지식 창출을 촉진하는데 주의를 기울인다. 학습의 핵심은 정서적 개발이다. 리더는 조직원들이 이 4가지 면에서 성장할 수 있는 환경을 공동 창출할 수 있도록 마음의 문을 여는 방법을 찾아야 한다. 이제부터 그 방법을 단계적으로 살펴보도록 하자.

1.1 토대의 창출 첫 번째 단계인 '토대의 창출'은 조직을 디자인하고 다른 조직들과의 차별성을 유지하는 경계 조건과 기본 규칙을 창출하는 것을 의미한다. 규칙의 목적은 우리가 플레이할 게임을 명확히 하는 것이다. 기본 규칙은 사람들에게 국한되지 않는다. 작전을 펼칠 공간을 갖춘 항시적인 운동장을 창출하는 것이 목적이기 때문이다. 그곳에는 같이 일한다는 공감대가 형성되어 있다. 세속적인 의미에서, 스키너의 조작적 조건형성 이론을 개발하는 것처럼 학습 환경을 재구성하는 것이라 볼 수 있다. 규칙 창출에 개입하는 사람이 많으면 많을수록, 토대는 그만큼 더 단단해지며, 더 많은 사람들이 게임 플레이에 흥미를 가진다.

기본 규칙은 어떤 일이 있더라도 무시되어질 수 없다. 권위 문제가 걸려있기 때문이 아니라, 모든 사람들이 참여하여 만들었기 때문이다. 한 사람이 지키지 않으면 다른 사람들도 지키지 않을 것이다. 어떤 사람이 규칙을 마음에 들어 하지 않는다면 시스템 안에서 개정을 추진할 수 있다. 하지만 규칙 변경이 조직의 최대 관심사가 아니라면 그 사람은 시스템에 남아 그냥 규칙을 따르든가, 조직을 나와 다른 규칙이 적용되는 다른 조직을 찾아가면 되는 것이다.

예를 들어서 의약품을 복용해야 하는 사람이 약품 복용을 금지하는 조직에 들어갔다면, 그 사람은 더 이상 그 시스템의 일원이 될 수 없는 것이다.

기본 규칙에는 어떠한 일이 있더라도 예외가 있을 수 없다. 진정한 리더십은 리더가 말한 대로 행동하는 솔선수범으로, 조직원들이 취해주었으면 하는 행동을 하는 것이다. 최소한의 기본 규칙만을 제정하고, 분명히 공지한 다음에, 신을 따르듯 지킨다면, 조직원들이 리더와 같이 플레이하고 구축해나갈 안전 공간을 창출하는 셈이다.

따라서 이 첫 번째 단계는 리더십과 아주 밀접한 관계가 있다. 도덕성에 관한 문제가 아니라 조건과 습관 형성의 문제이기 때문이다. 육체적인 레벨에서 얘기한다면, 파충류의 뇌는 논리적·정서적으로 작용하지 않는다. 그저 흑백으로만 작용해서, 싸우거나 생존적인 반응만을 보일뿐 높은 지적 능력을 가지고 있지 못하다.

이와는 반대로 인간은 자신이 창출한 것은 무시하지 못한다. 무시하면 조직의 생존은 위협을 받게 된다. 게임을 플레이하려면 누구라도 규칙을 따르겠다는 것에 동의해야 한다. 리더의 역할은 지속적으로 운동장을 모니터링하면서 게임이 잘 진행되는지를 확인하는 것이다. 여기에선 권위는 통하지 않는다. 모든 참여자들이 규칙에 따를 것을 약속한다면 게임은 다음 단계로 접어든다.

기업차원에서 확고한 기본 규칙 제정의 사례를 찾아본다면 앨런 멀랠리(Alan Mulally) 보잉사 부사장이 주도한 보잉 777 프로그램이 먼저 생각난다. 그는 부사장 시절에 나와 만난 적이 있었고 나중에 상업 항공 부분 회장으로 승진했다. 현재는 포드 자동차 회장이다. 나는 그가 기획한 프로젝트 평가 회의에 참석했다가 큰 충격을 받았다. 그가 제시한 기본 규칙에는 자신들의 현재 위치와 프로젝트 진행 방법뿐만 아니라 모든 직원들이 같이 배운다는 정서적 · 인지적 · 창의적인 면들이 분명하게 설명되어 있었다.

모든 사람들을 위한 목적과 평가
- 우리의 계획에서 우리의 현재 위치
- 우리의 계획을 성취하기 위해 우리가 특별히 주목해야 할 곳

원칙과 실행
- 사실과 데이터 사용 · 서로의 의견에 귀 기울이기
- 비밀 없기 · 다른 사람을 도와주기
- 수시로 'OK' 라고 말해주기
- 서로에게 기쁨을 주고 자주 찾아가 얼굴 내밀기
- 계획을 제시하고 방법을 찾아보기
- 정서적 탄력성

육체적 · 습관적 학습이 수요일 오전 8~11시 사이에 진행되는 '프로젝트 평가' 회의에서 빠짐없이 다루어졌던 것이다. 멀랠리는 오전 8시 정각에 큰 그림을 보여주면서 회의를 시작했다. 참

석자 한 사람 한 사람을 반겼고, 또 토론에 참여하는 경우엔 감사하다는 말을 빼놓지 않았다. 그는 원리와 실행에 대해서 평가했다. 누군가가 위에 소개한 원칙에 불만을 개진한다면, 모든 사람들에게 적용할 대안을 내놓아야 한다.

그들은 프로젝트를 평가하면서 교통신호등을 비유로 사용했다. 스케줄대로 진행되는 것에는 푸른색, 특별한 관심이 필요한 것에는 노란색, 모든 사람들이 서로 도와야 한다는 경고 사인으로 빨간색을 칠했다.

우리는 여기서 모든 사람들이 같이 일해야 한다는 것을 강조했다는 점에 주목해야 한다. 내가 참석한 그 회의는 깔끔하게 진행되어 단 한마디의 불만이나 불평이 나오지 않았다. 프로젝트 평가회의에 참석한 보잉사와 관련이 있는 고객, 공급업자, 방문객들은 정보가 잘 전달되고, 이슈를 분명하게 드러냈다는 것에 감동을 받았고, 또 자신들이 회사에 기여하거나 피드백을 제공하여 그 거대한 프로젝트의 일원이 되었다는 뿌듯함을 가질 수 있었다.

오너십(ownership), 책임과 의무는 분명한 기본 규칙에서 나온다. 개인이 선택하여 일할 자유를 부여받은 참여 분야와 팀도 그 안에서 나온다. 확고한 토대에서 그러한 것들이 생성되는 것이다.

1.2 새로운 문화의 구축 기본 규칙이 분명하게 확립되어 실행에 들어가면, 그때부터는 그걸 보호하고 육성할 환경을 조성하는

것이 매우 중요하다. 이는 정서적 환경뿐만 아니라 물리적 환경도 기본 규칙에 포함된 가치에 따라 창출하는 것을 의미한다. 문화는 사람들에게 권한 혹은 능력을 부여하거나 박탈하는 그 무엇이다. 하지만 우리는 조직원들이 창출하고, 공유하며, 육성할 수 있도록 권한이나 능력을 부여하는 것에 관심을 가진다. 정서적 환경의 육성은 관심, 감정이입, 신뢰, 들음, 공유, 위험감수, 실수를 통한 배움 같은 가치들을 반영하는 원리와 실행을 통해 창출되어진다. 게임 규칙과 경계 조건들이 운동장을 정의하는 반면, 이러한 원칙들은 게임이 즐겁고, 공정하고, 재미있게 진행되도록 인도한다. 학습 차원을 육성하는 환경은 정서적 개입을 유도한다. 변연계(limbic system)는 그러한 환경에 관련된 포괄적인 정서를 표출한다. 학습의 여러 차원을 토대로 한 확고한 기본 규칙이 제시되고 그로 인한 실행으로 안전하면서도 즐거운 학습 환경이 창출되면, 학습 사이클에서 '조건적(conditioning)'이라 불릴만한 상황과 유사한 학습 문화가 조성되어진다. 문화는 기본 규칙과 환경의 디자인을 반영한다. 따라서 학습의 한 차원이라도 빠진 디자인이라면 학습을 위한 확고한 문화라 할 수 없다. 777프로그램을 위한 환경은 아주 훌륭했다. 멀랠리는 나와 대화를 나누면서 참석자들이 회의 중에 숨기는 것 없이 진실을 다 말해준다는 점을 강조했다. 그들이 그럴 수 있었던 것은 멀랠리부터 남들에게 자신의 약점까지 다 밝힐 정도로 진실만을 말하면서 자신이 주창하는 가치를 실행에 옮겼기 때문이었다.

그의 의무에는 역할 모델을 훌륭하게 이행하는 것도 포함되어 있었다. 그는 보상을 통한 행동의 변화에 대해 얘기했을 뿐 처벌에 대해선 입도 뻥긋하지 않았다. 그는 인간은 본질적으로 착하다는 성선설을 믿는 것 같았다. 그는 조직원들이 자신들에게 도움이 되는 것을 할 수 있도록 적극 지원할 의사를 분명히 하면서도 777팀 전체를 위해 도움이 되도록 자신의 의무를 다하겠다는 의지를 내비쳤다.

새롭게 팀에 가담한 직원은 '다 같이 일한다'는 777 문화에 노출되는 것을 꺼려할지 모른다. 하지만 진실을 말하고 자신의 책임을 이행하는 과정에서 그 문화에 적응하게 될 것이고, 그로 인해 변화될 것이다. 문화는 원래 묵시적이지만 실행을 통해 퍼져 나가는 성질을 가진다. 어린이는 자동차에 탈 때 안전벨트를 매거나, 자전거를 탈 때 헬멧 쓰는 것에 어떤 어려움도 호소하지 않는다. 그 이유는? 성장하면서 자연스럽게 그런 습관을 익혔기 때문이다. 하지만 우리 같은 성인들은 안전벨트나 헬멧을 착용하라는 소리를 들으면서 성장하지 않았다. 그로 인해 자신의 안전을 개인의 자유나 선택 같은 이슈들과 연결하여 볼멘소리를 하고 있는 것이다.

1.3 개인적인 변화와 조직의 변화 학습에 도움이 되는 조건 창출을 위한 세 번째 단계는 개인의 변화에 집중하는 것이다. 뚜렷한 경계 조건과 권한 부여 환경도 물론 중요하지만 개인적인 변화야말로 조직 변화의 핵심이다. 이는 개인적인 창의성의 환경을

육성하여 혁신의 발생을 유도하기 위한 것이다. 앞의 두 단계가 확고하면 할수록, 세 번째 단계의 구체화 가능성이 그만큼 더 높아진다. 구조를 알고 가치를 부여하면 할수록, 그만큼 더 그걸 채우려는 것이 사람의 본성이다. 문화가 교육적이고 권한을 부여하면 할수록, 사람들은 그 수준을 뛰어넘고자 한다. 틀에 박힌 관습을 깨뜨리고 도약하려는 집단적인 움직임이 처음부터 쉽게 발생하는 것은 아니다. 개인적인 변화가 우선되어야 하는 것이다. 창의성은, '상자 밖의 것을 생각하는 것' 처럼, 틀을 깨뜨려서 한계를 초월하여, 전통적인 지혜에 도전하는 것에서 비롯된다. 용기있는 실행이 필요한 단계이다. 불확실성과 실험을 거치지 않는 창조 사이의 간격을 메울 위험을 감수함을 의미한다.

개인이 위험을 감수하려면 환경으로부터의 지원이 필요하다. 리더뿐만 아니라 그룹으로부터의 지원이 필요하다. 조직원들이 자신만의 천재성을 캐낼 수 있도록, 리더는 개인별로 코칭을 실행하여 생각과 성장의 범위를 넓히도록 유도해야 한다.

개인과 그룹 사이의 간격을 매울 환경을 창조하기 위한 핵심 원칙과 실행은 감사하고 인정하는 것이다. 보잉 777 프로젝트 평가회의에는 현재의 팀 멤버들뿐만 아니라 예전의 팀 멤버, 고객들도 다 참석할 수 있었다. 멀랠리는 한 사람 한 사람의 이름을 부르면서 프로젝트에 참여한 것에 대해, 그리고 회의에 참석한 것에 대해 사의를 표했다. 그리고 회의에 대해, 프로젝트에 대해 개인적으로 피드백을 구했다. 그는 여러 사람이 피드백을 담아 보내온 편지를 큰 소리로 낭독하거나 스크린에 비쳐 다 같이 읽도록 했다. 나는 편지을 보낸 사람의 환한 얼굴을 보는 것이 재미있었다. 그들은 부쩍 성장하고 있다는 느낌이 들었다. 그 행복한 순간이 바로 변화의 시간인 것이다. 사람들은 자신이 인정받고 또 높게 평가받는 것에서 변화를 시작한다. 자신의 생각과 다른 사람들의 생각 사이의 간격을 채우려는 노력을 시작한다. 내면 깊숙이 숨어있던 천재성이 슬며시 고개를 들기 시작하는 것이다.

인정과 감사에서 진실성처럼 중요한 것은 없다. 사람들로 하여금 속고 있다는 느낌이 들게 한다면 신뢰와 존경심의 상실이 초래된다. 가식은 그만큼 위험하다. 문화인류학자인 안젤레스 에리엔은 각 개인이 리더이며, 효율적인 리더는 다른 사람을 인정하고 존중하는 법을 아는 사람이라고 말했다.

"세계를 넘어선 사람은 다음 네 가지 면에서 다른 사람을 지속적으로 인정한다. 그것은 다른 사람의 기술을 인정하는 것이고, 다른 사람의 개성을 인정하는 것이며, 다른 사람의 외모를 인정하는 것이고, 또 서로에게 미치는 영향을 인정하는 것이다. 인정받는 것이 충분하지 않게 되면, 불충분과 자존감 결여의 느낌이 생성된다."

인정과 감사는 다른 사람에게 변화를 일으킬 만큼 막강한 힘을 가진다. 일부 국한된 부분에서만 인정받았거나, 전혀 인정을 받지 못했던 사람이 인정을 받게 되면 자신에 대해 새로운 인식을 하게 된다. 자아실현 욕구를 충족하는 방안을 강구하게 되는 것이다. 요즘처럼 메마르고 삭막한 조직일수록 모든 조직원은 변화의 에이전트가 되어야 한다. 변화를 통해 뛰어난 고객 서비스와 신상품 개발이 창출되는 것이며, 단순한 기본 규칙이나 환경 조성보다는 개인적인 변화가 선행되어야만 혁신이 가능한 것이다.

하지만 처음 두 단계는 세 번째 단계가 올라설 토대이다. 그것들이 없다면 개인적인 변화는 지속가능하지 않다.

1.4 새로운 게임의 디자인 학습 환경 조성을 위한 네 번째 단계는 단지 게임을 플레이하는 것이 아니라, 우리가 시작한 게임보다 훨씬 큰 게임을 새롭게 디자인하는 것이다. 앞의 3단계를 충실하게 이행했다면 우리는 지금쯤 경계 조건에 정통하고, 강력한 학습 환경 조성법을 잘 알고 있는 리더들을 많이 확보하고 있을 것이다. 이 리더들은 개인적으로 변화하고 있을 뿐만 아니라 다른 사람들도 변화하도록 코칭하고 있을 것이다. 이는 리더 공동체를 건설하는 것과 마찬가지로 진실 되게 자유를 주는 리더십이다. 사람들은 새로운 지식 창출에 지속적으로 관여함으로써 독창적인 학습과 새로운 혁신이 발생하도록 한다. 이는 외부 고객들과의 경쟁이나 완벽성을 추구하지 않는 것을 의미하지 않는다. 그저 인간의 사고와 창의성의 한계를 넓히는 것, 다 같이 참여하는 창의성 개발, 팀워크, 집단적으로 생성되는 학습에 관한 것이다. 이는 또한 집단 속 한 사람 한 사람의 기여, 리더십, 권

한 부여, 창의성을 통합하는 것이다. 시너지 효과와 새로운 지식의 생성에 관한 것이다.

네 번째 단계는 배움을 위한 학습과 초점을 첫 번째 단계로 되돌리는 것과 관계가 있다. 네 번째 단계에 내재된 패러다임의 변화와 돌파적 혁신을 경험한 이상, 보다 크고 새로운 게임을 디자인하는 것은 자연스런 현상이다.

본질적으로 네 번째 단계는 통합에 관한 것이다. 행동에 관한 것이지만, 단순한 행동이 아닌 결과가 있는 행동에 관한 것이다. 이는 당신에게 무언가를 주는 것이 아닌, 보다 큰 공동체에게 무언가를 주는 것과 관련이 있다. 이 환경에서는 1에 1을 더하면 2가 아닌 11이 된다. 1 하나만으로는 더하고, 곱하고, 빼도 결코

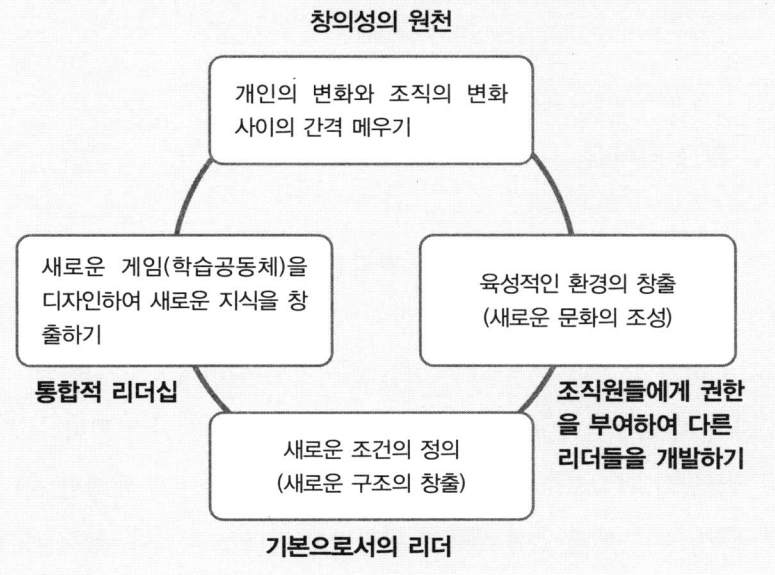

11이란 숫자를 얻지 못한다. 하지만 배우는 조직에서는 얼마든지 가능하다. 머리(인지), 가슴(정서), 본능(육체)의 레벨에서 커뮤니케이션과 학습이 발생한다면, 개인과 조직은 개인의 능력을 다 합쳤을 때보다 더 큰 일을 하는 동안, 창조하고, 선도하고, 각자에게 권한을 부여하는 선택과 자유를 만끽할 수 있다.

조직은 인간처럼 사이클 안에서 학습한다. 인간에게 육체가 있듯, 조직은 조직적인 프레임워크(뼈대)를 가진다. 문화는 몸 안을 도는 피와 같다. 개인의 변화는 창의성과 혁신을 자극하고, 새로운 지식의 생성은 새로운 조직(유기체)를 낳는다. 그런 다음 사이클은 처음부터 다시 시작된다.

(By permission of Dr. Prasad Kaipa)

환경 리더십

조직과 개인에 대한 투명화 과정은 전율을 느낄 정도로 빠르게 진행되고 있다. 조직들 사이, 개인들 사이, 조직과 개인 사이의 비밀은 더 이상 보장받지 못한다. 그런데 여기에 더하여 급작스럽게 부상하는 이슈가 있다. 즉, 환경과의 투명성, 즉 환경과의 소통이다.

산업화 과정으로 인한 환경 파괴로 우리 후손에게 쾌적한 삶터를 물려주기는커녕 인류 생존이 위협받고 있다는 것이다. 환경 파괴의 심각성에 대해 반론을 펴는 사람들도 없지 않지만, 최소한 지금처럼 환경이 파괴되어선 안 된다는 공감대는 형성되어 있다.

MA(밀레니엄 환경시스템 평가)가 2005년 4월에 발표한 보고서는 4년에 걸쳐 세계적인 과학자 수백 명과 인터뷰하고, 인간과 자연의 관계를 근본적으로 고찰한 수천 편의 논문과 글을 섭렵하여, 그 결과들을 종합하고 분석하여 다음처럼 심히 당혹스런 결론을 내렸다.

- 지난 50여 년 동안, 인간은 식품, 식수, 목재, 섬유, 연료 등을 얻기 위해 역사상 그 어느 때보다 가장 빠르고 심각하게 생태계를 변화시켜 왔다. 이로 인해 지구상의 다양한 생물들이 근본적이고 회복할 수 없을 정도로 상실되었다.
- 생태계의 변화가 인간의 웰빙과 경제발전에 도움을 주었다. 하지만 이러한 혜택은 수많은 생태계 서비스들을 악화시킨 결과이다.
- 24가지의 생태계 서비스를 점검한 결과 60%인 14가지 부분에서 악화되거나 더 이상 사용할 수 없음이 밝혀졌는데, 이런 서비스에는 깨끗한 물, 어업, 공기 청정과 정수(淨水), 큰 지역 및 작은 지역 기후의 조절, 자연재해, 그리고 해충 등이 포함된다.
- 이러한 생태계 서비스의 상실과 악화로 인한 피해는 측정하기 힘들지만, 증거에 의하면 그 피해가 상당하고 또 날로 확

대되고 있는 것이 확실하다.

- 생태계 악화로 인한 피해는 특히 빈곤 지역에서 더 심하게 발생하고 있는데, 이로 인해 불평등과 불균형이 가속화되고 있을 뿐만 아니라 빈곤과 사회 갈등을 더욱 촉진하는 요인으로 작용한다.
- 생태계 서비스의 악화는 밀레니엄 발전 목적(새천년개발목표)(Millennium Development Goal)의 큰 장애이다. 그로 인한 피해는 특히 지난 50년 사이 더욱 증폭되었다.
- 생태계에서의 변화가 생태계에서의 비선형적 변화(가속적, 돌연적, 잠재적으로 돌이킬 수 없는 변화. 인간의 웰빙에 중요한 영향력을 행사한다) 가능성을 높여주는 확정적이면서도 불충분한 증거가 존재한다.[165]

세계 각국은 환경 파괴의 심각성을 깨닫고 오염 물질의 배출을 제한하는 방향으로 나가고 있다. 인간은 태어나서 죽을 때까지 매순간 자연을 파괴하며 살아왔지만 항상 자연이 스스로 회복할 여유를 주었다. 하지만 지금은 자연이 회복할 시간을 주지 못하고 있다. 그렇게 빨리 인간은 자멸을 향해 질주하고 있는 것이다. 인간과 자연은 하나이기 때문이다.

머지 않아, 어느 순간, 전 세계 리더들이 모여 화석연료 사용량을 절반 이하로 줄이거나, 아예 사용하지 않는다는 것에 동의할지 모른다. 전기도 풍력이나 태양열 발전으로만 생산할 것을 결의할지 모른다. 자동차는 전기 자동차라 할지라도 자가용 사용은 제한될지 모른다.

우리 기업들은 급작스럽게 그날이 온다고 가정할 필요가 있다. 미국, 유럽, 일본, 중국, 러시아 같은 강대국들이 화석연료를 대체할 기술을 완비해놓고, 어느날 갑자기 화석연료 사용 금지안을 밀어부칠지 모른다. 그 때부터 새로운 기술 개발에 착수한다면 강대국과의 간격은 영원히 좁혀지지 않는다.

따라서 우리 기업들은 자연보호를 위해, 우리 후손의 생존을 위해, 아니 우리나라의 미래 경쟁 우위 확보를 위해 지속가능성의 개념을 비즈니스의 전략이자 개혁 노력의 핵심 노력에 포함시키지 않으면 안된다. 비즈니스 지속가능성을 위한 네트워크(Network for Business Sustainability)는 우리 자신에게 다음과 같은 질문을 던져 볼 것을 주문한다.

1. 기업의 생태적 영향을 어떻게 평가하고 가치를 매길 것인가?
2. 영속성이 있으며, 내구적인 지속가능성 기업 문화를 어떻게 구축할 것인가?
3. 우리의 공급 사슬(supply chain)안에서 지속가능성을 어떻게 촉진하고 확보할 것인가?
4. 지속가능성을 어떻게 직원 인센티브에 포함시킬 것인가?
5. 어떤 비즈니스 리스크가 물 부족이나 수질에 관련되는 것인가?
6. 비즈니스 지속성에 대한 원주민적인 관점은 무엇이며, 건설적인 포

용을 위한 최상의 접근방법은 무엇인가?

7. 님비현상(NIMBY: 공공의 이익에는 부합하지만 자신이 속한 지역에
는 이롭지 아니한 일을 반대하는 이기적인 행동)은 갖고 있지 않은
가?[166]

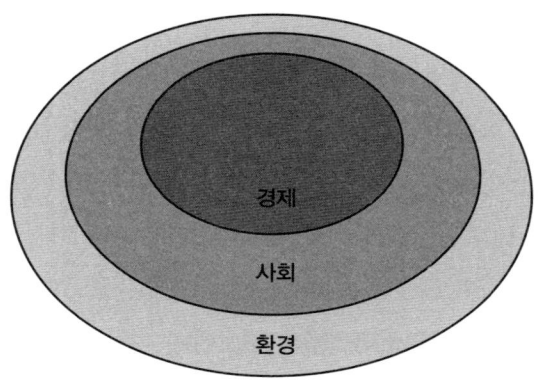

Sunray Iacchus의 Nested sustainability
출처: Wikipedia

경제는 사회보다 덜 중요하고, 사회는 환경보다 덜 중요하다.
경제는 미약해도 환경만 건강하다면 인간은 얼마든지 생존할 수 있
지만, 아무리 막강한 경제력을 갖고 있더라도 환경이 망가지면 인간
은 생존하지 못한다. 하버드 비즈니스 스쿨의 마이클 포터 교수는
말했다.

"미래에는 기업들이 자신의 조직뿐만 아니라 자신들이 활동하는 환경

의 건강에 대해 의존하게 된다는 사실을 깨달을 필요가 있다. 기업들은 지금까지 자신들의 영역 이상에는 신경을 쓰지 않았지만 앞으로는 미국뿐만 아니라 전 세계의 건강에 관심을 기울이지 않으면 안 된다. 시간이 지나가면서 세상 사람들을 비롯한 모든 것들은 서로 연결되어 가고 있는 것이다."167)

다들 준비들은 하고 있겠지만, 삼성, 현대, LG, 두산, SK, GS 등등의 기업들은 화석연료를 대체할 새로운 연료 개발에 공동으로 나서야 한다. 우리가 다른 선진국들보다 가장 뛰어난 기술과 방법을 먼저 개발해낸다면 우리 후손들의 삶의 조건은 지금부터 훨씬 좋을 것이다. 우리가 후손을 위해 남겨줄 유산으로 그만한 것이 없다.

우리는 느끼지 못하지만 세계 각국은 어떻게 하면 지구가 망가지는 속도를 늦출 수 있을까에 골몰하고 있다. 상당히 심각하게들 생각하고 있다고 한다. 따라서 리더는 쓰나미가 밀어 닥쳐 모든 것을 파괴하기 전에, 아직 해결 방안을 연구할 시간이 있을 때에 환경 파괴 최소화와 금지를 외쳐야 한다.

국가의 리더뿐만 아니라 장사꾼인 기업의 리더도 상당히 영향력을 행사하는 사람들이다. 사회는 기업의 리더로부터도 많이 배운다. 이건희가 삼성에 위기의식을 고취하면 사회도 역시 그 말을 듣고 위기의식을 갖는다. 정몽구가 사소한 하자를 트집잡아 신제품 출시를 몇 달 늦추면 사회는 정확성의 중요성을 새삼 깨닫는다. 최종

지속가능한 사회를 위한 네 가지 시스템 조건[168]

1. 지속가능한 사회에서의 자연은 지구 표면에서 추출된 물질에 대한 의존도를 체계적으로 높이는 것에 영향을 받지 않는다.	이는 채굴한 모든 광물질의 효율적인 사용과 화석연료에 대한 의존도를 줄임으로써, 자연에서 부족한 광물질을 보다 풍부한 다른 물질로 대체하는 것을 의미한다.
2. 지속가능한 사회에서의 자연은 사회에서 생산한 물질에 대한 의존도를 체계적으로 높이는 것에 영향을 받지 않는다.	이는 쉽게 썩지 않는 인공물질을 자연에서 보다 풍부하고 쉽게 부패하는 물질로 대체하는 것을 의미하며, 사회에서 생산된 모든 물질은 가능한 효율적으로 사용하는 것을 말한다.
3. 지속가능한 사회에서의 자연은 물리적인 방법에 의해 체계적으로 파괴되지 않는다.	이는 잘 관리된 생태계로부터만 자원을 추출하여, 체계적으로 그 자원과 땅을 가장 생산적이고도 효율적으로 사용하고, 자연에 변경을 가할 때는 신중해야 함을 의미한다.
4. 지속가능한 사회에서, 인간의 욕구는 세계적으로 평등하게 충족되어진다.	이는 이 세상 모든 사람의 욕구, 앞으로 태어날 후손들의 욕구가 가장 좋은 방법으로 충족되어질 수 있도록, 자원을 효율적으로, 공평하게, 책임감있게 사용하는 것을 의미한다.

현 SK그룹 명예회장은 사망한 후 다른 상류층 사람들과는 달리 화장되는 길을 택했는데, 그 후 사망자의 70% 이상이 화장되고 있다. 그 직전에는 이 좁아터진 땅덩어리가 무덤으로 덮혀버릴지 모른다는 공포에 휩싸여 있었다. 그는 우리나라의 가장 심각한 고민의 하나를 솔선수범으로 해결해주었다.

이제 리더들은 환경 보호의 중요성에 대해 애기해야 한다. 자기들은 지금 이러이러하게 환경을 파괴하고 있는데, 그걸 해결한 방안을 모색 중으로 '국민 여러분도 좋은 아이디어가 있으면 알려 달라' 는 식으로 의견을 구해야 한다.

선진국들은 동남아시아를 강타한 쓰나미, 미남부를 덮어버린 대홍수가 어느 순간 자신들에게 들어닥칠지를 걱정하고 있다. 중국 해안 지역, 일본 등은 지구온난화로 인한 해수면 상승 가능성을 염려하고 있다. 어느날 갑자기, 이 세상의 모든 기업들에게 더 이상 화석연료를 쓸 수 없다, 환경을 파괴하는 비닐이나 플라스틱을 생산할 수 없다, 같은 지시문이 내려올지 모른다. 영국정부는 우리 후손의 생존을 위한 지침을 마련하여 홈페이지에 올려놓았다. 우리나라는 이 보다 더 발전적인 방안을 수립하여 전 국민에게 알려야 할 것이다.

지속가능한 발전의 5가지 원칙[169]

1. 환경의 한계 안에서 살기: 지구환경, 자원 및 생물다양성을 존중한다. - 환경을 향상시키고, 후손을 위해 삶에 필요한 자연자원이 손상 받지 않고 원래대로 남아있도록 한다.

2. 튼튼하고, 건강하고 공평한 사회를 보장하기: 기존의 모든 인류 및 미래의 후손의 다양한 욕구를 충족시킨다. - 개인의 웰빙, 사회통합 및 포용, 평등한 기회를 보장한다.

3. 지속가능한 경제의 달성: 모든 사람들을 위해 번영과 기회를 제공하는 튼튼한, 안정적인, 지속가능한 경제를 구축한다. 환경 및 사회 비용은 오염자에게 부담시키고 효율적인 자원 사용이 장려되어

진다.

　4. 좋은 행정: 사회의 모든 차원에서 효율적인, 참여적인 행정 시스템을 장려한다. - 인간의 창의성, 에너지, 다양성이 표출된다.

　5. 건전 과학의 책임성을 사용: 대중의 태도와 가치뿐만 아니라 과학적인 불확실성을 고려하면서, 강력한 과학적 근거에 따라 정책이 개발되고 이행될 수 있도록 보장한다.

　이처럼 비즈니스는 보다 넓은 사회와의 관계를 관리할 필요가 있다는 인식이 높아지고 있다. 기업 리더들은 자신의 기업이 법률 준수와 개인의 의무 차원을 초월하여 사회와 자연 환경에 미치는 영향에 대해 책임을 진다.[170]

　기업들에게 있어서 환경보호처럼 중요한 사회적 책임은 없다. 환경보호는 우리의 지속가능한 성장의 길이요, 생존의 길이다. 국가 리더, 기업의 리더, 그리고 그 밖의 리더들은 지체치 말고 머리를 맞대서 지속가능한 발전의 길을 모색해야 한다. 너무 늦었다고 주장하는 학자들이 있지만 말이다.

성공적인 미래를
위한 리더십

"승리를 대신할 수 있는 것은 없다." — 더글러스 맥아더(미군 장성)

"나는 당신에게 성공공식을 제시할 순 없지만 실패의 공식은 제시할 수 있다. 모든 사람들을 기쁘게 하는 것이 바로 그것이다." — 허버트 B. 스워프(언론인)

"내가 다른 사람들보다 더 멀리 볼 수 있다면, 그건 거인의 어깨 위에 서 있기 때문이다." — 아이작 뉴턴(과학자)

"리더는 전문가들이 반대하는 행동을 할 만한 용기를 가져야 한다." — 제임스 캘러헌(전 영국총리)

"위기 중의 리더 혹은 행동하는 사람은 무의식적으로 행동을 하고, 그 다음에 그 행동의 이유를 생각한다." — 자와할랄 네루(인도 공화국 초대 총리)

"시간은 중립이라서 변화를 일으키지 않는다. 용기와 주도권을 쥔 리더가 변화를 일으키는 것이다." — 제시 잭슨(미국 목사)

"성공적인 리더십의 열쇠는 영향력이지 권위가 아니다." — 켄 블랜차드(경영학자)

"리더가 파워를 독차지 하려든지, 영웅이나 구세주처럼 행동한다면, 일에 눌려 기진하여 심한 스트레스를 받게 된다." — 마가렛 J. 휘틀리(경영컨설턴트, 작가)

"지금 우리에게 필요한 것은 자기 위안이 아닌 용기이다. 리더십은 세일즈맨십이 아니다." — 존 F. 케네디(전 미국대통령)

"위대한 업적치고 열정 없이 이루어진 것은 하나도 없다." — 랠프 왈도 에머슨(사상가)

눈을 감고 50년 전 어렸을 적을 회고해본다. 밀수품 보따리 장수 아줌마가 마카오, 홍콩, 일본, 미국에서 들여온 화장품이나 라디오를 방 안에 늘어놓으면 넋을 놓고 바라보았었다. 중고등학교 시절, 외국의 국가원수들이 방한한다는 신문보도에는 반드시 그 나라의 국민 소득이 적혀 있었다. 도대체 우리나라보다 못사는 나라가 없었다. 인도네시아에서 벌어지는 축구 시합을 라디오로 중계하던 아나운서는 그 나라의 잘사는 환경이 부럽다고 했었다. 모하메드 알리가 필리핀에서 복싱을 할 때는 우리나라에선 언제나 알리 같은 사람이 경기를 할 수 있을 것인가 하는 질문을 던졌었다. 미얀마(당시는 버마)를 그렇게 부러워했었는데, 필리핀으로 유학가고 싶어 하는 학생들도 많았는데…. 솔직히 그때의 한국이 지금의 한국이 되었다는 것이 믿기지 않는다. 우리는 언제나 지상에서 가장 못사는 국민으로 남을 것이란 숙명론에 젖어있었는데… 사실 50대 이상은 21세기를 살며 이게 꿈인가 생시인가 할 판이다.

난 확신한다. 우리가 이렇게 세계 속의 한국이 될 수 있었던 것은 국민을 잘살게 하겠다는, 자랑스러운 한국을 만들고 말겠다는 비전을 가진 리더들이 등장했기 때문이라고. 이 책에서 다루어진 박정희, 이병철, 정주영, 구인회, 허준구, 최종현, 박태준뿐만 아니라 이름도 없이 국가를 위해 자신을 희생한 리더들이 얼마나 많은지 모른다.

리더는 무식하게 몸으로 실천하는 사람이다

경영학 교수들이 모인 식사자리에 참석했다가 망신당한 적이 있었다. 리더십에 관한 논의를 하고 있었는데, 난 학자가 아니라는 자격지심에서 입을 꼭 다물고 있다가 그 모임이 파할 즈음에 얼떨결에 이렇게 말하고 말았다.

"하겠다는 마음만 있으면 방법은 저절로 생각나는 것 아니겠습니까?"

내가 그렇게 말할 수 있었던 것은 리차드 브랜슨의 '망치더라도 한번 해보는 거야' 라는 의미의 《Screw It, Let's Do It》라는 책을 대충 훑어보아 상당히 용기가 생겼기 때문이었다. 브랜슨은 완벽한 전략이 떠오를 때까지 마냥 기다렸다간 시기를 놓치기 십상이라고 생각한다. 일을 하다보면 방법이나 전력이 떠오른다는 것이다. 브랜슨은 정주영에게서 성공의 DNA를 몰래 사들였는지 모른다. 내가 그 자리가 어떤 자리라고 그런 소리를 했는지 모른다. 그랬더니 사람이 아주 좋게 생기신 분이 얼굴을 붉히면서 이렇게 톡 쏘는 것이었다.

"안 선생은 안 선생 잘하시는 것에만 신경 쓰십시오."

사실 킹 질레트도 1회용 면도기에 관한 아이디어를 갖고 MIT 금속공학 교수를 찾아갔다가 비슷한 소리를 들었었다. 라이트 형제가 비행기를 연구할 때 꽤 많은 세계적인 공학자들도 비행기를 연구하고 있었다. 라이트 형제는 그들에 비하면 상대가 되지 않을 정도로 무식한 사람들이었다.

어느 날 친구들과 저녁식사를 하던 중, 경제학 교수인 한 친구가 이렇게 말했다.

"요즘에는 어중이떠중이 다들 경제학 책을 쓴다고 난리야. 우습지도 않아."

이번에도 나는 조심성 없이 말을 내뱉고 말았다.

"경제학 교수들이 안 쓰니까 아마추어들이 쓰는 것 아니겠어? 넌 교수하면서 책 몇 권이나 썼냐? 외국 학술지에 논문 몇 편이나 실었냐?"

친구는 잠시 나를 노려보다가 고개를 떨어뜨리며 말했다.

"내 평생에 가장 내 마음을 아프게 한 말을 너에게서 듣는구나. 할 말이 없다…그렇지 않아도 난 내가 연구를 하지 않는 학자가 되었다는 사실에 자괴감을 느끼고 있었다. 난 그저 월급쟁이에 불과해."171)

"너무 완벽한 글을 쓰려고 했다간 한 편도 쓰지 못하고 인생 종치는 거야. 외국 학자들은 막 쓰더라. 좋은 논문도 많지만 쓰레기 천지더라. 그래도 쓰는 용기가 대단하잖아?"

난 이 책을 쓰면서 하버드 대학 교수인 세계적인 수학자 히로나카 헤이스케의 책에 나오는 말을 하루에 적어도 다섯 번 이상 외쳤다.

하여튼 인생에서 남의 눈을 너무 의식하다가는 비약하지 못할 때가 있다. 누가 어떻게 생각하든 이것만은 해내야 한다는 결심을 하기 위해서는 배짱이 필요하다.172)

논문을 써야 한다. 아무리 형편없는 것일지라도…[173]

나는 히로나카 같은 세계적인 학자도 박정희, 정주영, 이병철처럼 때론 무식하게 밀어붙인다는 것을 알았다. 학문도 배짱이 필요하다는 것을 깨달았다. 그리고 모든 인생사 몸으로 때우는 것이 최선의 방법이라는 것을 깨달았다. 세계 비즈니스계로부터 주목을 받는 어느 경영 구루가 전략이나 방법 같은 것을 설명하다가 결론에 가서는 이렇게 말하는 것이었다.

"불확실성이 날로 가중되는 지금, 리더는 잠잘 틈이 없다."

역시 몸으로 때우라는 의미가 아니겠는가. 아마 그 경영구루도 몸으로 경영학을 연구하고 있을 것이다.

리더는 높은 수준의 도덕윤리 수준을 갖추어야 한다

빠르게 변하는 세상에서 각가지 방법이나 전략들이 홍수처럼 쏟아져 나오고 있고, 또 그런 것들이 별로 새로울 것도 없지만, 우린 그들이 이구동성으로 외치는 단 한마디에 특히 주목할 필요가 있다. 그것은 세상이 점점 더 열린 시스템화한다는 것이다. 즉, 한국은 더 이상 한국인만의 나라가 아니요, 세계를 위한 한국이 되어야 한다는 것이다. 삼성, 현대, LG 등도 더 이상 한국만의 기업이 아니요, 세계를 위한 기업이어야 한다는 것이다. 따라서 미래의 리더는 자신의 조직만이 아닌 사회, 전 세계의 안전과 성장을 도모하는 것을 목적으로 해야 한다. 기업만의 가치가 아닌 세계의 보편적 가치를 사명에 반영하지 않고선 더 이상 성장할 수 없다는 것이다.

하버드 비즈니스 스쿨의 로자베스 모스 캔터 교수는 인도출신 여성으로 펩시코(PepsiCo) 회장 자리에 오른 인드라 누이, 그리고 프록터 앤 갬블(P&G)의 로버트 맥도날드 회장에게서 비즈니스와 사회의 관계를 더욱 돈독히 하는 법을 배워야 한다고 역설한다.[174] 펩시는 미국의 가장 큰 스포츠 이벤트인 미식축구 결승전 슈퍼볼 TV 중계에 매해 투자하던 1천만 달러를 세계의 현안 문제들에 대한 가장 혁신적인 아이디어를 제시하는 개인이나 비영리단체에 상금으로 내놓는 '펩시 청량 프로젝트(Pepsi Refresh Project)'를 실시하고 있다. P&G은 현재와 미래를 살아갈 세계 소비자의 삶의 향상을 사업 목적에 포함시키고 2009년에 '목적이 부합하는 성장(purposeinspired growth)'이라는 새로운 비즈니스 전략을 시작했다. GE의 제프리 임멜트 회장은 비즈니스 전략과 사회적 목적을 통합한 '친환경적 상상력(eco-imagination)'이란 개념으로 GE를 개혁하고 있다. 캔터 교수는 격동적이고 변화가 심한 시대에 문화와 가치가 연속성과 응집성, 갱신과 지속가능성의 주요 원천이라면서, 리더는 조직의 현재에 영감을 주고 미래를 지속하게 하는 의미를 심어주는 기관육성자(institution-builder)가 되어야 한다고 주장한다. 이젠 장사꾼이 돈만 벌려고 해선 안된다는 것이다. 인간의 문화와 가치를 사명에 포함시켜야 한다는 것이다. 어떻게 하는 것이 그렇게 하는 것인가?

하버드 비즈니스 스쿨의 빌 조지 교수는 계급에 따른 계층적 조직 모델은 더 이상 유효하지 않다면서 21세기에는 수평적인 조직에, 단기적인 이익을 노리는 주주들보다는 소비자에 초점을 맞추는 오센틱 리더(authentic leader: 리더다운 리더)가 각광을 받을 것이라 전망했다.175) 그는 유니레버(Unilever)사의 폴 폴만 회장이 파이낸셜 타임스와의 회견에서 "나는 주주를 위해 일하지 않는다. 나는 소비자와 고객을 위해 일한다"고 한 말을 인용하여, 리더는 고객에 대한 봉사, 조직 내 전 레벨에서의 협동뿐만 아니라 사명과 가치를 중심으로 한 적절한 인력배치, 모든 리더들에 대한 권한 부여를 통해서만 뛰어난 성과를 유지할 수 있을 것이라 전망했다. 그의 말은 기업 사명의 초점을 내부가 아닌 외부에 둔다는 의미이다.

나는 단순하게 생각해서 사람을 존중하는 마음을 가지는 것이 21세기 경영의 핵심이라고 생각한다. 그러면 저절로 그렇게 할 수 있는 방법이나 전략이 따라 온다고 믿는다. 그러기 위해서 리더는 더욱 도덕적, 윤리적이어야 한다. 돈과 도덕은 그리 합치되는 개념 같지 않지만 세상은 돈과 도덕의 합치를 원하는 쪽으로 변하고 있다.

특히 정직하지 않고선 견뎌낼 수 없는 세상이다. '정직'이란 단어를 진부하게 받아들이던 시대가 있었다. 이득을 위해선 공정이나 정의 따위는 이슈가 되지 않았다. 하지만 요즘에는 위대한 리더가 되기 위해선 절대 정직해야 한다는 사실을 새삼 깨닫는다. 1982년 타이레놀을 복용하고 7명이 연이어 사망하는 파동이 발생했을 때, 제조사인 '존슨 앤 존슨'사는 "그건 우리 실수가 아니다"라는 식으로 발뺌하지 않았다. 곧바로 잘못을 시인하고, 1억 달러의 손해를 보면서까지 제품을 폐기한 덕분에 '존슨 앤 존슨'사는 고객의 건강을 자기의 이익보다 우선시하는, 도덕적인 기업으로 우뚝 서 있게 된 것이다. 그때의 모험적인 결정은 20세기의 가장 뛰어난 비즈니스 결정으로 손꼽힌다. 이와는 반대로 엑손사(Exxon)는 1989년 자신의 유조선이 1,080만 갤런의 석유를 알라스카 해안에 유출하는 사고를 일으켰음에도 불구하고 자신들에게 책임이 없다는 식으로 변명하다가 1년 치 수익금에 달하는 5천억 달러의 배상금을 지불하고도 모자라, 신뢰성에 심각한 타격을 받았다.[176]

성공한 리더의 방정식은 단순하다

경영 구루들이 조직의 성공 전략이란 것들을 살펴보면 거의 똑같다. 열심히 일하라, 부하들을 존중하라, 외부환경과 소통하라, 창의성 개발을 위해 투자하라, 최신 기술을 적극적으로 도입하라, 부하직원들에게 권한을 부여하라, 조직원을 교육시켜라… 등등.

이런 것은 비즈니스 스쿨에 다니지 않아도 다 아는 것이다. 초등학교 문턱도 가보지 못한 나의 아버지는 넝마 장사가 잘되자, 몇 사람의 종업원을 채용했고, 그들을 운전학원에 보내 트럭을 운전할 수 있는 대형 면허증을 따도록 했으며, 수금 다니는 종업원에게는 눈치를 봐서 재량껏 수금 날짜를 연기할 수 있는 권한을 주었었다.

1970년대 말에는 기계를 많이 다루는 업체에서 넝마 대신에 종이를 점점 더 많이 쓴다는 것을 파악하고는 종이 사업을 고려하다가 그만한 능력이 되지 않자 넝마 장사를 다른 사람에게 넘겨주었었다. 그런 점에서 아버지는 권한을 부여하는(empowering), 넝마 가게를 학습조직화한, 열린 시스템을 지향한 리더였다.

이처럼 성공의 방법은 새로울 것이 없는 것이다. 그런 것을 왜 복잡하게 구분하여 라벨을 붙이고, 1단계~5단계로 성장 과정을 나누는 것인가. 마치 밥 먹는 과정을 몇 단계로 분류하여 설명하는 것처럼 들리기도 한다.

그저 "뜻이 있는 자는 이룬다"라고 말하면 되는 것 아닌가? 이병철처럼 성공은 운둔근(運鈍根) 이 세 가지 요인으로 구성되는 것이라 말하면 부족하단 말인가?

벤처 캐피탈 큐볼(Cue Ball)의 창립자이자 CEO인 앤서니 찬은 수많은 기업가들과 만나는 과정에서 성공하는 기업가에는 SGL(Smarts, Guts, Luck)이 있다는 사실을 발견했다.[177] 이 또한 단순하기 짝이 없고 아주 상식적이다.

■ 영민함(Smarts): 기업가들에게 영민한 것처럼 중요한 것은 없다. MBA 학위를 받은 사람들이 사업을 일으켜도 대부분 망하는 것은 지식이 없기 때문이 아니라 실제 경험에 의한 지혜가 없기 때문이다. 자수성가한 대부분의 기업가들은 뛰어난 경험뿐만 아니라 직관, 감성 지능, 개념적 지능을 갖추고 있다.

■ 배짱(Guts): 위대한 기업가는 좋은 아이디어가 생각나면 밀어붙이는 배짱을 갖는다. 그들은 다른 사람들이 어떻게 생각할까에 신경을 쓰지 않는다. 그들은 자원의 부족에 대해 걱정하는 대신 자신의 아이디어를 성취하기 위해 필요로 하는 자원의 분량에 대해서만 생각한다. 필요로 하는 자원과 이용 가능한 자원 사이에 상당한 차이가 있음에도 자신의 목적을 추구하려면, 기존에 보지 못했던 변화를 추구하려면 상당한 배짱이 있어야 한다. 포브스 지에 세계적인 갑부로 선정된 사람들의 3분의 2 정도는 거의 무일푼으로 사업을 시작하여 성공을 거두었다. 이들은 열망과 비전으로 똘똘 뭉쳐있는 사람들이다.

■ 행운(Luck): 아무리 머리가 좋고 배짱이 있더라도 운이 따라주지 않는다면 큰 성공을 거두지 못한다. 우연찮게 맞아떨어진 타이밍, 행운을 가져다 줄 사람과의 만남, 누군가의 연결이 이해할 수 없을 정도로 간단히 성사되기도 한다. 행운을 성공 방정식의 일부라 생각하면 겸손해질 것이다.

리더나 조직의 성공과 실패에 '운'이란 개념을 포함시키는 학자나 전문가는 드물다. 그만큼 기존의 지식과 사고방식에 자신이 있다는 암시이다. 나는 운에는 직관도 포함된다고 생각한다. 인간의 힘이 미치지 않는 영역이 만만치 않기 때문이다. 어느 기업체에서 강연 하던 중 소설가 최명희 선생이 말한 것을 전했다가 한 과학자로부터 낄낄거리는 비웃음을 들었다. 최명희 선생은 《혼불》을 탈고하기 약 1년 전쯤에 강남의 어느 커피숍에서 나와 미국에서 변호사로 일하는 헨리 정이란 후배와 저녁부터 자정 무렵까지 대화를 나눈 적이 있었다. 선생은 이렇게 말했었다.

"혼불은 내가 쓰는 것이 아니랍니다. 소설 등장인물들이 이렇게 써라 저렇게 써라 하고 일러주는 것을 받아쓸 뿐이지요."

누구에겐 성공의 운이 따르고 또 누구에겐 실패가 따라붙는지 아는 사람은 없다. 하지만 인간의 힘으로 컨트롤 할 수 있는 부분에서만이라도 최선을 다할 수 있다면 최상의 성취감이나 보람을 느끼리라 생각한다.

성공적인 조직의 방정식은 단순하다

그런 점에서 우리는 기업의 흥망성쇠는 환경의 변화 때문이 아니라 내부의 문제 때문이라는 짐 콜린스의 말에 주목할 필요가 있다. 《좋은 기업을 넘어⋯위대한 기업으로 *Good to Great : Why some companies make the Leap⋯and Others Don't*》의 저자인 그는 기술적 변화와 비전적 기업가에 의해 기존의 것이 말살되고 새로운 것이 등장하게 된다는 위대한 경제학자 조셉 슘페터의 '창의적 파괴론'에 이의를 제기했다.[178] 1923년에 창설된 글로벌 투자 은행 베어스턴즈가 사업 실패로 2008년 J. P 모건에 매각되고, 1812년에 창설된 시티은행(현 Citigroup)이 서브프라임 시장의 붕괴로 전대미

문의 손실을 기록했으며, 50년 전 포춘 지에 의해 500대 기업의 하나로 선정된 기업들의 대부분이 사라졌지만, 그렇다고 해서 '이 세상의 그 어떤 것도 영원히 지속될 수 없다'는 슘페터 식의 주장에는 동의할 수 없다는 것이다. 그 근거로 1837년에 창설된 프록터 앤 갬블(P&G)은 미국에서 가장 존경받는 기업 10위 안에 들 정도로 여전히 활발한 사업을 펼치고 있으며, 1886년에 창설된 존슨 앤 존슨 사도 역시 500대 기업의 하나로 남아있다는 것이다. 그는 그럴 수 있었던 원인으로 기업의 핵심 가치에 대한 집중을 들었다. 그는 세계 최대 유통기업인 월마트(Wal-Mart)와 에임스(Ames)의 행로를 비교하여 설명했다.

- 월마트는 기업 내에서 성장한 사람에게 리더 자리를 넘겨준 반면, 에임스는 외부에서 초빙한 사람에게 리더 자리를 부여했다.
- 1980년대에 폭발적인 성장을 기록하자, 에임스는 중대형 백화점 체인 자이레(Zayre)를 인수하여 덩치를 두 배로 키우면서 시골에서 도시로 진출한 반면, 월마트는 시골과 도시 변두리 중심을 고수했다.
- 월마트는 세계 최대 기업의 하나로 남아있고, 에임스는 사라졌다.

콜린은 대부분의 기업들이 사라진다고 해서 슘페터의 이론을 맞는다고 할 수 없다는 것이다. 그는 위대한 기업은 실패의 원인을 외부 조건에 돌리기보다는 거울을 보면서 '이번 결과의 책임은 우리에게 있다' 라고 시인한다면서, 기업인은 지속가능할 뿐만 아니라 지속할만한 가치를 창출할 책임이 있다고 주장한다.

그렇다, 인생에서 운이 차지하는 비중이 상당하다는 것은 알지만, 우리는 '운'이란 글자를 머릿속에서 지워야 한다. 앞으로 내가, 우리 회사 혹은 우리 나라가 어떻게 될 것이라는 예언 따위에는 1초의 시간도 아깝다. 미안하지만 65억 인구 중에서 1초 후에 벌어질 일을 아는 자는 단 한 명도 없다. 그저 죽어라 일해 보는 것이다. 그래야 오늘 죽어도 후회가 없을 것 아니겠는가.

우린 끝까지 비전을 붙들어야 한다

이처럼 나라를 살리는, 기업을 성장시키는 방정식, 그리고 성공한 리더가 되기 위한 방정식은 아주 간단한 것이다. 지금의 삼성, 현대, LG 등에는 갖가지 높은 지식을 갖춘 사람들로 가득차 있지만 그 시작은 비전이라는 자그마한 씨앗에서 비롯된 것이다. 그 비전을 현실화시키기 위해 박정희, 정주영, 이병철, 박태준, 구인회 등은 배짱으로 아이디어를 실현시켰다. 그래서 우리는 이만큼 세계로부터 대접을 받으며 살고 있다. 이젠 외국에 나가서도 자랑스럽게 '코리안'이라 말할 수 있다.

하지만 우리는 세계가 비전을 잃어버렸다는 사실에 주목해야 한다. 그 속에 말려들지 않도록 조심해야 한다. 우리에게 더 성장하고 싶다는 욕구가 사라진다면, 보다 살기 좋은 나라와 기업에 대한 비전이 없다면 우린 다시 1960년대 상황으로 퇴보할 수 있다. 미국, 유럽, 일본을 보라. 그들은 새 비전을 품는 것이 얼마나 비합리적인가에 대해 아주 유식하게 떠들 것이다. 온갖 학술적 용어를 늘어놓으며 비전을 제시하는 사람들이 얼마나, 어떻게 무지하고 무모한지를 납득시키려 할 것이다. 난 비전 없는 학문보다, 학문 없는 비전을 택하라 말하고 싶다.

하지만 난 우리의 비전을 한 단계 업그레이드 시켜야 한다고 생각한다. 앞에서도 언급한 사회, 세계, 그리고 인간에 대한 사랑으로 말이다. 매슬로가 말한 자아실현단계, 그 중에서도 가장 높은 욕구가 바로 사랑이다. 박정희, 이병철, 정주영, 구인회, 최종현, 박태준 같은 리더들의 기록을 보면(도무지 말도 안 된다고 비웃는 사람은 항상 있다!), 이들 속에는 남들에 대한 사랑이 있었다. 때로는 냉정하고 야박하고, 치사하기도 했었을 것이다. 하지만 이들 속에는 국민을 잘 살게 하고 싶다는, 우리나라를 선진국 대열에 올려놓고 싶다는 간절함이 배어 있었다.

나는 이 책을 마무리하면서 우리 국민, 특히 리더들이 모방해야 할 분을 소개하고자 한다. 많은 사람들이 이 분의 삶의 일부라도 흉내 낸다면 우리나라는 틀림없이 21세기에 가장 뛰어난 국가, 가장 존경받은 기업으로 부상하리라 자신한다. 20세기를 사는 우리 민족의 수많은 리더들 중에서 내가 가장 존경하고 사랑하는 공병우 박사이다. 난 그 분 생전에 단 한 번도 뵌 적이 없지만 내 아이들에게 이 분처럼 산다면 가장 잘 산 인생이 될 것이라 말해주고 있다.

새로운 롤 모델 공병우 박사

공병우 박사는 1906년에 평안북도에서 태어나 1995년 3월 7일, 89세의 나이로 세상을 떠날 때까지 촌음을 아껴가며 한국인의 혼과 글을 사랑하고, 한글 기계화를 위해 치열하게 연구한 사람이었다. 생전에 일부 사람들에게 오해를 받기도 했지만, 그는 절대로 자신의 부귀영화를 도모한 사람이 아니었다. 그가 자신의 모든 것을 후손들에게 남기고 갔을 때에야 비로소 미련한 우리들은 그의 참다운 뜻을 알 수 있었다.

독학으로 한국 최초의 안과 의사가 된 그가 한글 연구에 관심을 갖게 된 것은 1938년, 한글학자 이극로 선생이 안질을 치료받으러 그를 찾으면서부터였다. 그는 이극로 선생을 통해 한글을 사랑하고 효율적으로 사용하지 않으면 참다운 한국 혼을 가질 수 없다는 것과, 한글 연구가 독립운동 못지않게 시급하다는 것을 깨닫게 되었다. 그래서 언젠가는 한글 연구에 몰두하겠다고 다짐하고 있던 차에 마침내 그런 계기가 찾아오게 된다.

그가 서울대 의학부에 근무할 때였다. 일본어로 쓰인 전공 서적을 한글로 번역하여 두 명의 조교에게 원고 정리를 부탁했는데, 능률이 매우 저조했다. 아무리 기록을 깔끔하게 정리하는 사람이라도 손만으로는 한계가 있을 수밖에 없었다. 서너 시간만 펜을 쥐고 있어도 팔목이 아프고 글씨가 바르게 써지지 않았다. 결국 그는 기계로 그런 작업을 할 수밖에 없다는 결론에 이르렀다.

마침 엉성하긴 했지만 한글 타자기가 나와 있었다. 그러나 가로로 찍어서 세로로 읽어야 하는 그 타자기로는 원하는 효율성을 얻을 수 없었다. 그때 공병우는 엉뚱하게도 자신이 직접 제대로 된 타자기를 만들어 봐야겠다고 결심한다. 당시 그는 무척이나 바쁜 사람이었다. 환자가 얼마나 많이 찾아오는지 정신을 차릴 수 없었고, 따라서 돈도 많이 벌었다. 그런 사람이 돈 버는 일을 그만두고 연구에 몰두하겠다고 하니 세상 사람들은 그를 미쳤다고 흉을 보았다.

하지만 그는 한번 마음먹으면 끝장을 보고 마는 성격의 소유자였다. 침식을 걸러 가며 연구에만 매달린 지 6개월 만에 마침내 한글 타자기를 개발해냈다. 그는 너무나 기뻐서 그 타자기를 널리 보급할 목적으로 도움을 청하러 문교부 장관을 찾아갔다. 서너 번의 요청 끝에 간신히 이루어진 면담이었다. 그러나 장관은 그가 무슨 돈벌이나 하려는 줄 알고, 타자기를 눈여겨보지도 않은 채 무시하면서 인격적인 조롱마저 서슴지 않았다.

그렇다고 기가 죽을 공병우가 아니었다. 그는 환자를 진료하면서 시간이 빌 때마다 계속해서 한글 타자기 연구에 몰두했다.

한글 타자기의 놀라운 성능을 알아준 곳은 놀랍게도 한국 정부가 아닌 북한 군부였다. 6 · 25 동란이 터지자 그는 인민군에게 체포되었다. 그동안 의사로서 돈을 많이 벌었고, 노동자의 피를 빨며 호의호식했다는 죄목으로 총살형을 선고 받았다. 하지만 그는 한글 타자기의 놀라운 성능에 반한 정치보위부 고위층의 배려로 기적적으로 처형을 면하게 되었을 뿐만 아니라, 오히려 한글 기계화 연구를 계속해 달라는 부탁을 받았다.

휴전협정 문서 정본과 1965년의 한일 기본조약 문서도 공병우 타자기로 정리되었다. 특히 한일 기본조약 체결 시에는 한국 측이 단 몇 시간 만에 공병우 타자기로 서류를 정리해내는 것을 보고, 며칠씩이나 걸려야 하는 일본 측 사람들은 감탄하지 않을 수 없었다.

그렇지만 1968년, 상공부가 한글 타자기 네벌식 표준자판 시안을 밀고 나오자, 그는 자신이 개발한 세벌식 타자기의 합리성과 효율성을 역설하면서 정부와 싸움을 시작했다. 사람들이 그를 보고 고집을 부린다며 비난했지만, 그는 포기하지 않고 자신의 방식이 옳다는 것을 과학적으로 증명해나갔다.

한 번은 정부 측에서 그의 노력을 가상하게 여겨 표창하려 했지만 받아들이지 않았다는 이유로 1972년, 중앙정보부에 끌려가 고초까지 당했다. 그가 원하는 것은 표창이 아니라, 보다 효율적인 세벌식을 정부가 받아들이는 것이었다.

한때 미국에서 망명 아닌 망명 생활을 하기도 했던 그는 한국으로 돌아와 사재를 털어 한글문화원을 설립했다. 인생의 의미는 한글 연구와 그 기계화뿐이라는 고집에서였다. 한글사용의 효율성을 높이지 않고서는 결코 선진국을 따라잡을 수 없다는 것이 그의 생각이었다. 세상에서 가장 과학적이고 효율적인 우리 한글에 대한 정부와 식자들의 무관심에 그는 통탄해 했다.

그는 한글 연구에만 미쳤던 것이 아니었다. 삶의 올바른 지표를 후세들에게 제시해 주는 데에 한 치의 틈도 보이지 않았다. 그는 해외에 갔다 오면서도 국가에 누가 된다면서 절대로 가족들에게 줄 선물조차 사오지 않았다. 1952년에는 미국 여행에서 돌아오면서 친지를 위한 선물 대신 시각 장애인들에게 줄 흰 지팡이 한 보따리를 사와 무료로 나누어 주었다. 또 1957년에는 앰뷸런스를 들여와, 제주도를 비롯한 전국을 직접 운전하여 순회하면서 돈이 없어서 치료받지 못하는 환자들을 치료해 주었다.

그는 지독한 합리주의자였다. 구두를 벗고 신는 시간을 절약하기 위해 뒷부분을 일부러 찌그러뜨려 신었으며, 낮에는 절대로 결혼식 주례를 서지 않았을 뿐만 아니라, 항상 작업복 차림이었다. 아침 7시부터 저녁 11시까지 연구에 몰두해야 하는 그에게는 양복 정장 차림이 불편할 뿐이었다.

그가 생전에 작성해 두었던 유서에도 그의 철두철미한 합리성이 잘 나타나 있다.

그는 가족들에게 자신이 죽더라도 절대로 남들에게 알리지 말고, 장례식이나 추도식도 행하지 말라고 당부했다. 대신 자신의 장기를 필요한 환자에게 나눠주고, 나머지는 시체 해부학 교실에서 실습용으로 이용토록 하라고 유언했다. 만약 그럴 수 없을 경우에는 사후 24시간 이내에 화장이나 수장할 것을 주문했다. 또 매장할 경우에는 공동묘지를 이용하되 죽은 곳에서 1백 킬로미터 밖으로는 운반하지 말 것이며, 시신에 수의도 입히지 말고 입던 옷 그대로 싸구려 관에 넣어달라고 부탁했다. 그리고 1개월이 지난 후 친지에게 알리되 매장지는 절대로 알리지 말라고 못을 박았다. 그들의 시간을 빼앗지 않겠다는 의도였다.

그의 유언대로 그의 각막은 다른 사람에게 이식되었고, 시신은 연세대학교 의과대학에서 실습용으로 사용되었다.

"사람은 죽으면 빈손으로 간다. 장기를 기증하고자 하는 것은 아무것도 남기지 않고 흙으로 돌아가고 싶기 때문이다. 나를 위해 한 평의 묘를 쓰는 것보다는, 그 자리에 차라리 콩을 심는 것이 낫다."

나는 이렇게 생각한다. 국가의 리더는 국민을 위해, 조직의 리더는 조직원을 위해, 공병우 박사처럼 다 주고 가는 사람이라고.

1) 게르트 기거렌처, 《생각이 직관이 묻다 *Gut Feelings*》, 추수밭, 2008, pp.279~283.

2) Furet, Fran?is, 《The Passing of an Illusion Le Passè d' une illusion》(1999), The University of Chicago Press, 1999, p.vii.

3) Bello, Walden, 〈The End of a ˝Miracle.˝Speculation, Foreign Capital Dependence and the Collapse of the Southeast Asian Economies〉, The Multinational Monitor, Vol. 19, nos. 1 & 2 January/February 1998.

4) http://www.america.gov/st/texttrans-english/2009/July/20090711110050abretnuh 0.1079783.html

5) 섀무얼 헌팅턴 & 로렌스 해리슨 공편, 《문화가 중요하다 *Culture Matters*》, 김영사, 2001, p.8.

6) 중앙일보, 2010년 2월 19일.

7) Schoenberg, Robert J., 《The Art of Being a Boss》, J.B. Lippincott Company, 1978, p.25.

1부 비전 리더십의 정의

8) Elliott, Margaret A., 〈Visionary Leadership and beyond hold the charisma: Boldly setting a course toward excellence may be bad for your organization's health〉, Fortune, July 21, 1986.

9) Westley, Fraces & Mintzberg, Henry, 〈Visionary Leadership and Strategic Management〉, Strategic Management Journal, Vol. 10, Special Issue: Strategic Leaders and Leadership, Summer 1989, pp. 17-32.

10) 필 도라도 & 필 블랙번, 《영감으로 이끄는 리더경영 *The Seven Secrets of Inspired Leaders*》, 바이북스, 2006, p.104.

11) 아리 드 호이스, 《살아있는 기업 *The Living Company*》, 세종서적, 2002. Geus, Arie de, 〈The Living Company: A Recipe for Success in the New Economy〉, The Washington Quarterly, Winter 1998.

12) 빈스 롬바르디 주니어, 《비즈니스 리그에서 승리하기 *The Lombardi Rules*》, 밝은세상, 2004.

13) Boyett, Joseph H., 〈Crafting a Vision〉, 2006.

14) 조갑제, 《朴正熙의 결정적인 순간들》, 기파랑, 2009, p171, p.201.

15) 조갑제, pp.226~228.

16) 조갑제, p.397.

17) 문원택 외, 《헨리포드에서 정주영까지》, 한언, 1998, pp.243~244. 원래는 이병철, 《湖巖自傳》, 중앙일보사, 1986, p.21에 실렸던 것.

18) McFarland, Lynne Joy, et al., 《21st Century Leadership》, The Leadership Presss, 1994, p.45.

19) Dolak, Dave, 〈Creating and Communicating Vision : The Business Leader's Primary Responsibility〉, 2001.

20) Jackson, Sheila Jackson & Farndale, Elaine, 〈Executive Development Meeting the Needs of Top Teams and Boards〉, October 2002년, p.42. Journal of Management Development, 2003 22 (3)에 게재됨.

21) Boyett, p.1.

22) 위렌 베니스 & 버트 나누스, 《리더와 리더십 Leaders : strategies for taking charge》, 황금부엉이, 2006.

23) Riggio, Ronald E., 〈Are You a Transformational Leader〉, Psychology Today, March 24, 2009.

24) Cramm, Susan, 〈Five Ways to Lead With More Compassion〉, Harvard Business Review, January 11, 2010.

25) Jones, Del, 〈Not all successful CEOs are extroverts〉, USA TODAY, June 7, 2006.

26) Eysenck, H.J., 〈Personality Patterns in Various Groups of Businessmen〉, 《Readings in Extraversion-Introversion》 2, Wiley-Interscience, 1971, p.106

27) 필 도라도 & 필 블랙번, 《영감으로 이끄는 리더경영 Seven Secrets of Inspired Leaders》, 바이북스, 2006, pp.42~43.

28) Farley, Frank & Farley, Sonja, 〈Extraversion and Stimulus-Seeking Motivation〉, 《Readings in Extraversion-Introversion》 1, Wiley-Interscience, 1970, pp.206~207.

29) Eyesenck, H.J., 《Sense and Nonsense in Psychology》, Penguin Books, 1972, 《Personality and Individual Differences》, Plenum, 1985.

30) 박정웅, 《정주영 : 이봐, 해 봤어?》, FKI미디어, 2007, p.48.

31) Burns, James MacGregor, 《Leadership》, Harper Torchbooks, 1978, p.117.

32) Burns, p.117.

33) McGregor, Douglas, 《Leadership and Motivation》, The MIT Press, 1966, p.208.

34) 로버트 가드너(Robert C. Gardner) 교수가 《Social Psychology and Second Language Learning: The Role of Attitudes and Motivation》(1985) 등의 저서와 여러 논문을 통해 주장했다.

35) Strelitz, Jessica, 〈Aron Ralston Sacrifices His Right Arm to Save His Life〉, Carnegie Mellon Magazine, Fall 2003.

36) 조갑제, p.312.

37) 조갑제, p.334.

38) 오원철, 《박정희는 어떻게 경제강국을 만들었나》, 동서문화사, 2006, p.72.

39) 조갑제, pp.429~430에서 재인용.

40) 정주영, 《시련은 있어도 실패는 없다》, 제삼기획, 1991.

41) Schoenberg, Robert J., 《The Art of Being a Boss》, J.B. Lippincott Company, 1978, p.133.

42) 문팔용, 〈농촌근대화와 새마을운동〉, 《한국근대화, 기적의 과정》(조이제, 카터 에커트 편저), 조선일보사, 2005, p.455.

43) 박정웅, 《정주영: 이봐, 해봤어?》, FKI미디어, 2007, p.20.

44) Maslow, Abraham H., 《Motivation and Personality》, Harper & Row Publishers, 1970, p.99.

45) 안의정, 《돈을 부르는 실수의 성공학》, 머니플러스, 2006, pp.185~196 요약. 이 이야기는 〈Stand and Deliver〉라는 영화로 제작된 바 있고 전기로는 Byers, Ann, 《Jaime Escalante》, Enslow Publishers Inc., 1996이 있다. 하이머 에스카란테는 암으로 투병하다가 2010년 3월 30일 80세를 일기로 세상을 떠났다.

46) Kanigel, Robert, 《The Man Who Knew Infinity: a Life of the Genius Ramanujan》, Charles Scribner's Sons, 1991.

47) 조갑제, p.532에서 재인용.

48) 오원철, p.208에서 재인용.

49) 조이제, 〈한국의 근대화〉, 《한국근대화, 기적의 과정》, 월간조선사, 2005, p.51.

50) 이기준, 〈국가경제정책의 제도적 기반〉, 《한국근대화, 기적의 과정》, p.131에 실린 도표 중에서 일부 항목만 재인용.

51) Jones, Benjamin F. & Olken Benjamin A., 〈Do Leaders Matter?: National Leadership and Growth since World War Ⅱ〉, Working Paper, March 2004.

52) 〈호암 이병철 삼성창업주 '반도체 결단 비화'〉 이코노미플러스, 2010년 2월호.

53) Ibid.

54) Ibid.

55) Abraham H. Maslow, 《Motivation and Personality》, Harper & Row Publishers, 1954, pp.134~135.

56) Ibid., p.157.

57) Ibid., p.162.

58) Byme, Cristina L., et al., 〈Examining the Leaders of Creative Efforts: What Do They Do, and What Do They Think About?〉, Creativity and Innovation Management Vol. 18, Issue 4, December 2009, pp.256~268.

59) 송병락, 〈최종현 회장의 경제관과 경제학의 한국화〉, 《최종현, 그가 꿈꾼 일등 국가로 가는 길》, FKI미디어, 2008.

60) Herzberg, Frederick, et al. 《The Motivation to Work》, John Woley & Sons, Inc., 1962, pp. 130-131.

2부 창조와 혁신의 리더십

61) McFarland, Lynne Joy, et al., p.307.

62) Ford, Jeffrey D., 〈The Core Elements of Leadership: Commitment, Courage, and Conversation〉, p.2. 이 글의 출처는 http://www.laurieford.com.

63) 스티븐 샘플, 《창조적인 괴짜들의 리더십 The Contrarian's Guide to Leadership》, 김영사, 2003, p.90.

64) Nicholson, Nigel, 〈Personality and entrepreneurial leadership: a study of the heads of the UK's most successful independent companies〉, European Management Journal, Abstract, 1998.

65) Staub, Robert 〈Courage and leadership go hand in hand〉, The Business Journal, June 6, 2003.

66) 김철우, 〈고국발전 위해 이 땅을 딛고〉, 《쇳물에 흐르는 푸른 청춘》(이대환 편), 아시아, 2006.

67) 서갑경, 《철강왕, 박태준의 경영이야기: 최고기준을 고집하라 The Steel King: The Story of T.J. Park》, 한언, 1997, pp.309~310. 이 책은 원래 미국의 Simon & Schuster 출판사에서 출간된 것을 번역한 것이다.

68) Holdship, Deborah, 〈World's Top Management Guru Calls for Radical Innovation at First India Business Conference〉, Michigan Ross Business School, 10/21/2009.

69) 홍하상, 《정주영 경영정신》, 바다출판사, 2006, p.147.

70) 연합뉴스, 2010년, 1월 30일.

71) LG그룹 홈페이지

72) FastCompany, Issue 86, Sept 2004.

73) 〈The IdeaBridge White Paper Series: The Leadership Series: Courage and Risk Taking〉, www.IdeaBridge.com.

74) http://www.businesspundit.com

75) 정주영, p.97.

76) 로저 코먼, 《나는 어떻게 할리우드에서 백 편의 영화를 만들고 한푼도 잃지 않았는가 How I made a hundred movies in hollywood and never lost a dime》, 열린책들, 2000, p.94.

77) 건설교통부항공교통센터, 〈아시아 국가혁신 키워드는 선도·스피드·차별화〉, 혁신 Newspaper, 2007년 7월 10일.

78) 조갑제, p.294.

79) 조갑제, p.465.

80) 오원철, pp.232~252.

81) TEDIndia, Session 7, "Power of Stories", November 6, 2009.

82) 정주영, p.123.

83) 정주영, pp.153~158. 오원철, pp.306~308.

84) 〈이건희 떠난 삼성, 기업경쟁력 문제없나〉, 연합뉴스, 2008년 6월 25일.

85) 홍하상, 《이건희》, 한국경제신문, 2003, p.65.

86) Green, Bill, 〈The 6 Myths Of Creativity〉, FastCompany, December 1, 2004.

87) Silverthorne, Sean, 〈Time Pressure and Creativity: Why Time is Not on Your Side〉, Harvard Business Review, July 29, 2002.

88) Ibid.

89) Sviokla, John, 〈Knowledge and the Need for Speed〉, Harvard Business Review Guest Blog, February 16, 2010.

90) 빌 게이츠, 《빌 게이츠 @ 생각의 속도 Business the speed of thought : using a digital nervous system》, 청림출판사, 2006.

91) 로렌스 호튼 & 제이슨 제닝스, 《큰 것이 작은 것을 잡아먹은 것이 아니라 빠른 것이 느린 것을 잡아먹는다 It's Not The Big That Eat The Small … It's the Fast That Eat The Slow》, 해냄출판사, 2001.

92) LG그룹 홈페이지.

93) 위클리비즈, 〈윤종용 고문이 털어놓은 '삼성전자 CEO 12년'〉, 조선일보 2010년 2월

19일.

94) 김성홍 & 이상민, 《정몽구의 도전》, 고즈윈, 2005, pp.160~161.

95) 《이건희》, p.157.

96) Hoque, Faisal, 〈The Speed of Business Today〉, Baseline, June 24, 2009.

97) 크리스 브래디 & 타라 브래디, 《게임의 법칙 Rules of the Game: A Player's Guide》, 북라인, 2001, p.17.

98) Hoch, Stephen & Kunreuther, Howard, 〈How Bad Decisions Can Lead to Billion-Dollar Mistakes〉, Knowledge@Wharton, February 22, 2001.

99) Clifford, Mark L., 〈Korea's Crisis〉, Business Week, Nov.24, 1997.

100) Knowledge@Wharton, 〈Under the Hood of Toyota's Recall: 'A Tremendous Expansion of Complexity'〉, Knowledge@Wharton, March31, 2010.

101) 김성홍 & 이상민, pp.187~188.

102) Stoyko, Peter & Henning, G. Keith & McCaughey, Deirdre〈Creative at Work: A leadership Guide〉, Canada School of Public Service, 2006.

103) Xu, Fangqi & Rickards, Tudor, <Creative Management: A Predicted Development from Research into Creativity and Management〉, CREATIVITY AND INNOVATION MANAGEMENT, Volume 16 Number 3 2007.

104) 이건희 홈페이지.

105) 이건희 홈페이지.

106) Morris, Betsy, 〈What makes Apple golden〉, Fortune, March 3 2008.

107) Morris, Betsy, 〈Steve Jobs Speaks Out〉, Fortune, Mar 7 2008.

108) 연합뉴스, 《〈아이폰4.0, 게임계 도전장 던졌다〉, 2010년 04월 11일.

109) Bordas, Juana, 〈Bounding over generations〉, Washington Post, January 29, 2010.

110) Cho, Karin, 〈Powering the Google engine: innovation is key〉, INSEAD Knowledge, November 26, 2009.

111) Amabile, Teresa M. & Khaire, Mukti, 〈Creativity and the Role of the Leader〉, Harvard Business Review Guest Blog, October 1, 2008.

112) Malone, Thomas W. et al., 〈The Collective Intelligence Genome〉, MIT Sloan Management Review, March 31, 2010.

113) Girotra, Karan et al., 〈Idea Generation and the Quality of the Best Idea〉, INSEAD Faculty & Research Working Paper, 2009.

114) Cho, Karin, 〈Powering the Google engine: innovation is key〉, INSEAD

Knowledge, November 26, 2009.

115) Garfield, B. (2004). 《And now a few words from me: Advertising's leading critic lays down the law once and for all》, McGraw-Hill, 2004, p4. Joyce, Caneel K., 〈The Blank Page: Effects of Constraint on Creativity〉, Ph.D Dissertation, University of California at Berkeley, 2009에서 재인용.

116) Joyce, Caneel K., 〈The Blank Page: Effects of Constraint on Creativity〉, Ph.D Dissertation, University of California at Berkeley, 2009.

117) Mitchell, Jordan, 〈Camper: Imagination is not expensive〉, University of Navarra Working Paper, 2007, p.10.

118) Barlett, Christopher & Yoshihara, Hideki, 〈New Challenges for Japanese Multinationals: Is Organization Adaptation Their Achilles Heel?〉, Human Resources Management, Vol.27, 1988.

119) Janis, Irving, 《Victims of Groupthink》, Houghton Mifflin, 1972. Blake, Robert R. & Mouton, Jane S., 《Productivity: The Human Side》, AMACOM, 1981, p.116에 인용된 것을 재인용.

120) 신동엽, 〈일사분란한 조직의 치명적 위험 '집단사고'〉, 동아일보, 2010.1.13.

121) Blake, Robert R. & Mouton, Jane S., 《Productivity: The Human Side》, AMACOM, 1981, p.114.

122) Laurie Joan Aron, 〈Bright Ideas: The Creative Power of Groups〉, Harvard Business Review Working Knowledge, October 12, 1999.

123) Kanter, Rosabeth,, 〈Apple and the Leadership Pause〉, Harvard Business Review Guest Blog, April 5, 2010.

124) Chaston, Ian, <Entrepreneurs, Intuition, and Small-Business Performance〉, Journal of CENTRUM Cathedra, Vol 2 Issue 1, 2009.

125) 조선일보, 2008년 11월 7일

126) March, James G. & Simon, Herbert A., 《Organizations》, John Wiley & Sons, 1958, p.177.

127) Sternberg, Robert, & Kaufmanb, James & Pretza, Jean, 〈A propulsion model of creative leadership〉, The Leadership Quarterly 14, 2003. Cerf, C., & Navasky, V., 《The experts speak》, Villard, 1998에서 인용한 것을 재인용.

128) Simon, Hebert A., 《Administrative Behavior》, The Free Press, 1976, p.81.

129) 하워드 가드너, 《열정과 기질 Creating Minds》, 북스넛, 2004, p.82.

130) 필리프 브르노, 《천재와 광기 Le Géie et la Folie》, 동문선, 1997, p.100.

131) 마크 에플러, 《우리는 반드시 날아오를 것이다 *The Wright Way*》, 김영사, 2005. p.56.

132) 박정웅, p.61.

133) Xu, Fangqi & Rickards.

134) Kirzner, Israel, ⟨The Alert and Creative Entrepreneur: A Clarification⟩, Research Institute of Industrial Economics, August 11, 2008, p.11.

135) 가드너, p.93.

136) Rao, A.S., ⟨Who is Creative?⟩, Indian Innovators Association working paper, February 24, 2007.

137) Moreau, Page, et al., ⟨Understanding the Roles of Intrinsic Motivation, Monetary Rewards, and Creative Thinking Skills in New Product Design⟩, Sauder School of Business Working Paper, June 1, 2006.

138) Naiman, Linda, ⟨Creativity and the Meaning of Work⟩, Perspectives on Business and Global Change, March, 1998 & www.creativityatwork.com.

139) 조선일보, ⟨블랙베리 폰 100년 전에 이미 예견?⟩, 2010년 5월 4일.

140) 안의정, 《돈을 부르는 실수의 성공학》,머니플러스, 2006, pp.258~270. 출판사의 동의하에 인용함.

141) Kochan, Thomas A. & Useem, Michael, ⟨Achieving Systemic Organizational Change⟩, 《Transforming Organizations》, Oxford University Press, 1992, p.13.

142) McGregor, Jena & Symonds, William C. & Foust, Dean, ⟨How failure breeds success⟩, Business Week, July 10, 2006.

143) Krakovsky, Marina, ⟨Faiure Is a Key to Understanding Success>, Standford GSB Bews, January 2004.

144) Kosdrosky, Terry, ⟨A New Chapter For General Motors⟩, Michigan Ross Business School News & Media, June 11 2009.

145) Buckingham, Marcus & Clifton, Donald, 《Now, Discover Your Strengths》, The Free Press, 2001.

146) Clawson, James G., ⟨Leading Change⟩, University of Virginia Darden Business School Working Paper UVA-OB-0648, 2001, p.1.

147) McKeown, Max, The Truth About Innovation. London, UK: Prentice Hall, 2008 에서 인용한 것임.

148) Mel, Suresh de & McKenzie, David & Woodruff, Christopher, ⟨Innovative Firms or Innovative Owners?: Determinants of Innovation in Micro, Small, and

Medium Enterprises〉, Policy Research Working Paper 4934, The World Bank, May 2009.

149) 이 자료는 wikipedia에서 'innovation'을 검색하여 얻은 것이다.

3부 지속가능한 성장을 위한 리더십

150) Bolgar, Catherine, 〈Corporate Resilience Comes From Planning, Flexibility and the Creative Management of Risk〉, Advertisement, The Wall Street Journal, May2, 2007.

151) SP/KC, 〈The innovator's DNA〉, INSEAD Knowledge, January 14, 2010.

152) Schermerhorn Jr, John R., 〈Situational Leadership: Conversations with Paul Hersey〉, the Center for Leadership Studies, www.leadershipdevelopment.co.uk.

153) Visser, Wayne & Crane, Andrew, 〈Corporate Sustainability and the Individual: Understanding What Drives Sustainability Professionals as Change Agents〉, Working Paper, March 07, 2010.

154) Ibid., p.14.

155) 《kerlavaj, Miha & Song, Jihoon & Lee Youngmin, 〈Organizational Learning Curture, Innovative Culture and Innovations in South Korea Firms〉, Expert Systems with Applications, 2010.

156) Deming, W. Edwards, 《Out of the Crisis》, The MIT Press, 2002, p.466.

157) 세종서적, 1996.

158) Senge, Peter, 《The Fifth Discipline: The Art and Practice of the Learning Organization》, Broadway Business, 1990, p.3.

159) Ibid., p.4.

160) Senge, Peter, 〈The Art & Practice of the Learning Organization〉, 《The New Paradigm in Business》, Jeremy P. Tarcher/Perigee Books, 1993, pp.126~137. Smith, Mark K, 〈Peter Senge and the learning organization〉, www.Infed.org.

161) Mahindra Newsletter, 〈A Visit to GE, Crotonville-the Mecca of leadership Development〉, Issue 4, 2006.

162) Hall, Mary-Jo, 〈GE Leadership School Hosts DSMC Delegation〉, Program Manager, July-August 1995.

163) Brady, Diane, 〈Can GE Still Manage?〉, Business Week, April 15, 2010.

164) Kaipa, Prasad, 〈Desining organizations that learn: the leader's new role〉, Kaipagroup.com.

165) Porritt, Jonathon, 《Capitalism as if the World Matters》, Earthscan, 2007, pp.6~7.

166) Network for Business Sustainability, 〈Knowledge Priorities 2010〉, 2010.

167) McFarland, et al., p.304.

168) www.naturalstep.org

169) www.hmg.gov.uk

170) D'Amato, Alessia & Henderson, Sybil & Florence, Sue, 〈Corporate Social responsibility and Sustainable business : Guide to Leadership tasks and functions〉, Center for Creative Leadership, 2009, p.11.

171) 친구는 자신의 이름을 밝히지 않는다면 책에 써도 된다고 하였다.

172) 히로나카 헤이스케, 《학문의 즐거움》, 김영사, 1992, p.79.

173) Ibid., p.87.

174) Kanter, Rosabeth Moss, 〈Adding Values to Valuations: Indra Nooyi and Others as Institution-Builders>, Harvard Business Review Guest Blog, May 3, 2010.

175) George, Bill, 〈The New 21st Century Leaders〉, Harvard Business Review Guest Blog, April 30, 2010.

176) James, Erica Hayes & Wooten, Lynn Perry, 〈Leadership in Turbulent Times : Competencies for Thriving Amidst Crisis〉, University of Virginia Darden School of Business, Working Paper N0. -4-04.

177) Tjan, Anthony, 〈Great Entrepreneurs' Secret: Smarts, Guts, and Luck>, Harvard Business Review Guest Blog, March 7, 2009.

178) Collins, Jim, 〈The Secret of Enduring Greatness〉, Fortune, May 2008.

★ 참고문헌 ★

Amabile, Teresa M. & Khaire, Mukti, <Creativity and the Role of the Leader>, Harvard Business Review Guest Blog, October 1, 2008.

Barlett, Christopher & Yoshihara, Hideki, <New Challenges for Japanese Multinationals: Is Organization Adaptation Their Achilles Heel?>, Human Resources Management, Vol.27, 1988.

Bello, Walden, <The End of a "Miracle." Speculation, Foreign Capital Dependence and the Collapse of the Southeast Asian Economies>, The Multinational Monitor, Vol. 19, nos. 1 & 2 January/February 1998.

Blake, Robert R. & Mouton, Jane S., 《Productivity: The Human Side》, AMACOM, 1981.

Bolgar, Catherine, <Corporate Resilience Comes From Planning, Flexibility and the Creative Management of Risk>, Advertisement, The Wall Street Journal, May2, 2007.

Bordas, Juana, <Bounding over generations>, Washington Post, January 29, 2010.

Brady, Diane, <Can GE Still Manage?>, Business Week, April 15, 2010.

Buckingham, Marcus & Clifton, Donald, 《Now, Discover Your Strengths》, The Free Press, 2001.

Byers, Ann, 《Jaime Escalante》, Enslow Publishers Inc., 1996.

Byrne, Cristina L., et al., <Examining the Leaders of Creative Efforts: What Do They Do, and What Do They Think About?>, Creativity and Innovation Management, Vol. 18, Issue 4,

December 2009.

Cho, Karin, <Powering the Google engine: innovation is key>, INSEAD Knowledge, November 26, 2009.

Cho, Karin, <Powering the Google engine: innovation is key>, INSEAD Knowledge, November 26, 2009.

Clawson, James G., <Leading Change>, University of Virginia Darden Business School Working Paper UVA-OB-0648, 2001.

Clifford, Mark L., <Korea's Crisis>, Business Week, Nov.24, 1997.

Collins, Jim, <The Secret of Enduring Greatness>, Fortune, May 2008.

Cramm, Susan, <Five Ways to Lead With More Compassion>, Harvard Business Review Guest Blog, January 11, 2010.

D'Amato, Alessia & Henderson, Sybil & Florence, Sue, <Corporate Social responsibility and Sustainable business: Guide to Leadership tasks and functions>, Center for Creative Leadership, 2009.

Deming, W. Edwards, 《Out of the Crisis》, The MIT Press, 2002.

Dolak, Dave, <Creating and Communicating Vision: The Business Leader's Primary Responsibility>, 2001.

Elliott, Margaret A., <Visionary Leadership and beyond hold the charisma: Boldly setting a course toward excellence may be bad for your organization's health>, Fortune, July 21, 1986.

Eysenck, H.J., <Personality Patterns in Various Groups of Businessmen>, 《Readings in Extraversion-Introversion》 2, Wiley-Interscience, 1971.

Eysenck, H.J., 《Sense and Nonsense in Psychology》, Penguin Books,

1972.

Eysenck, H.J., 《Personality and Individual Differences》, Plenum, 1985.

Farley, Frank & Farley, Sonja, <Extraversion and Stimulus-Seeking Motivation>, 《Readings in Extraversion-Introversion》 1, Wiley-Interscience, 1970.

Fast Company, Issue 86, Sept 2004.

Ford, Jeffrey D., <The Core Elements of Leadership: Commitment, Courage, and Conversation>, p2. www. laurieford.com.

Furet, Francois, 《The Passing of an Illusion Le PassÈ d'une illusion》, The University of Chicago Press, 1999.

George, Bill, <The New 21st Century Leaders>, Harvard Business Review Guest Blog, April 30, 2010.

Geus, Arie de, <The Living Company: A Recipe for Success in the New Economy>, The Washington Quarterly, Winter 1998.

Girotra, Karan et al., <Idea Generation and the Quality of the Best Idea>, INSEAD Faculty & Research Working Paper, 2009.

Green, Bill, <The 6 Myths Of Creativity>, FastCompany, December 1,2004.

Hall, Mary-Jo, <GE Leadership School Hosts DSMC Delegation>, Program Manager, July-August 1995.

Herzberg, Frederick, et al. 《The Motivation to Work》, John Woley & Sons, Inc., 1962.

Hoch, Stephen & Kunreuther, Howard, <How Bad Decisions Can Lead to Billion-Dollar Mistakes>, Knowledge@ Wharton, February 22, 2001.

Hoque, Faisal, <The Speed of Business Today>, Baseline, June 24, 2009.

Holdship, Deborah, <World's Top Management Guru Calls for Radical Innovation at First India Business Conference>, Michigan Ross Business School, 10/21/2009.

Hwang, Balina, <The Hyundai Group's Chung Ju Young: A Profile in Leadership>, University of Virginia Darden Business School Working Paper UVA-OB-0555, 1994.

IdeaBridge, <The IdeaBridge White Paper Series: The Leadership Series: Courage and Risk Taking>. www. IdeaBridge.com.

Jackson, Sheila Jackson & Farndale, Elaine, <Executive Development Meeting the Needs of Top Teams and Boards>, October 2002.

James, Erica Hayes & Wooten, Lynn Perry, <Leadership in Turbulent Times: Competencies for Thriving Amidst Crisis>, University of Virginia Darden School of Business, Working Paper N0. -4-04.

Jones, Benjamin F. & Olken Benjamin A., <Do Leaders Matter?: National Leadership and Growth since World War Ⅱ>, Working Paper, March 2004.

Jones, Del, <Not all successful CEOs are extroverts>, USA Today, June 7, 2006.

Kaipa, Prasad, <Desining organizations that learn: the leader's new role>, Kaipagroup.com.

Kanter, Rosabeth,, <Apple and the Leadership Pause>, Harvard Business Review Guest Blog, April 5, 2010.

Kanter, Rosabeth Moss, <Adding Values to Valuations: Indra Nooyi

and Others as Institution-Builders>, Harvard Business Review Guest Blog, May 3, 2010.

Kanigel, Robert, 《The Man Who Knew Infinity: a Life of the Genius Ramanujan》, Charles Scribner's Sons, 1991.

Kaufman, Scott Barry, <Conversations on Creativity with Allan Snyder>, Psychology Today, January 13, 2010.

Kirzner, Israel, <The Alert and Creative Entrepreneur: A Clarification>, Research Institute of Industrial Economics, August 11, 2008.

Knowledge@Wharton, <Under the Hood of Toyota's Recall: 'A Tremendous Expansion of Complexity' >, Knowledge@ Wharton, March31, 2010.

Kochan, Thomas A. & Useem,Michael, <Achieving Systemic Organizational Change>, 《Transforming Organizations》, Oxford University Press, 1992.

Kosdrosky, Terry, <A New Chapter For General Motors>, Michigan Ross Business School News & Media, June 11 2009.

Krakovsky, Marina, <Faiure Is a Key to Understanding Success>, Standford GSB Bews, January 2004.

Laurie Joan Aron, <Bright Ideas: The Creative Power of Groups>, Harvard Business Review Working Knowledge, October 12, 1999.

Mahindra Newsletter, <A Visit to GE, Crotonville ? the Mecca of leadership Development>, Issue 4, 2006.

Malone, Thomas W. et al., <The Collective Intelligence Genome>, MIT Sloan Management Review, March 31, 2010.

March, James G. & Simon, Herbert A., 《Organizations》, John Wiley & Sons, 1958.

Maslow, Abraham H., 《Motivation and Personality》, Harper & Row Publishers, 1970.

May, Roy, <Speed As A Competitive Advantage>, www. businesspundit.com, May 23, 2007.

McGregor, Douglas, 《Leadership and Motivation》, The MIT Press, 1966.

McGregor, Jena & Symonds, William C. & Foust, Dean, <How failure breeds success>, Business Week, July 10, 2006.

McFarland, Lynne Joy, et al., 《21st Century Leadership》, The Leadership Press, 1994.

Mel, Suresh de & McKenzie, David & Woodruff, Christopher, <Innovative Firms or Innovative Owners?: Determinants of Innovation in Micro, Small, and Medium Enterprises>, Policy Research Working Paper 4934, The World Bank, May 2009.

Mitchell, Jordan, <Camper: Imagination is not expensive>, University of Navarra Working Paper, 2007.

Moreau, Page, et al., <Understanding the Roles of Intrinsic Motivation, Monetary Rewards, and Creative Thinking Skills in New Product Design>, Sauder School of Business Working Paper, June 1, 2006.

Morris, Betsy, <What makes Apple golden>, Fortune, March 3 2008.

Morris, Betsy, <Steve Jobs Speaks Out>, Fortune, Mar 7 2008.

Naiman, Linda, <Creativity and the Meaning of Work>, Perspectives

on Business and Global Change, March, 1998 & www.
creativityatwork.com.

Network for Business Sustainability, <Knowledge Priorities 2010>,
2010.

Nicholson, Nigel, <Personality and entrepreneurial leadership: a study
of the heads of the UK's most successful independent
companies>, European Management Journal, Abstract, 1998.

Porritt, Jonathon, 《Capitalism as if the World Matters》, Earthscan,
2007.

Rao, A.S., <Who is Creative?>, Indian Innovators Association working
paper, February 24, 2007.

Riggio, Ronald E., <Are You a Transformational Leader>, Psychology
Today, March 24, 2009.

Schoenberg, Robert J., 《The Art of Being a Boss》, J.B. Lippincott
Company, 1978.

Schermerhorn Jr, John R., <Situational Leadership: Conversations with
Paul Hersey>, the Center for Leadership Studies, www.
leadershipdevelopment.co.uk.

Senge, Peter, 《The Fifth Discipline: The Art and Practice of the
Learning Organization》, Broadway Business, 1990.

Senge, Peter, <The Art & Practice of the Learning Organization>, 《The
New Paradigm in Business》, Jeremy P. Tarcher/ Perigee Books,
1993.

Silverthorne, Sean, <Time Pressure and Creativity: Why Time is Not
on Your Side>, Harvard Business Review, July 29, 2002.

Simon, Hebert A., 《Administrative Behavior》, The Free Press, 1976.

Škerlavaj, Miha & Song, Jihoon & Lee Youngmin, <Organiza-tional Learning Curture, Innovative Culture and Innovations in South Korea Firms>, Expert Systems with Applications, 2010.

Smith, Mark K, <peter senge and the learning organization>, www.Infed.org.

SP/KC, <The innovator's DNA>, INSEAD Knowledge, January 14, 2010.

Staub, Robert, <Courage and leadership go hand in hand>, The Business Journal, June 6, 2003.

Sternberg, Robert, & Kaufmanb, James & Pretza, Jean, <A propulsion model of creative leadership> The Leadership Quarterly 14, 2003.

Stoyko, Peter & Henning, G. Keith & McCaughey, Deirdre <Creative at Work: A leadership Guide>, Canada School of Public Service, 2006.

Strelitz, Jessica, <Aron Ralston Sacrifices His Right Arm to Save His Life>, Carnegie Mellon Magazine, Fall 2003.

Sviokla, John, <Knowledge and the Need for Speed>, Harvard Business Review Guest Blog, February 16, 2010.

TEDIndia, Session 7, "Power of Stories," November 6, 2009.

Tjan, Anthony, <Great Entrepreneurs' Secret: Smarts, Guts, and Luck>, Harvard Business Review Guest Blog, March 7, 2009.

Visser, Wayne & Crane, Andrew, <Corporate Sustainability and the Individual: Understanding What Drives Sustainability

Professionals as Change Agents>, Working Paper, March 07, 2010.

Westley, Fraces & Mintzberg, Henry, <Visionary Leadership and Strategic Management>, Strategic Management Journal, Vol. 10, Special Issue: Strategic Leaders and Leadership, Summer1989, pp. 17-32.

Xu, Fangqi & Rickards, Tudor, <Creative Management: A Predicted Development from Research into Creativity and Management>, CREATIVITY AND INNOVATION MANA-GEMENT, Volume 16 Number 3 2007.

하워드 가드너, 《열정과 기질 *Creating Minds*》, 북스넛, 2004.

건설교통부항공교통센터, <아시아 국가혁신 키워드는 선도 · 스피드 · 차별화>, 혁신 Newspaper, 2007년 7월 10일.

워렌 베니스 & 버트 나누스, 《리더와 리더십 *Leaders : strategies for taking charge*》, 황금부엉이, 2006.

빌 게이츠, 《빌 게이츠 @ 생각의 속도 *Business the speed of thought : using a digital nervous system*》, 청림출판사, 2006.

게르트 기거렌처, 《생각이 직관이 묻다 *Gut Feelings*》, 추수밭, 2008.

김성홍 & 이상민, 《정몽구의 도전》, 고즈윈, 2005.

김철우, <고국발전 위해 이 땅을 딛고>, 《샛물에 흐르는 푸른 청춘》(이대환 편), 아시아, 2006.

필 도라도 & 필 블랙번, 《영감으로 이끄는 리더경영 *The Seven Secrets of Inspired Leaders*》, 바이북스, 2006.

빈스 롬바르디 주니어, 《비즈니스 리그에서 승리하기 *The Lombardi*

Rules》, 밝은세상, 2004.

문원택 외, 《헨리포드에서 정주영까지》, 한언, 1998.

박정웅, 《정주영: 이봐, 해 봤어?》, FKI미디어, 2007.

필리프 브르노, 《천재와 광기 *Le G?ie et la Folie*》, 동문선, 1997.

크리스 브래디 & 타라 브래디, 《게임의 법칙 Rules of the Game: A Player's Guide》, 북라인, 2001.

스티븐 샘플, 《창조적인 괴짜들의 리더십 *The Contrarian's Guide to Leadership*》, 김영사, 2003.

송병락, 〈최종현 회장의 경제관과 경제학의 한국화〉, 《최종현, 그가 꿈꾼 일등 국가로 가는 길》, FKI미디어, 2008.

서갑경, 《철강왕, 박태준의 경영이야기: 최고기준을 고집하라 *The Steel King: The Story of T.J. Park*》, 한언, 1997.

신동엽, 〈일사분란한 조직의 치명적 위험 '집단사고'〉, 동아일보, 2010.1.13.

안의정, 《돈을 부르는 실수의 성공학》, 머니플러스, 2006.

마크 에플러, 《우리는 반드시 날아오를 것이다 The Wright Way》, 김영사, 2005.

오원철, 《박정희는 어떻게 경제강국을 만들었나》, 동서문화사, 2006.

정주영, 《시련은 있어도 실패는 없다》, 제삼기획, 1991.

조갑제, 《朴正熙의 결정적인 순간들》, 기파랑, 2009.

조이제 & 카터 에커트 편, 《한국근대화, 기적의 과정》, 조선일보사, 2005.

로저 코먼, 《나는 어떻게 할리우드에서 백 편의 영화를 만들고 한푼도 잃지 않았는가 *How I made a hundred movies in hollywood and never lost a dime*》, 열린책들, 2000.

사무엘 헌팅톤 & 로렌스 해리슨 공편, 《문화가 중요하다 *Culture*

Matters》, 김영사, 2001.

아리 드 호이스, 《살아있는 기업 *The Living Company*》, 세종서적, 2002.

연합뉴스, 〈이건희 떠난 삼성, 기업경쟁력 문제없나〉, 2008년 6월 25일.

연합뉴스, 〈아이폰4.0, 게임계 도전장 던졌다〉, 2010년 4월 11일.

로렌스 호튼 & 제이슨 제닝스, 《큰 것이 작은 것을 잡아먹은 것이 아니라
　　　빠른 것이 느린 것을 잡아먹는다 *It's Not The Big That Eat The
　　　Small…It's the Fast That Eat The Slow*》, 해냄출판사, 2001.

홍하상, 《이건희》, 한국경제신문, 2003.

홍하상, 《정주영 경영정신》, 바다출판사, 2006.

히로나카 헤이스케, 《학문의 즐거움》, 김영사, 1992.

주요 홈페이지: 박정희 홈페이지
　　　　　　　정주영 홈페이지
　　　　　　　이건희 홈페이지
　　　　　　　삼성 홈페이지
　　　　　　　LG 홈페이지
　　　　　　　현대 홈페이지

가림출판사 · 가림M&B · 가림Let's에서 나온 책들

교육

취미실용

이병철 대 박정희 대 정주영
한국을 일으킬 비전 리더십

2010년 10월 31일 제1판 1쇄 발행

지은이/안의정
펴낸이/강선희
펴낸곳/가림출판사

등록/1992. 10. 6. 제4-191호
주소/서울시 광진구 구의동 57-71 부원빌딩 4층
대표전화/458-6451   팩스/458-6450
홈페이지 http://www.galim.co.kr
전자우편 galim@galim.co.kr

값 14,000원

ISBN 978-89-7895-346-7 03320

가림출판사·가림M&B·가림Let's의 홈페이지(http://www.galim.co.kr)에 들
어오시면 가림출판사·가림M&B·가림Let's의 신간도서 및 출간 예정 도서를
포함한 모든 책들을 만나실 수 있습니다.
온라인 서점을 통하여 직접 도서 구입도 하실 수 있으며 가림 홈페이지 내에서
전국 대형 서점들의 사이트에 링크하시어 종합 신간 안내 및 각종 도서 정보,
책과 관련된 문화 정보를 받아보실 수 있습니다.
또한 홈페이지 방문시 회원으로 가입하시면 신간 안내 자료를 보내드립니다.